Jihad
and
Civilization

# 圣战与文明

伊斯兰与
西方的永恒冲突

张锡模 —— 著

生活·讀書·新知 三联书店

Copyright © 2016 by SDX Joint Publishing Company
All Rights Reserved.
本作品版权由生活·读书·新知三联书店所有。
未经许可,不得翻印。

**图书在版编目(CIP)数据**

圣战与文明:伊斯兰与西方的永恒冲突 / 张锡模著. —2版.
—北京:生活·读书·新知三联书店,2016.12(2018.7重印)
ISBN 978-7-108-05850-8

Ⅰ.①圣… Ⅱ.①张… Ⅲ.①伊斯兰教-研究 Ⅳ.①B968

中国版本图书馆 CIP 数据核字(2016)第 277944 号

| 策划编辑 | 王秦伟 |
|---|---|
| 责任编辑 | 成 华 罗 康 |
| 封面设计 | 储 平 |
| 责任印制 | 黄雪明 |
| 出版发行 | 生活·讀書·新知 三联书店 |
| | (北京市东城区美术馆东街 22 号) |
| 邮 编 | 100010 |
| 印 刷 | 常熟文化印刷有限公司 |
| 版 次 | 2016 年 12 月第 2 版 |
| | 2018 年 7 月第 3 次印刷 |
| 开 本 | 635 毫米×965 毫米 1/16 印张 17 |
| 字 数 | 187 千字 |
| 定 价 | 42.00 元 |

# 导　读

张锡模教授的《圣战与文明》一书，堪称伊斯兰世界政治史和国际关系史的经典著作。充分详尽的史料与逻辑精致的叙述，让读者能够一窥伊斯兰世界和西方势力冲突和消长的经过与原因。要了解本书的架构及作者所要表达的真意，可从以下几大脉络来进行：

## 一、伊斯兰教的起源、伊斯兰法与伊斯兰世界的出现，以及穆斯林的世界观

许多人都对中东问题的产生感到迷惑，这在相当程度上是缘于对伊斯兰世界的误解。本书第二章和第三章详细叙述了伊斯兰教的兴起，伊斯兰世界的地缘政治环境及伊斯兰世界的形成过程。从所处的地理环境和地缘政治，可以理解伊斯兰世界的形成特质——不是先天排他的宗教。作者在导论中就提到伊斯兰世界在历史上大都对异教徒采宽容态度，向少出现西欧中世纪基督教世界那样的宗教迫害和宗教战争。

穆罕默德于601年在麦加创立伊斯兰教之后，"伊斯兰法"的观念渐次形成。伊斯兰法将世界分为"伊斯兰之家"（Dar al-Islam，意指伊斯兰世界）和"战争之家"（Dar al-Harb，非伊斯兰世界），"圣战"的意义就是促使非伊斯兰世界整合到伊斯兰世界，重点是传播信仰。伊斯兰世界认为若一个穆斯林依据伊斯兰法生活的权利遭到否决，"圣战"就成为责任。

所以"圣战"不是外界想的那样，只是穆斯林不惜牺牲自己生命去攻击非伊斯兰世界异教徒的行为，本书充分解说了伊斯兰教的起源与穆斯林的世界观，打破了人们怀有的伊斯兰世界封闭排外的传统观念，值得读者仔细挖掘深思。

以伊朗来说，它长期在媒体中呈现的形象就是一个反美反西方的国家。事实上伊朗有源远流长的历史，在文明的发展上相当早，也并不是一开始就是伊斯兰国家。637年穆斯林军在卡迪西亚战役打败波斯萨珊王朝的军队，攻占其首都泰西封，开始了伊斯兰对波斯的征服，接着波斯又被突厥人与蒙古人相继入侵，16世纪初的萨非王朝才开始以伊斯兰教为国教。18世纪初赞德王朝（Zand Dynasty）、卡加王朝（Qajar Dynasty）相继崛起，但因长期战乱，国势衰竭，长期被英国、俄国甚至阿富汗侵略，1722年伊朗的萨法维帝国就在阿富汗进攻之后灭亡。19世纪又历经两次与俄国的战争和一次与英国的战争，因此长期存在反抗外来势力的观念。有趣的是，今天以色列和伊朗势如水火，事实上在犹太历史里，萨珊王朝是犹太人信仰扩张的重要时代。犹太教重要的宗教文献《塔木德》是在萨珊王朝时期完成的，多所以犹太人为定位的学术机构在伊朗的苏拉、蓬贝迪塔（Pumbedita）等地建立起来，这些学术机构在多个世纪以来在犹太学术方面是最有影响力的。

今天要理解伊朗问题，不能忽略这一国家长期身处伊斯兰世界下的所经历的历史经验。伊朗如此，阿富汗与其他伊斯兰国家亦然。《圣战与文明》一书恰可提供非常丰富的历史叙述和思考基础。

**二、近代国家体系论理、体制和伊斯兰世界的互动和冲突**

就作者的见解，西方世界与伊斯兰世界的冲突若以亨廷顿的"文明冲突论"来解释，显得粗糙。作者认为的"文明"，事实上是指18世纪下半叶以降，源自西欧的国家体系论理及体制。这和"圣战"所追求的政治秩序（伊斯兰共同体的建立和伊斯兰法的统治）在"权力"、"和平"、"秩序"及"正义"等方面的意义，存在本质的差异；19世纪欧洲国家用以合理化对外扩张的"文明开化"观在伊斯兰世界引起的反抗，形成了冲突的原动力。今日所谓的中东问题，相当程度起源于这种欧洲国家体系中强国对伊斯兰世界的侵略，及"主权国家"概念和伊斯兰世界观的冲突。

在第四章"西欧国家体系的冲击"中，作者详细介绍了西欧"国家"体系成立的过程。并且说明了当代国家行为与国际关系的政治哲学基础。本书虽是国际关系方面的著作，但这一段的解释即使拿来和专业政治思想史与政治哲学著作相比，也丝毫不逊色。在近代，西方发展出的国际体系建立在以主权国家为基本单位的原则之上，以权力平衡政策作为体系成员彼此互动的最核心考虑及外交活动的中心，在这一体系中，没有凌驾于其他国家之上的一个强大中心，至少在法律形式上是如此，这也是19世纪至20世纪初英俄得以干预进而分解伊斯兰世界存在的帝国（莫卧儿、土耳其）的基本原因。这种主权国家为国际体系基本单位的观念，导致英法在一次大战后在伊斯兰世界创设主权国家，并视本身利益需要对这些伊斯兰世界的主权国家扶植、打击或是削弱。时至今日，反倒是伊斯兰国家屡屡坚持本身的"主权国家"地位，先是在二战后到1970年代以此作为摆脱西方控制，追求伊斯兰国家政治独立自主的动力，如今也以此抗拒"普世价值"的渗入，这实在是非常有趣的发展。

### 三、石油、"普世价值"、"阿拉伯之春"与伊斯兰世界的未来

伊斯兰世界是石油的主要产地，也是石油改变了近代伊斯兰

世界的面貌。第二次世界大战之后，由战时科技带来的"石油经济"发展让西方世界和伊斯兰世界的互动增加了资源掌控权的合作与争执。伊斯兰世界发现主权国家身份有利于和西方世界争取和控制于本身领土内的石油。因此伊斯兰强调对主权的控制，这时候西方国家对伊斯兰世界存在敌友两种角色：敌的部分来自于过往历史的侵略，友的部分在于对石油的需要所倾注的财富。

到了1990年代，超乎国境的"普世价值"逐渐成为西方国家和伊斯兰国家新的互动动力。伊拉克军队侵略科威特，被联军消灭，后者的理由是维护主权国家疆域完整独立的"普世价值"；2011年"茉莉花革命"的出现，又一定程度呼应了另外的"普世价值"——民主政治。

值得注意的是，虽然西方的国家伦理和国际关系体系在历史上每每冲撞伊斯兰世界，但近10年来，伊斯兰国家并未完全以"反对西方"为思考原则去重建中东的政治架构。在作为一强的伊拉克被削弱之后，出现的是类似西方自由主义者所倡议的集体安全组织。2000年12月31日在巴林首都举行的第二十一届海湾阿拉伯国家合作理事会首脑会议上，伊斯兰国家各成员国的领导人就签署了共同防御条约，强调海合会成员国决心共同抵御任何威胁。该条约包括成立联合防务理事会，随后衍生出"最高军事委员会"，制定特殊的组织结构和行动机制。2009年12月在科威特召开的第三十届首脑会议上，海合会领导人又一致通过了海合会防御战略，确立了海合会国家的战略思想，协调和加强防卫一体化，发展维护主权、独立与利益的防御能力，抵御侵略，联手应对挑战、危机和灾难。2010年12月6日，第三十一届海合会首脑会议再次在阿拉伯联合酋长国首都阿布扎比举行。这次的主要议题扩大到包括伊朗问题，制定反恐战略，打击滋生的"基地"组织，在周边国家边界建立控制和监视机制等。

## 导读

显然，当前伊斯兰世界认定的威胁不是西方国家。从军备采购到提供基地，双方合作日渐明显，美国发动的反恐战争在一定程度上也被认为符合伊斯兰世界（至少部分）的利益。事实上对伊斯兰国家而言，它们的核心关切之一是如何与美国这样的唯一超级强权打交道。面对区域外的强权时，每一个国家都有两种很自然的倾向。第一种倾向是"权力平衡"，各自联结起来打造有力的同盟体来牵制区域外强权（在这里是美国）的力量，并据此控制该强权的行为。第二种倾向是"西瓜偎大边"，即和强权维持良好乃至繁密的关系，借以促进本国的利益。这种双元性的反应倾向，连同强权的回应，构成推进当代国际政治体系变迁的基本动力。

若依"圣战"与"文明"长期冲突的观念，美国单一超级强权的压力，会促使伊斯兰国家很自然地想要寻求结盟来反制美国。但是，由于权力的差距是如此的巨大，权力的不对称是如此的明显，以致同盟体的缔造显得极为困难，至少苏联解体以来是如此。毕竟，要缔造一个力量足以和美国相抗的同盟体，是一项非常艰困的工程。在这个过程中，又有两种力量会构成严重阻力。其一是美国的介入，它采行"分而治之"的策略来破坏反美同盟体的形成；其二是伊斯兰各国的自利行为，即利用缔结反美同盟体的威胁来向美国争取更多的利益，反美为假，对美求婚为真。然而，西方和伊斯兰体系的不对称现实并未获得消解或缓和，不对称仍继续存在，甚至因此而加深。

从 2010 年开始出现的"阿拉伯之春"，出乎很多人意料。事实上，阿拉伯许多思想家、文学家几年前就已作出预言。这其实是源于穆斯林社会的反思传统，他们除了指出存在于阿拉伯国家中政治、经济、社会的积弊外，更通过分析阿拉伯世界深重的文化与社会危机，判定阿拉伯大地正在酝酿巨大的变革或革命。

2011年美国《外交政策》推选为全球百位思想家之首的埃及小说家阿斯旺尼，在2008年接受美国《纽约时报》采访时谈论起埃及的处境，就表示"专制统治者诛杀了埃及的精神，遮蔽了埃及的光芒"。"……人民一旦愤怒，一切都会改变，革命就是这样自发地、无人策划地爆发的"。

很多阿拉伯知识分子认为，仅从政治、经济与国际关系的角度分析阿拉伯民族面临的危机依然不够，有必要从文化与思想角度深刻审视阿拉伯危机的根源。这一点，北京大学的阿拉伯专家薛庆国教授说得最为透彻。他认为阿拉伯社会的问题在于："第一，具有膜拜权威、压抑个性的专制主义倾向，对权威的顺从与膜拜，与对神灵绝对权威的信仰纠结在一起，使专制主义在阿拉伯社会大行其道。第二，神本主义、宗教蒙昧主义盛行，不少人对宗教的理解本质上依然没有走出中世纪之囿。第三，对西方缺乏理性认识，认为西方世界是腐败堕落的，因而排斥西方现代先进价值，思想趋于保守与封闭。第四，宗派主义思想根深蒂固。国家、社会的概念并未深入人心，族群利益被置于国家与民族利益之上。第五，男尊女卑、歧视女性的痼疾难以消除。"

事实上，从《圣战与文明》一书中所叙述的伊斯兰世界历史，可以发现伊斯兰世界原本不是如此。笔者认为，由于伊斯兰世界一再被作为西方文明围堵俄罗斯和苏联的基地，苏联为了制衡西方进而和西方争夺影响力，也要拉拢伊斯兰世界作为缓冲区甚至结盟，对外在强权而言，一个稳固的独裁者最适合需求，因为较可以保证缓冲区和同盟的安全不变。若缓冲区国家出现民主产生的领袖与自由思考的社会，"为单一强权提供缓冲区甚至结盟"的国家路线可能就会受到冲击。所以无论苏联或是西方，对于属于自己的缓冲区国家和同盟国家之中由领袖操作，利于巩固统治的专制主义或神本主义都听之任之。

# 导读

今天西方和苏联/俄罗斯的二元对抗架构已经逐渐缓和，反恐战争并非西方国家与俄罗斯的对抗，因此笔者比较乐观地认为，在缓冲区的概念逐渐从伊斯兰世界淡化之后，这一地区的政治民主与社会开放是较可预期的。但"阿拉伯之春"是否能缓解西方和伊斯兰体系的不对称现实？仍需要彼此更多的了解和智慧来决定。

张国城

澳大利亚新南威尔士大学政治学博士

美国芝加哥大学国际关系硕士

台北医学大学助理教授

# 自　序

本书是"伊斯兰与世界政治"三部曲的首部曲①，课题是解明世界政治中的伊斯兰与源自欧洲的国家体系。在根本的意义上，本书的核心目标是借助理解伊斯兰来检讨当代人类最大范畴的政治思想——世界政治秩序观。

近代人类政治思想的发展主流，率皆以国家（state）为中心范畴，亦即以国家这样的政治单位作为思考的基本起点，而国家此类政治单位成立的前提——国家体系的存在，则变成研究的预设而非研究的对象。

但是，如果人类思维活动的任务，首先在认识与解明一切现象的发生原因、变化与规律，借此打开一条通往人类最高课题的道路——有意识、有计划地进行人类历史的自由创造，那么站在人类总体文明的高度，重新解明世界政治的体系运作逻辑与变动规律，显然不可或缺。

研究课题规范着研究的取材与叙述。为了解明伊斯兰的世界政治秩序观，源自西欧之国家体系的世界政治秩序观，以及这两种异质的世界观相互之间的互动与冲突，研究者必须重溯历史的根源。但这并不等于本书是部历史著作。任务界定内涵，本书既不是，也不必是历史著作，而是根据上述的问题意识与研究需要，以历史为基础，重新对政治理论进行检讨与厘清。

人类活在当代，当代的问题激发他们去思索过去，借以展望未来。任何一个研究者的问题意识，不可避免地会受到时代事件的影响，本书作者也不例外。2001年9月11日美国纽约与华府同时遭恐怖攻击事件，以及其后由美国政府发动的全球反恐战[②]，刺激笔者探究问题。由于问题的根源相当深远，要予以厘清就必须从根着手，因而作者并未直接切入当代世界政治的关键问题[③]，而是先回到更遥远的过往去厘清问题的根源所在。这层考虑是"伊斯兰与世界政治"决定以三部曲方式写作的原因。

本书的年代表采用基督教纪元，这只是为了避免语句冗赘及便于国内读者览阅，并无以基督教为主体的丝毫用意，这一点需请读者注意。再者，本书使用的文献虽参考一些外文相关著作与论文，却未运用阿拉伯文、波斯文或土耳其文等相关文献。作者不谙这些语文的客观事实，使本书的研究有着无可卸责的瑕疵。在这层意义上，本书，以及今后的第二、三部曲，只能说是尝试之作，记录的是区区一个研究者的困惑与思索，而功能只能说是激发其他更有条件的研究者展开更正格的研究。

任何一本书的完成，总会受到许多人的协助，对于那些曾经在作者知识与情感旅程上提供助力与安慰的人们，在此表达最诚挚的感念与谢意，尤其要感谢开启我思考政治的导师许介鳞教授，以及在欧亚大陆国际政治史方面屡屡予我宝贵教育的张绪心教授。

最后，仅将本书献给我的父亲、母亲、妻子，以及我那些仍居住在欧亚大陆的穆斯林诸友。

张锡模
2002年12月31日
高雄西子湾

自序

## 注释

① 后因作者于2007年10月16日去世,"伊斯兰与世界政治"三部曲最终仍未能完成。
② 后来美国、英国等国家以萨达姆政权拥有大规模杀伤性武器为开战重要理由,联合对伊拉克宣战,引发了长达八年(自2003年7月10日至2010年8月18日,最后一批美军撤出伊拉克的日期为2011年12月18日)的伊拉克战争。除英、美外,澳大利亚、波兰、韩国、意大利等国也参与了此次联合军事行动。
③ 作者后来另著《全球反恐战争》一书,于2006年由东观出版社出版。

# 目　录

导读 ·································································· 1

自序 ·································································· 1

第一章　导论——圣战与文明 ······································ 1

第二章　伊斯兰的勃兴 ··············································· 13
　一、帝国与诸神之争 ················································ 14
　二、部落共同体的危机 ············································· 29
　三、伊斯兰共同体 ··················································· 35
　四、伊斯兰理论的要害 ············································· 46

第三章　伊斯兰世界体系 ············································ 55
　一、阿拉伯帝国 ······················································ 56
　二、伊斯兰帝国 ······················································ 62
　三、伊斯兰世界秩序 ················································ 64
　四、理念的统一与现实的分裂 ···································· 70

第四章　西欧国家体系的冲击 ······································ 90
　一、意大利国家体系 ················································ 91

二、西欧国家体系的成立 ·········································· 105
三、伊斯兰帝国的衰退 ·········································· 117
四、伊斯兰复兴运动 ············································ 128

## 第五章　原理的转换 ············································ 146

一、印度：帝国的心脏 ·········································· 146
二、民族国家的新模型 ·········································· 152
三、民族的论理 ················································ 159
四、原理的转换 ················································ 170

## 第六章　伊斯兰与世界政治 ······································ 184

一、高加索俘囚 ················································ 185
二、部落共同体的危机 ·········································· 193
三、缓冲国的扶植 ·············································· 201
四、民族国家的变形 ············································ 215

## 第七章　结论：权力与正义 ······································ 236

## 附录　本书年表 ················································ 248

# 第一章 导论——圣战与文明

本书的主题是一场长达数百年的争执,即围绕着人类对世界政治的看法与要求之中,伊斯兰与主权国家体系这两种论理之间的冲突。

这场冲突的关键词是"圣战"与"文明"。"圣战"是伊斯兰的特有论理,而"文明"则是18世纪下半叶以降,西欧国家体系所整备而成的特殊论述。厘清这些关键词的发展历程与政治意义,将有助于透视伊斯兰与主权国家体系这两种论理之冲突的核心内涵。

"圣战"一词的本意是"神圣的战斗"[①]。先知穆罕默德于610年在麦加所创立的伊斯兰教,以及于622年在麦地那所建立的伊斯兰共同体(umma),并不以"民族"来作为众民政治属性的首要定义,而是根据穆斯林与非穆斯林的(宗教)信仰线来区划治下人民,因而用当代的概念来说,可以理解为"属教主义"——生而为人、血缘、地缘等考虑,并非重点,重点在于是否信仰伊斯兰教,是不是皈依与遵奉伊斯兰教的穆斯林。在论理上与其后的体制上,所有的穆斯林一律平等,且需接受伊斯兰法(Shari'a)的规范。与东亚古代文化将世界分为华(文化)与夷(野蛮)两种畛域的世界观相当,伊斯兰法将世界分为"伊斯兰之家"(伊斯兰世界)与"战争之家"(非伊斯兰世界)。理论上,这种区划仅具暂时意义，随着先知圣训的不断传播，所有的"战争之家"，最终都会变成"伊斯兰之家"，即世上所有人终将改信伊斯兰，而穆斯林也有责任促使非穆斯林皈依真主。

在起源上，"圣战"的精神在 624 年的巴德尔战役（Battle of Badr）中被导入。在该场战役中，穆罕默德和他那近 300 名的跟随者对抗兵力约为穆斯林三倍的古莱氏（Quraysh）部族，并且奇迹般地战胜。于是，巴德尔精神便成为伊斯兰日后重要的精神遗产：信仰者以少胜多；"殉教是穆斯林的义务，胜利是阿拉的责任"②。胜者更相信此一精神，而败者则认为挫败只是短暂的现象。穆罕默德于 632 年逝世后，伊斯兰共同体从阿拉伯半岛快速向外扩张，迅速建立起横跨北非与西亚的大帝国。在此一向外扩张的过程中，"圣战"的意义被扩大为促使非伊斯兰世界整合到伊斯兰世界的努力。这种信仰的传播，固然在必要时使用武力，但多数场合是采取和平手段。事实上，整部伊斯兰的历史，大都对异教徒采宽容态度，向少出现西欧中世纪基督教世界那样的宗教迫害与宗教战争。"左手古兰经，右手弯刀"，是十字军东征时基督教世界对穆斯林的故意丑化，不是事实。

进入 10 世纪，伊斯兰帝国的扩张停止，"圣战"跟着几乎完全消失。11 世纪末以降的七次十字军东征（1096—1291 年），促使穆斯林武装起来防卫伊斯兰共同体，此即为防御型的"圣战"观念。此后，伊斯兰世界对圣战的理解，主要即从此一防御观出发，其基本思维是：如果一个穆斯林依据伊斯兰法生活的权利遭到否决，那么他就是生活在"战争之家"，而"圣战"即变成责任③。

蒙古帝国征服西亚时代，穆斯林的反抗即本诸此一防御型的"圣战"观。奥斯曼土耳其④、萨法维王朝下的波斯，以及印度的莫卧儿等三大伊斯兰帝国在 14 至 16 世纪崛起后，并未影响到穆

## 第一章　导论——圣战与文明

斯林对"圣战"（防御伊斯兰共同体）的基本见解。18世纪以降，三大伊斯兰帝国中衰，渐次遭到西欧国家体系列强的侵略与殖民，防御型"圣战"成为部分穆斯林反抗的论理，但这些反抗并没有成功，尤其未建立起明显具有跨区域（国际）性质的武装连带。直至1979年苏联入侵阿富汗，才出现国际性的穆斯林武装连带与"圣战"运动。

1979—1989年的阿富汗战争，是当代伊斯兰"圣战"的转折点。为了击溃苏联，美国在这段时间与巴基斯坦、沙特阿拉伯、埃及等国合作，协力动员全球穆斯林介入阿富汗战争，诉诸抵抗无神论者（苏联共产主义）对伊斯兰之侵略的防御型"圣战"论理，动员来自北非（埃及为主）、西亚（沙特阿拉伯与也门为主）、巴基斯坦（西北边省与克什米尔为主）以及东南亚（菲律宾岷答那峨与印尼）等国的穆斯林圣战士（mujahideen）前往阿富汗参加反苏游击战，迫使苏联在阿富汗陷入长达10年的泥沼战中。日后成为国际焦点的奥萨马·本·拉登（Osama bin Laden，1957—2011年）和他组建的"盖达组织"（al Qaeda，原意为"基地"）⑤即是此一谋略下的产物⑥。

阿富汗的10年泥沼战导致苏联的战争机器陷入史无前例的危机，令克里姆林宫无法再用暴力机器镇压异议，从而打开了民主化的道路。再者，1985年美国与沙特阿拉伯合作，联手主导国际油价巨幅下挫，直接使财政依赖石油出口收入的苏联经济遭受重创，迫使戈尔巴乔夫（Mikhail Gorbachev，1931—）不得不着手进行"重建"。这些因素相加，促成了中东欧国家的体制变革，最终导致苏联的解体⑦。

当代"圣战"与圣战士集团是美国冷战谋略的产物。此一谋略确实奏效，在阿富汗击溃苏联并促其解体⑧，代价则是阿富汗延宕不止的内战悲剧、中亚于苏联解体后成为能源斗争的新场域，以及圣战士集团返国后各自对自己的政府倒戈相向：阿富汗圣战士集团间的内战加巴基斯坦的战略，促成塔利班⑨的崛起；回到埃及的圣战士集团，成为攻击穆巴拉克政权（2011 年结束）的主力⑩；而回到克什米尔的圣战士，则成为激化印度与巴基斯坦关于克什米尔之争的新主角。

更重要的转折是 1990 至 1991 年间的海湾战争，1990 年 8 月 7 日，萨达姆总统（Saddam Hussein，1937—2006 年）派遣伊拉克大军侵入科威特，引发以美国为首的国际联军攻击。为了牵制联军的攻击，1991 年元月，来自全球各地伊斯兰主义诸运动的部分领袖们在巴格达集会，发表声明支持萨达姆所称的"圣战"，并在声明中批评伊拉克与科威特的国界线是西欧帝国主义恣意的人为产物，而真正的伊斯兰信仰应该超越国界。此外，在该次会议中，来自约旦的伊斯兰教长老塔米尼（al Tamimi）甚至提议选举萨达姆作为"全球伊斯兰共同体的哈里发（Caliph）"⑪。

如此，伊拉克总统萨达姆遂成为当代以反美为主轴之"圣战"的创始人。这场"圣战"插曲被欧美诸国政府视为闹剧，它们认为伊拉克入侵科威特的行为明显违反国际法，践踏当时美国总统布什所宣称的"新世界秩序"，并据此发动以美军为主力、联合国为名的多国联军，对伊拉克展开攻击。在此一多国联军中，有沙特阿拉伯、约旦、叙利亚等诸多伊斯兰国家的军队参与，刚好与萨达姆所呼吁的全球穆斯林"圣战"背道而驰，显示伊拉克专制政府为了合理化其行为而展开的伊斯兰式动员，并未获得全球绝大多数穆斯林的支持。

尽管如此，海湾战争确实成为伊斯兰主义国际武斗派抬头的重要触媒。以海湾战争为契机，美军进驻沙特阿拉伯，以及战后美国主导联合国对伊拉克的长期制裁，造成该国老弱妇孺大量受难，使奥萨马·本·拉登和他的"盖达组织"倒戈，世界政治舞

第一章 导论——圣战与文明

台上自此出现全新的国际"圣战"组织,以世界规模的样态登场,并自 1992 年以降升高对美武装斗争,1998 年呼吁对美发动"圣战"。其后,迎来了 2001 年的"9·11 事件"与美国的"全球反恐战争"⑫,主战场仍旧在昔日的阿富汗战场——阿富汗、巴基斯坦西北边省与克什米尔,只是剧情逆转:1980 年代是美国联合圣战士集团共击苏联,而现在则是美国联合俄罗斯共击圣战士集团。

与当代圣战的思想与实态相较,美国则有自己的理解与论述,其基本历程是:"伊斯兰复兴"、"原教旨主义"、"圣战"、"文明"的冲突。

自 1970 年代起,通过 1973 年第一次石油危机,"伊斯兰问题"便逐渐成为美国新闻界、政界与学界关注的课题之一,进而引发伊斯兰热与相关争论⑬。1979 年伊斯兰革命、造成数百人死亡的圣地麦加大清真寺(God Mosque)占领杀人事件,以及苏联派军侵入阿富汗首都喀布尔而引爆日后长达 10 年的阿富汗战争等事件,标志着穆斯林世界的剧烈变动。这一年,适逢伊斯兰历 1400 年,因而伊朗、沙特阿拉伯与阿富汗的三大事件,在全球穆斯林社会中激起广泛的波纹,并在欧美造成极大的震撼,"伊斯兰复兴"(Islamic Resurgence)的问题,渐次成为注意的焦点。在这期间,研究者的共同点是着力于探讨"伊斯兰与政治"这两大变数之间的关联⑭。

进入 1980 年代,除了阿富汗战争的研究之外,伊斯兰"原教旨主义"(fundamentalism)的议题也逐渐受到欧美学界的重视。1981 年 10 月 6 日埃及总统萨达特(Anwar Sadat,1918—1981 年)被刺身亡,1982 年以色列入侵黎巴嫩而导致什叶派武装团体在黎巴嫩崛起,1983 年真主党(Hizballah)等武装派别在黎巴嫩对以色列与美国发动"圣战",1987 年起"哈马斯(伊斯兰抵抗运动)"

(HAMMAS)与"伊斯兰圣战"等组织在巴勒斯坦对以色列展开大众蜂起(intifadah),以及在1989年以降阿尔及利亚穆斯林武装反抗与暗杀的激化,使欧美学界日益将"伊斯兰原教旨主义"与"暴力反抗"这两个不同的议题联系起来看待,并将研究焦点侧重在原教旨主义的暴力面上[15],日益关注伊斯兰"圣战"问题[16]。与1970年代将研究重点置于"伊斯兰与政治"相较,此一阶段的研究重点,转至伊斯兰原教旨主义(Islamic Fundamentalism)及暴力/恐怖主义这两者之关联性。在此一论述基础上,加上1991年的海湾战争,以及1993年以降的一系列以美国为主要对象的恐怖攻击事件,一方面伊斯兰"原教旨主义"与恐怖主义逐渐被等同起来,另一方面则开始出现"文明冲突论"的新论述。

"诸文明的冲突"(clash of civilizations)一词,最早由英美学界著名的中东史家路易士(Bernard Lewis)于1990年在美国提出[17]。1993年,哈佛大学教授亨廷顿(Samuel P. Huntington, 1927—2008年)沿用路易士的修辞在《外交事务》季刊上发表题为"文明冲突论"的长篇论文[18],论断"人类的巨大分歧,以及冲突的支配性来源,将会是文化……文明之间的断层线(fault lines)将会是未来的战斗线"[19]。

在亨廷顿"文明冲突论"正式提出之前,即已出现针对"(作为抽象概念之)宗教会打架"理论的反驳论述[20]。毕竟,在学理上,亨廷顿的理论存在着几项重要的缺陷[21]。

第一,亨廷顿的论述采取了语意暧昧(semantic ambiguity)的修辞策略,经常将文明、文化与宗教三词混合使用,但对文明单位的界定及诸文明之间的界线区划原理之阐述却显得极为模糊。

第二,作为抽象的集合性概念,文明毕竟不是国际政治的行为主体,且主体之间有冲突纪录,并不等于今后必然会发生

## 第一章　导论——圣战与文明

冲突。

第三，在具体分析上，无论是伊斯兰或是基督教，都不是铁板一块。源自冷战意识形态宣传的"西方"一词所代表的集合体，绝不是也不可能是"单一行为者"(unitary actor)，而伊斯兰此一抽象概念所代表的全球10余亿的穆斯林，也不是具有共同意志、目标、政治偏好，以及据此而展开集体行动的统一体。相反的，在全球穆斯林之间，国家体制的路线之争，逊尼对什叶的宗派冲突，阿富汗逊尼派穆斯林之间的部族（普希图对非普希图）分裂等，都在显示：将全球穆斯林视为统一的集合体，严格说来，只是源于语意暧昧所产生的混淆与误解。

但是，研究者不能轻视亨廷顿的主张，因为此类主张并非只是学术现象，更是政治现象。也就是说，亨廷顿的文明冲突论，并非只是针对世界政治现象进行诠释，更是一种关于美国的策略论述。"文明冲突论"出现的时机，适逢美国在冷战终结与苏联解体后重新界定其世界政治策略与地缘政治角色的摸索期。正如一位欧洲的学者所说："明显的，亨廷顿和路易士一样，认为诸文明之间的核心界线是基督教与伊斯兰之间的界线，尽管亨廷顿花了很大的篇幅描绘东正教与西方基督教之间的断层线，并对中国的'儒教'文明、日本文明、印度教文明，以及其他投予了一定的关注。从十字军东征以来，伊斯兰文明即是西方的旧敌，以色列与巴勒斯坦之间存在着看似永无止境的敌意，所谓伊斯兰原教旨主义的崛起，以及伊朗、伊拉克、叙利亚等国政府公开的反西方立场，使伊斯兰成为共产主义邪恶帝国最适当的继承人。"[②]

再者，亨廷顿用来描述世界政治冲突的特殊词汇是"文明"一词而非宗教，这毕竟具有意义。如果将"文明"宽松地定义为世界运行原理之主张与体制，那么当代"圣战"运动所追求的政治秩序——伊斯兰共同体的建立与伊斯兰法的统治，确实与源自西欧的国家体系论理/体制有着根本性的歧异，与其说是两种普遍主义——"世俗"（西欧）的普遍主义与"神意"（伊斯兰）的普遍主义——之间的冲突，毋宁说是伊斯兰论理与国家体系论理对世界秩序中的第一义（primary）定义应该如何界定的争议，即两者之间对于"权利"、"和平"、"秩序"、"正义"等最重要概念的定义，存在着本质的差异。简言之，这是关于"权利与正义"的根本性歧异。

更重要的是，"文明"一词在世界政治上具有特殊的意义。与"圣战"的本质是动词（早期的"扩大"与其后的"防御"）相当，源自16世纪西欧绝对主义君主与权贵阶层用来指涉"宫廷风格"的"文明"观，至18世纪下半叶即发展为西欧国家体系的动词，并在1815年反革命的维也纳体制之后，成为西欧国家体系列强对内"绥靖"（pacification），对外进行殖民扩张的理论武器。这就是19世纪著名的"文明开化"（civilize）观。作用力必引起反作用力，当列强向外强制推进其特有的世界政治观与体制（"文明开化"）时，便在伊斯兰世界引起穆斯林的反抗（"圣战"）。因此，"文明"与"圣战"必须视为一组配套概念，据此对世界政治的历程与论理之争加以体系性的把握。

本书即是关于伊斯兰论理与西欧国家体系论理两者长达数百年冲突的论述。本书的目的是揭示伊斯兰的论理与国家体系论理的根本性歧异。透过在历史过程中解明此一歧异的展开与变化，导出这场数百年的冲突对伊斯兰、国家体系以及对世界政治的意义。

本书以下的讨论，将从解明伊斯兰的根本内涵，以及根据此一内涵所建立的"伊斯兰世界体系"的运作原理与基本精神着手（第二、三章）。在西欧主权/领土国家体系尚未扩张到伊斯兰世

## 第一章　导论——圣战与文明

界之前,这个曾经长期支配中东达1000余年之久的独特"伊斯兰世界体系",塑造了中东穆斯林的世界观,以及他们对人类政治组织方式与运行规范的特殊认识。在这个体系内部,则长期存在着多元中心——奥斯曼土耳其、波斯萨法维王朝、印度莫卧儿等三大伊斯兰帝国。这个"一体系多中心"的伊斯兰世界,在18世纪下半叶已出现内发型的体系危机,构成了近代伊斯兰复兴运动的前提(见第四章),并决定着19世纪以降"伊斯兰世界体系"在遭遇西欧主权/领土国家体系向外扩张过程中的挫败,与由此而来的原理转换——转向扬弃伊斯兰世界体系的论理政策,而改采"民族—国家"的论理(见第五章)。

在这个复杂的历史过程中,不同的国际位置,尤其是地缘政治位置,深刻影响着个别穆斯林社会被吸入全球主权国家体系的方式,并因此制约着伊斯兰理论家们对因应之道的不同见解与不同策略。与此同时,西欧列强对伊斯兰世界的殖民扩张,也改变着欧洲国家体系本身的论理与运行,法国大革命(1789—1799年)制造的民族国家模型被移入巴尔干半岛后出现变形,而英俄两大帝国在欧亚大陆内奥的"大竞赛"(Great Game),则演变成史上首次带有全球规模的地缘性政治冲突,据此塑造着"围堵"的原型,为德意志的崛起准备了条件,从而激化着欧洲国家体系的矛盾,最终导向了第一次世界大战(1914—1918年)欧洲国家体系与伊斯兰体系的同步崩溃(第六章)。在通过历史的重审与论理的阐述后,再以检讨"权力与正义"的命题作为全书结语。

## 注释

① Alexander Pllols, The True Meaning of the Islamic Term "Jihad", Radio

Free Europe/Radio Liberty（RFE/RL）, *Weekday Magazine*, Sep. 20, 2001.
② M. J. Akbar, *The Shade of Swords: Jihad and the Conflict Between Islam and Christianity* (London and New York: Routledge Publisher, 2002), p.9.
③ Ibid., p.36.
④ 作者原文作"奥图曼土耳其"，但要说明的是，奥斯曼土耳其是以开国苏丹奥斯曼一世的名字为国号，原文为عالیه عثمانیه，土耳其文为 Osmanll imparatorluǧu，换言之，其实接近原语发音的是"奥斯曼"。
⑤ 作者原文作"军事据点"（al Qaeda）集团。
⑥ 有关此史实最重要的著作是 John K. Cooley, *Unholy Wars: Afghanistan, America and International Terrorism* (London: Pluto Press, 2000)。
⑦ Diego Cordovez and Selig S. Harrison, *Out of Afghanistan: The Inside Story of the Soviet Withdrawal* (New York and Oxford: Oxford University Press, 1995).
⑧ 直至目前（2012年3月）阿富汗境内仍属动荡，关于阿富汗内战为阿富汗人民带来的影响可于卡勒德·胡赛尼（Khaled Hosseini）的小说 *A Thousand Splendid Suns*（中译本《灿烂千阳》，木马文化事业股份有限公司，2008年）中一窥究竟。
⑨ طالبان 波斯语原意为学生，意即"伊斯兰教的学生"，也可意译为神学士。
⑩ 穆巴拉克自1981年起担任埃及总统，为期长达30年；2011年在民众示威浪潮下宣布辞职；下台后旋即遭到埃及总检察长马哈茂德以蓄意谋杀抗议者并且滥用权力谋取私利的罪名起诉，目前司法审判仍在持续。
⑪ Bassam Tibi, *The Challenge of Fundamentalism: Political Islam and the New World Disorder* (Berkley: University of California Press, 1998), pp.15–16.
⑫ 后来则引发长达八年（2003—2011年）的伊拉克战争。
⑬ 巴勒斯坦出身的美国比较文学学者萨义德（Edward W. Said, 1993—2003年）日后大享盛名的著作《东方主义》（*Orientalism*，立绪出版社）初版于1978年，即是在此一背景下出现。参见 *Orientalism: Western Conceptions of The Orient* (New York: Routledge & Kegan Paul Ltd., 1978)。萨义德的"东方"仅局限于今日通称的"中东"，并未包括另一个重要的伊斯兰区域——中亚、阿富汗、巴基斯坦与印度北部。

## 第一章 导论——圣战与文明

⑭ 代表著作是 Ali Hillal Dessouki, *Islamic Resurgence in Arab World*, (New York: Praeger Publishers, 1982); John L. Esposito, *Islam and Politics* (Syracuse, N.Y.: Syracuse University Press, 1984); R. Hrair Dekmejian, *Islam and Revolution* (Syracuse, N.Y.: Syracuse University Press, 1985)。

⑮ 参见 Martin Kramer, Islam vs. Democracy, *Commentary*, Jan. 1993; *Islam and Egyptian Politics* (New York, N.Y.: St. Martin's Press, 1990)。

⑯ 代表著作为 Dilip Hiro, *Holy Wars* (New York, N.Y.: Routledge, 1989)。

⑰ 路易士著作甚丰，在英美学界被视为中东史研究第一人。他在1990年应邀前往美国政府出资支持的杰弗逊讲座 (thc Jefferson Lecture) 发表专题演说，题为"伊斯兰原教旨主义"("Islamic Fundamentalism")，其后将演说稿改为专文，其中赫然出现"诸文明之冲突"的修辞。参见 Bernard Lewis, The Root of Muslim Rage, *The Atlantic Monthly*, No. 226, Sep. 3, 1990, pp.47–54. 从这篇论文的标题用语"穆斯林的愤怒"，即可看出路易士对伊斯兰与穆斯林的偏见及刻板印象。一位批评家指出，"穆斯林的愤怒"之类的描绘若能成立，那么诸如"基督徒的愤怒"及"犹太教徒的愤怒"之类的描绘也将成立，但从未见过有使用此类的词语来描写欧美诸国的行为与动机，显见路易士一文的标题已事先设定了论调与期望，从愤怒、暴力、仇恨，以及非理性的角度来区分伊斯兰与"西方"，并加以简化与抹黑。参见 John Esposito, *The Islamic Threat: Myth or Reality?* New York: Oxford University Press, 1992, pp.173–174。

⑱ Samuel P. Huntington, The Clash of Cilization? *Foreign Affairs*, Summer 1993, pp.22–49.

⑲ Ibid., p.22.

⑳ 代表作为 John Esposito, *The Islamic Threat: Myth or Reality?* New York: Oxford University Press, 1992.

㉑ 亨廷顿后来将他1993年的论文及针对该论文之批评的答复整理成更具体的专书，见 Samuel P. Huntington, *The Clash of Civilizations and the Remaking of World Order* (New York: Simon & Schuster, 1996)，中文版《文明冲突与世界秩序的重建》由联经出版事业公司出版，1997年。

㉒ Peter van der Veer, Political Religion in the Twenty-first Century, in T. V. Paul and John A. Hall eds., *International Order and the Future of World Politics*, Cambridge: Cambridge University Press, 1999, p.311.

# 第二章 伊斯兰的勃兴

思想起自环境。不同的地理环境,生态系统("风土")孕育出不同的思想,尤其是社会思想。思想既不可在真空中产生,也不可能离开环境而独立存在。自然地理/生态系统的差异,对居住在其中的人类生活与思维产生着重要的影响。在方法论上,地理决定论的古老说法早已丧失说服力,毕竟自然地理/生态环境并不能单独而绝对地决定人类的生活。但是,生态环境却对人类生活的可能性设定了基本的框架,人类只能在这个可能范围内,面对有限的选择,作出不同的决定,进而经营出不同的生活。选择权的大小,主要取决于生态环境与人类技术水准间的相互关系,而技术水准又由人类为适应特定生态环境激发出来。在最终分析上,自然地理/生态系统的特性决定社会生产力较快或较慢的发展,而生产力的发展程度又决定着整个社会制度,也就是决定社会环境的全部特性,并据由这些特性制约着个别人们的意图、情感、认识、观点,即整个心理与思维状态。因此自然地理/生态系统、生产力与社会生产关系的发展,以及思维的演进这三者之间,存着一条无形却有力的纽带。

作为一种特殊的思想体系,伊斯兰教于610年由穆罕默德在阿拉伯半岛这个特殊的风土环境中创立,并渐次展开布教活动。在当时阿拉伯半岛特殊的环境中,这套建立在一神论基础上的超越性思想，开始展现出巨大的威力，影响着半岛诸民族的互动。在伊斯兰教创立12年后的622年，穆罕默德率领信众迁至麦地那，建立史上最初的"伊斯兰共同体"，思想与运动因而发展为新的政治/社会体系，并很快在半岛政治中扩张开来。

权力的扩张带来了新的矛盾，尤其新思想/体制与半岛旧思想/体制之间的矛盾。在632年穆罕默德过世后，伊斯兰世界进入哈里发时代，矛盾也很快被引爆，并因此推动着伊斯兰共同体在哈里发时代惊人的扩张与体制的膨胀。在正统哈里发时代（632—661年），伊斯兰共同体已扩张为涵盖西亚大部分区域的阿拉伯帝国。

伴随着伊斯兰共同体的快速扩张，思想（伊斯兰）因体制而茁壮，但思想与体制的矛盾也渐渐累积起来，最终演变成尖锐的思想分歧，暴露出原初伊斯兰思想的核心矛盾，这又带动着新思想的产生与新体制的成立。

## 一、帝国与诸神之争

伊斯兰思想的前提为一神论，而一神论诞生在亚洲特殊的自然地理环境/生态系统之中。

亚洲位于东半球的东北边，东、北、南三面分别濒临太平洋、北冰洋与印度洋，面积4400万平方公里，是欧亚大陆的核心组成部分（亚洲大陆面积为欧洲大陆的四倍半）[①]，面积在世界六大陆块中排名第一，约占全球陆地的三分之一强。在亚洲的东南端，马来半岛与大洋洲的澳洲大陆咫尺相望。再者，尽管在心理距离上，人们已经因教育而习惯地以为，亚洲与美洲因浩瀚的太平洋相隔而距离遥远，但在自然地理上，亚洲与北美洲的北

## 第二章　伊斯兰的勃兴

端,各有一角突出在北冰洋与太平洋之间,由宽度仅有 86 公里的白令海峡将两大陆块连接起来。

在自然环境与生态条件上,广袤的亚洲有着无与伦比的复杂性。喜马拉雅山脉、昆仑山脉、天山山脉、兴都库什山脉等世界首屈一指的大山脉纵横,其间坐落着稀有的大山岳地带西藏高原、辽阔的蒙古高原与哈萨克草原、整片西伯利亚的大森林地带——树海(Taiga),另有戈壁、塔克拉玛干等巨型沙漠横亘其中,又有黄河、长江、恒河等大河所塑造的肥沃原野。从生态条件的角度看来,亚洲大略可以区分为三大区域:湿润亚洲、半干燥亚洲,以及干燥亚洲。

来自太平洋与印度洋的大量湿气,进入亚洲大陆块的东侧与南侧,带来丰沛的雨量,塑造着亚洲最湿润的生态区域。这个地带以中国、大陆部东南亚、印度次大陆为中心,包括日本、朝鲜半岛以及岛屿部东南亚,可以略称为"湿润亚洲"(Wet Asia)。

在亚洲大陆块北部,由于受到北冰洋湿气的影响,并受到来自东部的太平洋风吹拂,孕育成广袤的森林地带。而在最北方的周边,则因温度过低而形成冻土带;中国东北的北部与西伯利亚的大半部,是构成这个地带的核心,其特色是降雨量虽少,但并不显得干燥,比较上属于亚洲的亚湿润地带,称为"半干燥亚洲"(Semi-wet Asia)。

在亚洲大陆块中部地区,完全未能受到太平洋、北冰洋等外洋影响的地带,降雨量极低,沙漠与干燥性草原相连。这个亚洲最为干燥的地带,从东亚中国东北的西侧与大兴安岭附近,贯穿蒙古高原,连接西伯利亚一部分、中国新疆、中国西藏、中亚、伊朗、阿拉伯半岛等,以迄亚洲西端的小亚细亚(安纳托利亚)、叙利亚与巴勒斯坦等广袤区域。这个广域地带可以称为"干燥亚洲"(Dry Asia)[②]。

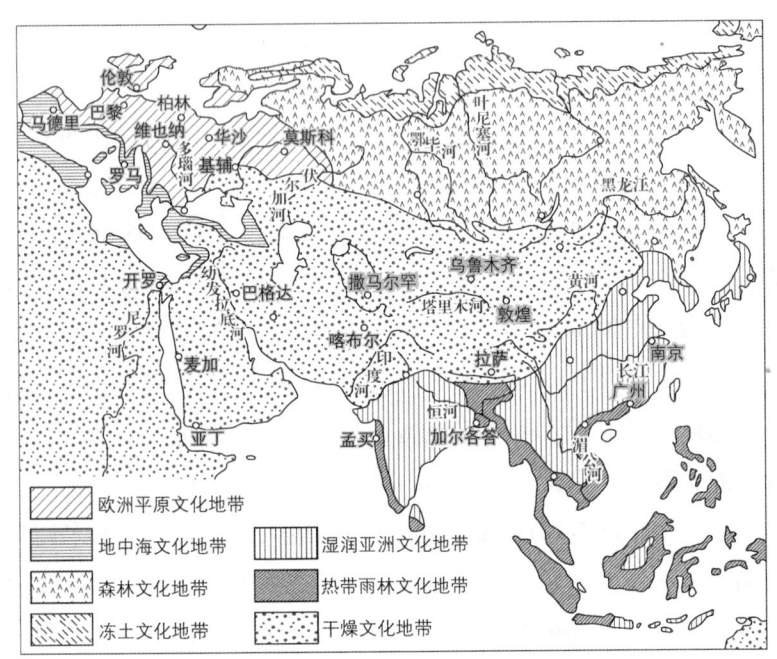

**图1 欧亚大陆的生态**

异质的自然地理/生态系统制约着人类的生产方式。湿润亚洲（东亚与东南亚）可略分为大陆部与岛屿部。大陆部的生态环境适合人类从事农业耕作，农耕成为压倒性的生产方式，因而又被称为"稻米亚洲"。而在沿海岛屿部，除了农作之外，尚有海上活动——包括渔获与利用季风（贸易风）航行的商业交易。与此相对，干燥亚洲（中亚与西亚）因完全不受海洋气流的影响，广布着沙漠与草原，因而又称"沙漠亚洲"。住民的生活略分为两大类型：在大草原（steppe）或半沙漠地带，人类以移动（逐水草而居）方式蓄养牲畜，游牧成为主流的生产方式。而少数可以利用河水或汲引地下水的地区，则形成农耕的沙漠孤岛（绿洲）。游牧的移居生活与绿洲的农耕定性生活形成强烈对比。在干燥亚洲北方的半湿润亚洲（北亚，相当于西伯利亚），是亚洲最寒冷

## 第二章 伊斯兰的勃兴

的地带,雨量较湿润亚洲少而比干燥亚洲多,虽有海洋的湿气调节,但因纬度高,气候严寒,水气无法蒸发,形成广大的针叶树林——树海,因而又称"森林亚洲"。在树海的北面,面向北冰洋的区域则成为冻土带(tundra)。居住在树海地带的住民主要经营着狩猎生活,而其北方的冻土带住民则以渔猎生活为主,其中以爱斯基摩人最为著名。

不同的生产方式构成不同的文化形态,因此形成北亚游牧文化圈、东亚农耕文化圈、南亚农耕文化圈、西亚的绿洲文化圈及北亚树海地带的狩猎文化圈和东南亚岛屿部的海洋文化圈等六大文化区域③。这些不同的文化圈(自然环境与人类生活的有机组合)孕育着相互交易的基本条件,亦即海洋、岛屿、河川、山岳、沙漠、湖沼、土壤的差异,动植物的分布和生产性等自然地理环境和人类生活的有机联结,促成了人类团体之间的相互交易,并因此在历史上渐次形成了长距离交通网与异文化之间的互动。

网络(network)的本质是不同地区之人类社群持续性互动所构成之关系的总和,其中以经济交换关系为最根本的基础。值得注意的是,经济交换的原则并非单纯来自于生产剩余,而是具有某种程度之生产互补性的交换关系。远距区域之间,因生态条件的多样性与由此而生的生产性质之质、量、种类与时间等差异,是区域间相互交流关系成立的主因。在生态系差异条件的基础上,各区域间透过物品的交换、人员的移动、资讯与文化的交流,构成了错综而长期持续的互动关系。再者,长距离交通网络的构筑,也并非因经济考量而形成,除了自然地理环境与生态系的条件差异外,人类的移动和扩散(如战争与侵略所造成的大规模迁徙,或因人口压力所造成的经济性移民等),以及文化的震源区域和扩散地带的相互关系,皆会影响到长距离交通网络的形成与变化。换言之，长距离交通网络，由网络基层部分的自然地理/生态系诸条件、中层的人类移动，以及上层的认识/观念体系等三个基本要素堆叠而成④。

从方法论的角度来说，连接广袤的各区域而成的复数交通网络，将不同区域的人们统合成更广面的人类/自然关系的总体，从而形成人类认识中的（广域的）"空间"，这个"空间"为人类所认识，即构成不同区域的人类对"空间"的不同定义。因此在15、16世纪西欧诸国展开所谓的"地理大发现"而创造出近代主流的地理观——世界作为一体（the world as a whole）等观念之前，不同区域的人类社群所抱持的观念，并非世界作为一体的单数观点，而是普遍存在着复数世界（worlds）或复数世界体系的观点（world-systems）⑤。

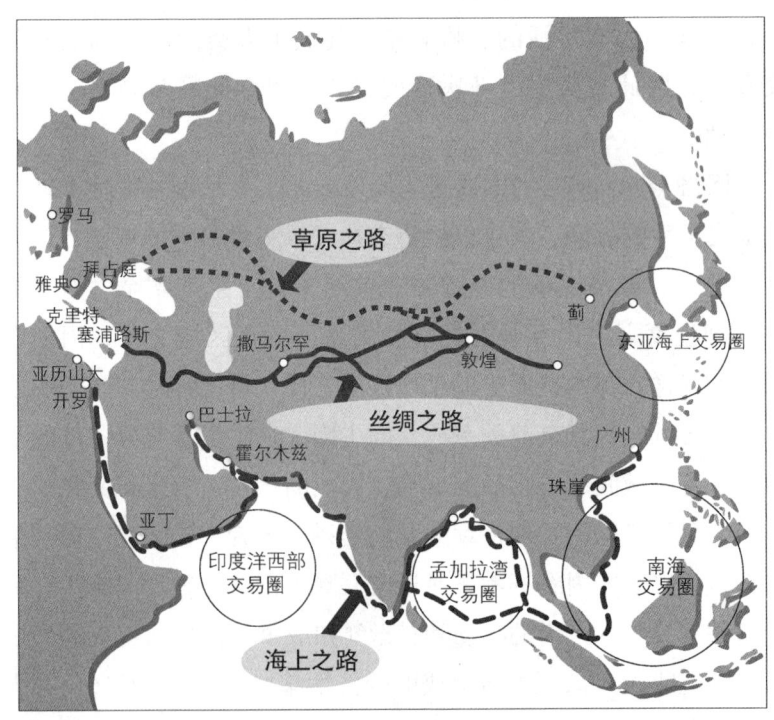

图 2　欧亚大陆的海陆交通网络图

## 第二章 伊斯兰的勃兴

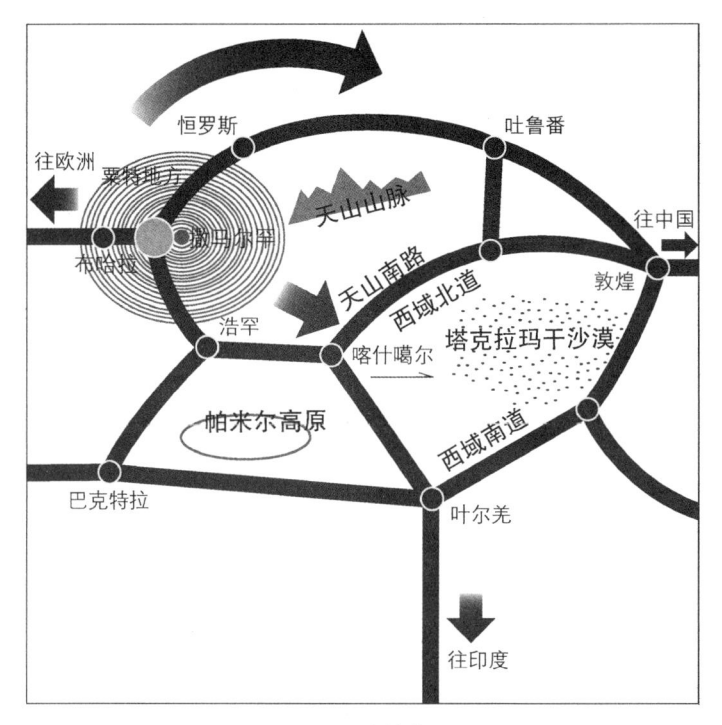

**图 3 丝路结构图**

在公元 6 年前后，整个欧亚非大陆早已出现复杂的长距离交通网络，略分为陆上网络与海上网络。陆上网络是最早被开发出来的交通网络，略分为著名的"丝路"与"草原之路"。丝路是最早被开发出来的交通网络，以中亚绿洲农耕定住民的骆驼商队为主力，往来于绿洲都市之间而结成；其核心都市是大型的绿洲都市撒马尔罕（Samarkand）。草原之路则是以游牧民为主力，沿着北亚—欧俄草原线进行沟通。至于海上交通，在公元元年前后，埃及商人首次发现印度洋季风（冬为东北季风，夏为西南风）之后，海上网络渐次被开发出来，并逐渐构成以印度洋为中心的复杂网络——"海上之路"。

而在亚洲西部，则连接着欧洲。亚洲与欧洲的区分，只是近代带有特殊政治意义的人为概念，并非依据自然地理/生态系统的显著差异来进行区划⑥。在自然地理上，欧洲是欧亚大陆(Eurasia)向西端突出的小部分，可说是欧亚大陆在西端的小型半岛，其总面积约为1000万平方公里，略及亚洲的四分之一弱。整个欧洲的大部分地区，是北亚大草原的延长，其间乌拉尔山脉最高峰约1800公尺，属于比较低的山系，并不构成像天山、喜马拉雅山等亚洲巨大山系那样的沟通障碍。在平原的南北两侧则各自挺立着喀尔巴阡山脉、阿尔卑斯山脉，以及斯堪的那维亚半岛的险阻山岳地带。由于三面环海，整个欧洲深受海洋性气候调节，温暖而湿润，鲜有不毛之地，海岸线既长且多样，岛屿亦多，因而并无亚洲大陆那种大陆内陆地带与沿岸地带在自然地理/生态条件上的极端对立，以及因此在社会经济发展上所产生的明显对比。

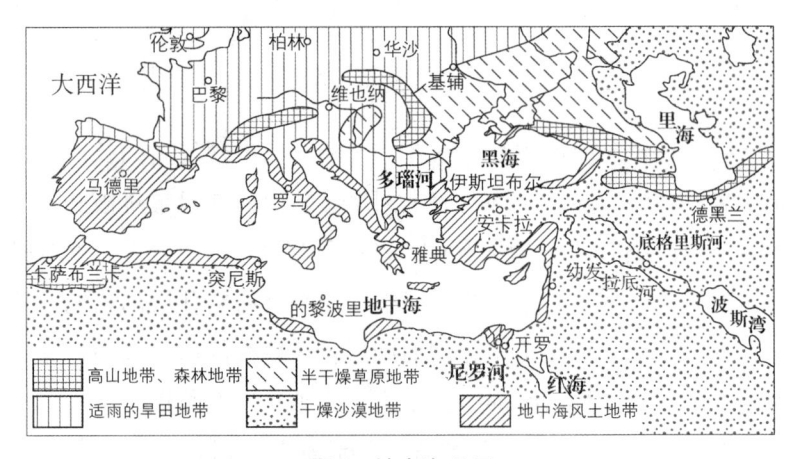

**图4　地中海世界**

欧洲地理的特性，使洲内各区域的相互沟通较亚洲各文化圈的沟通来得容易。不过比利牛斯、阿尔卑斯、喀尔巴阡等山脉的阻隔与山脉南北不同的水文，使欧陆一分为二，形成有明

## 第二章 伊斯兰的勃兴

显差异的"平原世界"(河运文化圈)与"地中海世界"(海洋文化圈)。

平原世界的自然地理特色是河运发达。在阿尔卑斯山脉以北的欧洲,地势平坦连延,一年四季水量丰沛的河川极多,构成极为发达的水运网,是 19 世纪中叶铁道革命之前,阿尔卑斯山脉以北的最大交通网。著名的港口,如伦敦、科隆、不莱梅、汉堡、卢卑克等,都是倚靠河川的都市(河市)。至于海港的发达则是在 16 世纪之后。

相对的,注入地中海的河川,因阿尔卑斯、亚平宁等山脉向前延伸,直迫海岸,地势险峻,所以除了意大利北部的波河之外,其他河流的水量都不丰,夏季水量尤其低落。希腊、意大利、西班牙等地的河川,除了波河与在马赛注入地中海的隆河之外,河运均不发达,溯航距离亦短。因此,在地中海世界除了北非埃及的尼罗河之外,沿着河川的内陆都市极不发达,而发达的港口清一色都是海港[⑦]。

海洋文化使地中海岸诸地与北非邻近区域紧密相连。这一片海洋世界中,地中海岸、黑海岸、里海岸,以及从尼罗河谷到巴勒斯坦与叙利亚,是较为丰沃的原野,构成了农业生产的基础。灌溉的发达即治水的良窳,攸关农业剩余的确保与否,并因此直接关系着政权的兴衰。

与条件较为优越的海岸、河川流域、绿洲相对,在北非则存在着广大的沙漠与草原,并与西亚、中亚广袤的干燥地带连成一片。在生态上,农耕地带与沙漠/草原地带构成显著的对比,并形成两种不同的人类生活方式:定居农耕民与游牧民。在历史上,于沙漠和草原生活的游牧民,在与农耕民进行交易,并对农耕地带进行掠夺并入主而定居化之后,便会有新的游牧民继起,再循着同样的模式,这构成王朝兴衰的基调[⑧]。

## 圣战与文明

肥沃月湾与埃及是人类文化的起源地之一。人类社会的维系与文化的开拓，必须以可保存之食物（谷物与肉畜）的生产为前提。拜底格里斯河与幼发拉底河丰沛的水源之赐，俗称美索不达米亚（今日伊拉克）的两河流域，在公元前3500年左右即出现组织性的农耕文化，并依据农业剩余而发展出规模较大的组织性政治单位。先是苏美尔人的登场，接着在公元前2000年左右出现以留下《汉谟拉比法典》而著称的巴比伦王国。公元前1450年左右，新兴的亚述帝国崛起，其势力在公元前7世纪达到高峰。

在美索不达米亚的西方，拜尼罗河之赐，早在古希腊诸城邦兴起之前，古埃及即发展出先进的农耕文明，成为古代地中海世界最重要的谷物生产中心。尼罗河的赐予与连接地中海和红海的中继地优势，使古埃及在公元前3000年左右，即已出现统合分散诸聚落而成的"古王国"（公元前2680—前2181年），其后历经"中王国"（约公元前2133—前1786年）进入新王国时代（公元前1567—1085年）⑨。

在肥沃月湾与埃及之间的叙利亚，因居于两大农耕地带相互沟通的辐辏地位，极早便获得人类的重视。远在古埃及立国之际，腓尼基人即已在叙利亚出现，并在沿海各地建立许多港市，至公元前2600年已利用海路与埃及建立起紧密关系，之后便经由自己本身的海洋生活、埃及的粮食供给，以及对东方贸易通路（叙利亚）的控制，渐次在地中海沿岸要地建立起许多殖民地，并因此成为最早开发伊比利亚半岛的人类。

在美索不达米亚的东方横亘着伊朗高原，在其上游的古波斯人属于雅利安人的一支，他们因为此一亚欧通廊所展示的高度商业性而进入伊朗高原，依靠蓄养高原有蹄类肉畜以确保食物来源的方式，经营着游牧生活，并据此开发出战斗纲领完整

## 第二章　伊斯兰的勃兴

的骑兵战法，在军事力量上凌驾农耕民族，进而兼并两河流域的亚述帝国（公元前1350—前612年），并于公元前550年建立首次在政治上统一伊朗高原的古波斯帝国——阿契美尼德王朝（Achaemenids，公元前550—前330年）。古波斯帝国是西亚史上最早出现的大帝国，在此之前出现的亚述帝国，领土仅止于美索不达米亚周边，而且在公元前7世纪兼并埃及后不久即告灭亡。但是古波斯帝国的领土，东至中亚一角，西至小亚细亚与埃及，形成版图数倍于亚述帝国的空前大帝国。

与西亚和埃及的组织性农耕文化及一统帝国式的政治生活相对，在地中海周边区域由于农耕条件不佳，人类沿着地中海岸港湾区域分居而生，构成了各种区域性聚落，海上贸易成为这些聚落赖以维生的重要基础，并且很早就产生了奴隶制度，以支撑从事贸易活动所需的劳动力。在奴隶制度的基础上，从事海洋贸易而繁荣起来，并呈现散居状的各个小集团，构成此一区域早期历史的特征。在古希腊，人们将这些小集团的居住地点称为城邦（polis）。诸邦之间的联结，与其说是面的连结，不如说是点与点之间的线性联结。这一点与平原欧洲明显有异，并因此构成古希腊人的宗教观：诸神并列，一如诸城邦并立。

古希腊诸城邦以商业城邦雅典和农耕城邦斯巴达为代表。商业的重心是海路贸易，在沟通路线上，可从东地中海航路出发，以埃及（其后为苏伊士运河）作为中继站，连接红海航路，再往前可与绿海（波斯湾）航路相连，从而经海路与印度半岛、东南亚及东亚相连。与海路相对，陆路一分为三：从濒临地中海的叙利亚出发，可以连接伊拉克的主轴线（欧亚通廊），进而连结欧亚大陆路上大动脉（丝路），或是从小亚细亚半岛出发，向东连接丝路。

此外，尚可从黑海北方的草原向东出发，经南俄大平原，沿着"草原之路"一路抵达东亚。在历史的发展上,这一条途经黑海北部的轴线,最早出现古希腊人的殖民地[⑩]。公元前1500年左右崛起的古希腊城邦凭借着海洋生活的专长,通过海路而展开积极的殖民活动,分别向东与向南发展;除了东向前进至黑海北部之外,还逐渐在巴尔干半岛和小亚细亚的沿海地带(地中海的东北部)定居下来,并持续往外扩散,从而波及意大利半岛的南部。古希腊人的崛起,使地中海的周边世界一分为二,形成腓尼基与希腊南北两大势力圈分割的态势。此一对立一直延续到公元前6世纪,直到在伊朗崛起的古波斯帝国前进至小亚细亚,并在叙利亚压制腓尼基势力为止。

因此,东地中海沿岸是亚洲、欧洲与非洲三个大陆块海陆交通网络的交会点。这个区域特有的生态环境及其向东的整体沟通网络,构成了这个区域古代政治势力兴衰起落的基本原因。

古波斯帝国阿契美尼德王朝崛起后,为了控制东西交通而展开对外征服,凭借着骑兵部队的优势,不到50年的时间,即兼并了底格里斯河、幼发拉底河、尼罗河、印度河、(中亚)阿姆河与锡尔河等六大河流域的广大领土,并由大流士一世出兵压迫位于小亚细亚的希腊殖民地。公元前525年,古波斯帝国征服埃及,进而与古希腊诸城邦对峙。双方为了争夺对东地中海世界的控制权,自公元前492年起,爆发了长达40余年的希腊—波斯战争(一般称为"波希战争",公元前492—前448年),波斯帝国在萨拉米斯海战(公元前480年)败北后,胜负态势逐渐明朗化。

波希战争结束后,地中海霸权争夺战仍未停止。一方面随着波斯帝国因战败而在东地中海环海区域的势力消退,以迦太基殖民区域为代表的腓尼基势力得以强而有力地保存下来,而埃及也在波斯帝国的统治下权力复兴,并在公元前455年重新建立独立

## 第二章　伊斯兰的勃兴

政权。另一方面，战胜的雅典势力抬头，透过海洋经营的发达而建立起霸权，却因此破坏了希腊诸邦原有的权力平衡，最终导致伯罗奔尼撒战争（公元前431—前404年）爆发。地中海世界的分立与希腊诸城邦的长年混战，为马其顿亚历山大大帝（公元前356—前323年）的崛起准备了条件，他在征服古希腊诸城邦之后，控制了东地中海环海区域，进而远征波斯，展开大征服（公元前334年—前324年），并于公元前330年击灭阿契美尼德王朝。亚历山大大帝远征波斯，其实并非出于单纯的征服欲，而是基于确保地中海世界安全，因此决定剪除东方威胁来源的战略考量。

快速扩张的亚历山大帝国，很快就因为亚历山大大帝死后的继承权争夺而导致分裂，在历经约略百年的多元分立后，罗马的权力开始崛起。希腊的势力偏重在地中海世界的东部，而崛起于意大利半岛的罗马在征服迦太基（公元前201年）后称霸西地中海；为了进一步掌控东地中海，罗马又先后征服希腊、叙利亚与埃及，从而在地中海世界建立起史上首次的政治统一。在此一基础上，罗马人对东方的贸易通商日趋发达，其中以红海贸易最具活力，因而刺激了阿拉伯半岛南端的也门，以及半岛中部的麦加与麦地那等沿岸诸绿洲的发展。

罗马帝国的崛起与凯撒的高卢战争（公元前58年—前51年），首度明白显露出欧洲存在着两个世界：西欧世界与地中海世界。在阿尔卑斯山以北，河川构成了最大的交通网，日后成为欧洲要城的如伦敦、科隆、不莱梅、汉堡等，当时都是沿着内陆河川的港市而非海港，其发达与内陆的农村具有不可分割的关系。与此相对，在意大利的港市几乎全是在面向海洋的岩壁上发展出来而成为对外贸易的据点，和内陆农村并无直接连带关系[11]。

罗马帝国将地中海世界诸民族皆纳入其统治之下，建构出史上著名的"罗马统治下的和平"（Pax Romana）。但"和平"的实态却是惊人的杀戮与暴政，对此，罗马史家塔西佗（Gaius Cornelius Tacitus，55—115年）这样描述："他们把强盗、屠杀与掠夺伪称为'政府'；他们制造废墟，并称此为和平。"⑫罗马帝国废墟式和平遭遇着犹太教徒与基督徒等一神论教徒的坚决抵抗，犹太教是起自沙漠地带的特殊宗教（世界观）。在沙漠中，人类最易感受到大自然巨大而全面的支配力量，使犹太人否定了既存的各种多神论；他们认为世界上只有一个神，神对人类毫无所需，神是全知全能，对人具有无限性的绝对支配，此一绝对支配反映在神对人的裁判权之上⑬。

自然风土所形成的一神论，结合犹太人特殊的历史遭遇，即在巴比伦、波斯、马其顿、罗马等帝国支配下生活于社会的最底层，构成了犹太人特殊的史观，认为神的意图（具化为神约）若经实现，犹太人将会获得解放而成为新世界（神国）的主人翁。这种历史预定（predestination）的见解，构成了一神论的最大特征：相信历史行进的目的已被设定，历史的进程将往该目的逼近；目的达成，谓之终末（或译为末世），当终末来临时，人类将会受到最后的审判。为了避免在最后审判时堕入地狱，人们在此世的生活应该遵循神的教诲，亦即神的启示而行。因此在一神论中，对传达神谕的先知（预言者）赋予极高的地位，先知所传达的神谕即"神的语言"，称为"启示"⑭。换言之，若说古希腊产生出丰富的诸神形象，那么在犹太教的世界里，则独创出唯一真神与众先知的世界观⑮。

在犹太教终末审判与一神论的基础上，基督教提出"救恩"（或救赎，salvation）的概念。救恩观的提出，构成了基督教与犹太教的根本差异，其核心论理是：救恩来自耶稣基督。基督

## 第二章　伊斯兰的勃兴

(Christ)一词原意即为"救恩者"。耶稣基督提出，人在尚未面临终末审判前，即可通过信神的道路，获得神的救恩。在一神论的论理下，唯一的神全知全能，只有他有权力与能力决定是否给予人们救恩。因此耶稣所允诺的救恩若要有效，在论理上耶稣本人必须是神（因而耶稣的复活即为关键），否则耶稣允诺的救恩便无意义。

一神论教徒的抵抗妨碍着罗马帝国的意识形态统一，并导致帝国当局长达数百年的严酷镇压。其后，在罗马皇帝君士坦丁统治期间（311—337年），帝国政策作出大幅调整，将首都迁至新建的君士坦丁堡，并发布《米兰敕令》（313年），承认基督教为合法宗教，正面运用基督教超越血缘与地缘的论理，为帝国当局的意识形态统一政策服务[⑯]。这个支配政策的大转换，为其后基督教的罗马帝国国教化（394年）与东西罗马帝国的分裂（395年）铺设了道路。尽管西罗马帝国亡于476年，但帝国的权力与文化中心，自君士坦丁时代以来即已迁移至东地中海世界，并继续在该处延续了近1000年。

在罗马帝国境内，基督教蓬勃发展，但不久即陷入论争。基督教所独创的救恩观及基督为神的主张，不仅使基督教遭到犹太教严厉非难，而且在基督教内部也引起重大争议。争议的起点在于耶稣的神性。耶稣必须是神，救赎方有效力。但在基督降世之前，已知有唯一真神耶和华，因而耶稣为神的主张有违背一神论基本立场之虞。为了解决此一论点上的盲点，三位一体说(Trinitas, trinity)登场，即主张道成肉身，圣父（耶和华）、圣子（耶稣）与圣灵三者同一。但是耶稣的肉身出自于玛利亚，并且被钉死在十字架上，这些历史事实仍鲜明地烙印在人们的脑海中，因而利比亚出身的亚历山大城大主教阿里乌斯（Arius, 256—336年，教会史称"亚流"）即主张：耶稣虽然是神，但并不是与万物的造物主同格的神。但阿里乌斯的理论若成立，将彻底动摇三位一体说，连带地动摇整个基督教的理论基础，因而引起了亚历山大主教亚历山德罗斯（Alexandros，328年殁）的反对。此一有关耶稣与神同类（homo i ousios）或同一（homoousios）的争议不仅攸关神学争论，更引起政治分裂，因而促使东罗马帝国的君士坦丁大帝（Constantinus，306—337年在位）亲自担任议长，于325年在尼西亚（Nicea）召开宗教会议，裁决遵守三位一体说，判定阿里乌斯派为异端而予以排挤与放逐。

在三位一体说决议后，论证移至基督的性格本身。三位一体说确立了基督即耶和华的理论立场，但基督的肉身毕竟是玛利亚所生，因而基督教主流的正统派（Orthodoxy）抱持着基督同时具有神性与人性的见解，但未对两者的区别加以精确论述，也因此导致428年就任君士坦丁堡主教的聂斯托留（Nestorius）登场，他站在护卫三位一体论、警戒阿里乌斯派再起的立场，认为"神的母亲"（theotokos，"生神者"）一词不妥；因神之母的概念与神乃超越性的绝对存在概念相互矛盾，主张改以"人的母亲"（anthropotokos）或"基督的母亲"（Christokos）等新概念来取代"神的母亲"此一概念，因而强调耶稣的人性而轻视其神性，结果引起亚历山大教会主教区利罗（Cyril of Alexandria，375—444年）的反对；后者为了攻击聂斯托留的理论，全面否定耶稣的人性，只承认耶稣的神性，因而被称为单性论（Monophysitism）。神学理论上的论争联系上教会权位的角力，使聂斯托留派在431年的宗教会议中被斥为异端[17]。

围绕着聂斯托留派主张的神学导论，对其后的中东产生极大影响。被斥为异端并遭受到排挤与迫害的聂斯托留派信徒逃往波斯，后在阿拉伯帝国成立后受到宽容与保护而大为发展，进而向东传播，在中亚区域与大唐帝国下一度颇为兴盛，称为景教。直

## 第二章　伊斯兰的勃兴

到14世纪帖木儿帝国在中亚兴起，排挤聂斯托留派，才使该派影响力转弱，但残存的信徒仍旧努力地将信仰保留下来，迄今仍以亚述利亚（Assyrian）正教会及卡尔迪亚（Chaldean）教会的名称，存留在黎巴嫩与叙利亚。

当地中海世界的拜占庭帝国内部陷入宗教区隔线所造成的分裂与迫害时，这个帝国尚必须面对来自东方的竞争。亚历山大帝国崩溃混乱中崛起的安息王朝（公元前247—224年）灭亡后，新崛起的萨珊王朝（Sassanids，224—651年）迅速建立起西亚区域的霸权，与建都于拜占庭的东罗马帝国形成长期对峙的局面。此一长期对峙与冲突的焦点乃是争夺纳贡与赋税，包括治下诸民族的定期纳贡，以及东西交通孔道的控制权和由此而来的赋税。在拜占庭帝国和萨珊王朝的长期争霸中，整个区域的众多小邦纷纷被卷入，连接东地中海经小亚细亚与肥沃月弯以迄波斯的交通动脉，则由于遭到连年战乱的破坏，导致功能大为降低；也因此促成原本处于东西两大霸权边陲地带的阿拉伯半岛应运崛起。

## 二、部落共同体的危机

东西两大帝国的南方横亘着巨大的半岛。这片半岛三面环海，北面为叙利亚沙漠所区隔，西侧因红海而与非洲的撒哈拉沙漠遥遥相望，东侧则是广袤的印度洋。整个阿拉伯半岛略成西北向东南的长方形，从肥沃月弯向东南延伸，气候特色是干旱。西部红海延岸横亘着2000公尺级的山脉，向东渐次斜降。在半岛南部，东西向的高大山脉横走，至也门达3000公尺。在山脉面海前沿的半岛南部丘陵地带，夏季可受来自海上的湿润季风调节，年雨量可达1000厘米，但在山脉以北的内陆部，因水气受到山脉阻挡，年雨量仅达100厘米，气候相当干燥燠热，夏天日间温度高达摄氏50度以上，形成巨大的沙漠，只有零星的绿洲点缀其间。在沙漠的北方，受到海洋气候的边陲性影响，干旱稍减，形成一大片草原。

习惯上，阿拉伯人将半岛中部与北部分为提哈玛（Tihama）、汉志（Hijaz）与内志（Najd）三个区域，提哈玛意为"低地"，指红海海岸成波浪状的平原与坡地。汉志意为"障碍"，位于提哈玛东侧，原指隔离海岸平原与内志高地的山脉，后来扩大为兼指海岸平原的许多地方。在汉志的东方，是名为内志的广大内陆高地，其中大部分地区是努夫德（Nufud）沙漠[18]。

与肥沃月湾相较，阿拉伯半岛较不适合人类居住。农业仅限于绿洲，半岛南端也有些许农耕，但半岛大部分地区只能从事游牧，主要的畜种是骆驼、山羊与绵羊。自然环境与当时的技术水准，决定着半岛住民的生产方式，并且制约着社会生活形态与意识形态——各自分立的诸部族共同体。其中，最大的分界线是绿洲定居民与草原游牧民的分界线。在沙漠与草原以游牧维生的贝都因人，富于独立心，厌恶来自外部的一切束缚，蔑视定居民的定居生活，但基于粮食供给与手工艺品的需要，贝都因人经常与绿洲定居民进行以物易物的交易。但是居住民与贝都因人的关系并非一贯的友好，当降雨量不足，牧草与牲畜难以养育而导致饥荒时，贝都因人就会袭击定居民与其他部族，掠夺以食。

在此一生态／经济生活下，社会生活的基本运作原理是家族、氏族、部族的三重同心圆逻辑。社会的组织以家庭作为最小单位，数十个帐篷的家族结合成氏族（clan），而诸氏族的集合体则称为部族（tribe）[19]。实际的社会生活单位与其说是家族，不如说是氏族，数个帐篷内的家族彼此进行着互助合作的生活。每一个氏族都以共同祖先之名作为其称呼的系谱符号，氏族的基本形成

## 第二章 伊斯兰的勃兴

逻辑是血缘,但也可以有其他的方式,如被解放的奴隶、同盟者与追随者等。部族(kabilah)则是根据共同的系谱意识,其顶点是共同的祖先(或祖先象征),并不等同于今日所认知的族群团体(ethnic group)。在当时,家系是阿拉伯半岛住民最主要的区分概念,长老会议是其主流统治方式,而多神教与偶像/圣石崇拜则是其宗教信仰的主流[20]。

部族间的互动原理,主要是根据定居民与游牧民间长期互动所形成的惯习与规则。在合作方面,最重要的是缔结军事意义的同盟关系(hilf)。在处理冲突方面,最核心的原理是不可杀人,杀人者必须遭到报复,而他们也就是经由此一报复法则来维护部族社会的和平与安全。换言之,同一部族的成年男子,必须承担为同族受害者复仇的义务。在发生杀人的场合中,若经族长的调停,有时杀人者可以用人身代偿金的方式支付赔偿,从而免于遭受报复。再者,在苛酷的沙漠风土中,对于求助的客人必须给予慷慨的协助与保护。简言之,血的复仇、人身代偿金与慷慨风,构成各部族间的互动原理[21]。

沙漠地形的自然限制,使半岛内部免于臣属拜占庭帝国或波斯帝国,但也因此从未建立起统一的政治体。各自分立的部落共同体,各自信仰着繁复多样的多神教。归纳而言,这些多神论论理的特色是,世界上存有诸神,诸神各有其需求,这些需求与人类的需求极为类似,诸神与人类的关系乃建立在人类满足诸神的条件之上;诸神满足其需求的力量虽然可观,但并非无限,因而人类受到诸神的支配,但终非全能的支配。简言之,神对人类的支配,是有限性的相对支配。

绿洲的农耕较草原的游牧更易于进行中小规模的原始资本积累,这个条件使海洋贸易与骆驼商队贸易成为可能。以骆驼商队为主要运输形式的陆上贸易若要繁荣,必须具备政治与经济条件，即运输的安全与商品的供需。运输的安全涉及绿洲住民与游牧住民间的政治与军事互动，而贸易商品的供需则涉及半岛住民与半岛外的经济互动。在很长的时期里，半岛诸部族共同体的分立，使运输安全极难确保。而半岛对东西两大权力与文化中心的地理隔绝，又限制着经济互动的需要，因而半岛住民与外部的互动，主要集中在半岛北部与波斯湾沿岸，并以海洋贸易作为主力。公元前13世纪左右，阿拉伯半岛南端的农耕地带即出现米那王国，其后进入萨巴王国时代（公元前950—前115年），通过农业剩余的累积，展开对外活络的交易，独占着非洲东海岸与印度方面的贸易。其后兴起的希姆拉雅王国独占印度洋与红海间的东西贸易，并进入全盛时代。直至4世纪，经由美索不达米亚平原而抵达波斯湾的东西贸易通路被开发出来，阿拉伯半岛南部的繁荣才逐渐衰退。

这就凸显出阿拉伯半岛在异文化沟通网络上的特殊地位——位居欧亚非三大陆交通十字路口。尽管自然条件不佳，但连结地中海与印度洋的东西轴线，以及连接欧亚大陆与非洲大陆的南北轴线，正好在阿拉伯半岛交会。通过这两大轴线，可以从远地获取人员、物品、资讯与文化，使阿拉伯半岛成为国际交通／运输与贸易活动的中心，并扮演着古代文明向周边辐射的原点。再者，在这个区域，多重多层的人类集团相互遭遇、冲突、共存与共居，经由社会与国家的冲突而导致共同体的连带不断地解体与再编，形成循环活动[22]。此一地理／生态特征，使阿拉伯半岛在早期的历史中即成为各种不同思想的交会地。

对外贸易与文化交流的发达，促成外来思想（一神论）的传入。罗马帝国崛起，犹太国家的灭亡，圣城耶路撒冷的犹太神殿被毁（70年），使犹太人离散各地，一部分进入阿拉伯半岛，并将一神论传入。后来成为伊斯兰共同体诞生地的麦地那即居住着

## 第二章　伊斯兰的勃兴

大量的犹太人，甚至可说是犹太教化的绿洲。再者，东罗马帝国境内的宗教分裂与随之而来的宗教迫害，使聂斯托留派与单性论信徒逃往周边地区并展开积极传教，更将一波宗教思潮带入阿拉伯半岛。

海路贸易的发达，也引起波斯萨珊王朝对控制印度洋交通网络的战略兴趣。从4世纪起，萨珊王朝为了与领有东地中海沿岸、埃及、叙利亚而控制陆路交通的东罗马帝国抗衡，渐次重视阿拉伯海与印度洋的海上经营，逐步征服南至东非海岸，东至印度次大陆西海岸与斯里兰卡等广袤的印度洋西部海域及其沿岸部。如此，印度洋西部海域成为"波斯之海"，海洋贸易由波斯系商业集团所控制（但东罗马帝国仍控制着红海贸易），并将此一海上网络与伊朗高原东向的陆上网络（丝路）联结起来，从而控制阿拉伯半岛南端，以也门为中心的沿海要道。西印度洋海域为波斯人所独占，先前在此一海域活跃的印度次大陆诸民族，势力范围被局限在马尔代夫及斯里兰卡以东，遂转向东发展，开拓出通往印度洋东面海域的交通网络，从而带动了佛教与印度文化向东南亚传播的浪潮，促成了东南亚区域的"印度化"[23]。与此相对，在罗马帝国境内遭到迫害的聂斯托留派等基督徒，则拜萨珊王朝治下的海陆交通发达与宗教宽容之赐，得以在波斯帝国境内及其东方传教，并在其后数百年间以景教为名流行于东亚[24]。

在环印度洋文化圈历经重大变化的同时，阿拉伯半岛内部也产生激烈的变化。气候变迁造成水源不足，以及波斯萨珊王朝向阿拉伯半岛南部沿海地带的扩张，迫使半岛南部农耕定居民离开居住的农耕绿洲，重新经营游牧生活，并向北迁徙，与半岛北部的游牧民相互争夺游牧区。此一大迁徙使阿拉伯半岛陷入混战状态，在伊斯兰纪元前100—150年（5、6世纪）间进入所谓的"部族斗争时代"，此即伊斯兰史上著名的"无明时代"（Jahiliya,

Age of Ignorance）㉕。

"无明时代"的诸部族相争，使阿拉伯半岛住民的互动更趋频繁。各部族间的对立与抗争不断；抗争手段不仅只有战斗，还包括了"诗的竞赛"。诗人的活跃促成了超越各部族自有语的阿拉伯语出现，即在北方文化的影响下，南方游牧民的语言与文字渐次与北方住民融合，促成了北阿拉伯语与从阿拉姆（Aramaic）文字派生之纳巴塔伊（Nabataeans）文字在半岛的广泛运用。日后的阿拉伯语和阿拉伯文字即由此发展而来㉖。这种新共通语的发展，协助了诸民族相互间的共同意识萌芽，成为日后"阿拉伯人"概念的滥觞㉗。

在阿拉伯半岛的无明时代，半岛外的两大强权东罗马帝国与萨珊王朝治下的波斯帝国依旧处于长期对峙与战乱的局面，两大帝国的前疆埃及—叙利亚—肥沃月湾一线遭到战争严重破坏，造成既存东西交通孔道的衰退，并因此刺激新交通网络的开拓。联结地中海世界与东方的贸易商，无论是走海路或陆路，均需经由阿拉伯半岛，使阿拉伯半岛渐次被整合为当时国际贸易网的一环，带动了麦加、麦地那等绿洲都市的繁荣。这些绿洲都市的繁荣与财富累积，引来游牧民的入侵，入据绿洲都市而渐次成为定居民。5世纪末期，麦加被一支名为古莱氏的部族所征服，成为独占半岛中继贸易的最大势力㉘。

贸易的兴盛扩大了麦加、麦地那等绿洲都市的权力，但利润仅限于为少数大商人家族所有，使其政治体系转变为金权寡头政治，都市内部的贫富差距渐趋扩大，绿洲都市民与草原游牧民间的经济与文化冲突也逐步加深。尽管游牧时代部族连带制度的各种运作原理，如血的复仇、人身代偿金，同盟关系与慷慨风等仍持续运作，部族共同体的社会结构也仍以部族（以及其下之次级单位的支族）作为基本单位，使得扩大中的贫富差距因而尚未分

## 第二章　伊斯兰的勃兴

化为经济上的阶级,但绿洲都市内部的贫富差距,及游牧民与居住民之间的冲突,仍造成既存部族共同体伦理的危机与既存社会秩序的解体。

## 三、伊斯兰共同体

570年,先知穆罕默德诞生在支配麦加的古莱氏部族中的一个边缘性小支族哈希姆(Hashim)家。穆罕默德出生时父亲即过世,母亲亦在6岁时亡故,成为边缘小支族中的边缘孤儿的穆罕默德,在伯父的庇护下长大成人,并受雇于富商家族寡妇赫蒂彻(Khadijiah,至619年),并于595年与她结为夫妻。当时穆罕默德25岁,而赫蒂彻已超过40岁。两人婚后共育三男四女,但两男早夭。人生的困顿使穆罕默德常至沙漠中进行冥想,并在此一时期接触到聂斯托留派等基督教的教义。40岁(610年)左右,穆罕默德在麦加郊外希拉(Hira)山的洞窟中冥想,汲取了犹太教与基督教等一神论的部分教义,接受创造主即唯一真神阿拉的启示,自觉为神的使徒与预言者(先知),发出最后审判之日的警告,从而创立了伊斯兰教[29]。

与犹太教与基督教相同,伊斯兰教的基本论理也是一神教。穆罕默德继承了末日审判与尊敬先知等论理,但他既未接受基督教的救恩观,也不同意将耶稣等同于神。相反的,他只赋予耶稣先知之一的地位,并宣称自己是最后一位先知,因而在理论上,穆罕默德所传达的启示是"最终的启示",这也构成了伊斯兰教与其他一神论的根本差异,使之成为伊斯兰的最大特征。

在希拉山获得启示后,穆罕默德便在麦加展开传教事业;前三年秘密传教,其后则公开传教。麦加时期传教的内容,以前述一神论特征的最后审判为起点,添加两条极为单纯明快的信律:

"阿拉是唯一的真神"——神的唯一性（tawhid）㉚，以及"穆罕默德是阿拉的使徒"㉛。

这两大信仰告白（shahada）构成伊斯兰的两大原理㉜。第一原理规定着神与人类之间的垂直关系，而第二原理则规范着人类之间的水平关系。根据第一原理，穆斯林必须皈依、信仰与遵循阿拉的启示与教诲，此一遵循关系无需中介人，而是个别穆斯林与阿拉间的直接关系，因而在伊斯兰之中，并无罗马天主教或是希腊正教之类的教会体系存在。第二原理则规定着所有穆斯林之间的水平关系，即阿拉的启示由其使徒，即最后一位先知穆罕默德传达㉝。以《古兰经》为代表正典，信徒称为穆斯林，彼此间一律平等，并笃信与奉行伊斯兰教义㉞。所有穆斯林的集合体，则称为"伊斯兰共同体"㉟。

在两大原理的基础上，所有的穆斯林都必须遵奉"五功"与"六信"，这是身为穆斯林最基本的义务。五功指五种行为：信仰告白（证信）、礼拜、天课、断食（斋戒月期间从日出到日落禁食）和圣地麦加巡礼㊱。六信则是指必须真切信仰的六种项目，包括神、天使、启典、使徒、来世与定命。五功六信中，天课（zakat）与斋戒明显表现出伊斯兰特有的正义与平等观㊲。

"天课"即穆斯林必须将其收入的一定比例赠与穷人㊳。值得注意的是：一方面，天课并非人与人相互关系间的慈善行为，而是根据第一原理所规定的神与人之垂直关系而来，天课的额度意涵着神对人类财产的权利；另一方面，天课的用途，必须施以伊斯兰共同体中的穷人、寡妇、孤儿等之上，则属第二原理的水平关系。至于断食，即世所熟知的斋（Ramadan）月，在这段期间，穆斯林每天都必须在日出到日落这段时间保持空腹，以培养精神上的清明，强化对真主的信仰，同时也带有促使饱汉体验饿汉饥的意义。天课与断食，清晰地反映出伊斯兰具有浓厚的平等主义

## 第二章　伊斯兰的勃兴

性格。

新创出的伊斯兰原理使穆斯林得以超越血缘、地缘等人为的差异界线，根据共同性（同为穆斯林）与同胞性（同为伊斯兰共同体的成员）来界定彼此关系。于是，一个新的世界观出现了——伊斯兰信仰与穆斯林同胞性的宗教连带，超越了部族的联结，并据此提倡社会平等与救济穷人等社会平等正义思想。

这个新型的宗教体共同论述，尤其是平等与社会正义观，获得古莱氏部族年轻一辈的支持，从而引来麦加大商人势力的警戒。毕竟穆罕默德所宣扬的伊斯兰教，直接挑战着麦加既存的政治社会运作原理。伊斯兰的论理与麦加多神崇拜的逻辑，并非只是单纯的信仰问题，而是政治生活的运作规范与权力归属的大问题。因此穆罕默德的传教不见容于麦加的富裕商业贵族与统治阶层，所以穆罕默德遭受到麦加统治集团的迫害，本质上是属于政治对立。

622年，在麦加的处境日益艰辛的穆罕默德受邀带领数百名信徒迁往麦加西北300公里处的肥沃绿洲——雅特里布（Yathrib，后称麦地那[Medina al-Nabi]，意为先知之城），在伊斯兰史上称为"圣迁"（Hijra），是为伊斯兰历法之始（将622年7月16日定为伊斯兰历法纪元元年元月元日。伊斯兰历法一年较太阳历短11日，因而公元2000年相当于伊斯兰历的1421年）。

"圣迁"是穆罕默德一生事业的关键。除了数百名随同穆罕默德迁徙的"移住者"（muhajirun）之外，穆罕默德又在雅特里布获得了"援助者"（ansar），使他新创的教团获得物理上的安全，并且吸引了各地被压迫者的皈依。而原本在雅特里布相互依据血的复仇原理互动，进而陷入无止境斗争的三大团体——奥斯（Aws）与卡志拉兹（Khazraj）两个阿拉伯部族与犹太教共同体——在伊斯兰信仰与穆罕默德亲自调停的双重作用下，共同缔造了日后称为《麦地那宪章》(Constitution of Medina)的政治协定，以穆斯林连带取代屡生抗争的部族连带，建立起基于共同信仰，全部适用穆罕默德所传达的启示录(《古兰经》)所揭示的原理与原则，并凝聚出基于宗教共存的安全保障原理，根据伊斯兰原理运作的第一个政治共同体。

《麦地那宪章》共47条，其政治纲要有四：

伊斯兰共同体由"移住者"与"援助者"组成。

所有"移住者"视为一个单位，"援助者"则依其部族原理分为八个单位，各自承担杀人代偿金等义务。

信徒间发生纠纷时委由神的使者穆罕默德调停。

承认犹太教与伊斯兰共同体的共存，除非犹太教徒作出利敌行为[39]。

在新建立的伊斯兰共同体中，穆罕默德所扮演的角色有了显著的变化。在麦加时代，穆罕默德的角色仅限于启示的传达者，亦即仅限于宗教方面的角色。但在麦地那时代，他在启示传达者的角色之外，同时扮演政治领导人、调停人、裁判官与立法官的多重角色，从而在麦地那建立起特殊的神权政治体制，其特征是穆罕默德本人同时拥有宗教与政治权威，但在他之外，并无任何神职人员，且也没有神职人员与世俗人员、宗教职务与世俗职务的区别。

在伊斯兰共同体内，穆斯林成员除需履行宗教义务的天课责任之外，基本上不必负担政府的税赋，即实质上享有免税特权。信徒除了各自经营着日常职业和工作之外，每日需在一定时间内进行礼拜和履行其他宗教义务，必要时则需全体以战士身份参加战斗。换言之，在特殊的神权政治体制之外，同时导入了信徒（穆斯林）皆兵制的原理。与此相对，"启典之民"(Ahl al-kitab)不必担负兵役之责，但自631年底以后，渐次形成需缴

## 第二章　伊斯兰的勃兴

纳人头税（jizya）的制度。

伊斯兰共同体在麦地那的成立，使得伊斯兰皈依者与阿拉伯半岛既存体制的冲突扩大，其冲突不仅是麦加社会的内部问题，亦即并非只威胁到古莱氏部族，而是开始直接影响到整个阿拉伯半岛的多神教原理。如此，以两个绿洲都市为据点的两种宗教与运行原理——既存的多神教与新兴的伊斯兰教——之间的对立，旋即演变成将整个半岛全部卷入的军事冲突。在这层意义上，穆罕默德在麦地那的历史，即可说是对半岛战役的历史。

伊斯兰共同体的论理，在政治上具有超越部族连带的巨大动能。在穆罕默德的指导下，伊斯兰信徒日增，教团不仅在麦地那巩固实力，并且逐步对外扩张；在"圣迁"八年后的630年1月，穆罕默德率领2万大军，以无血入城的方式征服麦加，破坏卡巴神殿的偶像，宣布奴隶解放。

麦加征服一举提高了麦地那伊斯兰政权的威信。翌年（伊斯兰历法纪元九年，630年4月20日—631年4月8日），穆罕默德向阿拉伯半岛各地诸部族派遣使节，并与半岛各地的游牧部族缔结盟约（'ahd），给予安全保障（dhimma）的承诺，借此赢得半岛的政治统合。

游牧诸部族与伊斯兰共同体合作的最根本原因是经济利益。在半岛复杂的政治经济情势中，穆罕默德力图促进游牧诸部族与伊斯兰共同体的利益一致化[40]，他打出的政策原型是结合麦地那绿洲商队的经济力量与半岛游牧诸部族的军事力量，共同拓展东西贸易通商线上的中继贸易利益。其中汉志地区的游牧部族甚多皈依伊斯兰，并对伊斯兰共同体效忠。如此，截至穆罕默德逝世（632年）为止，阿拉伯半岛中部广大区域实现了史上首次政治统一，伊斯兰共同体进一步发展成半岛上的政治复合体——"贾玛阿"（jama'a）。

半岛政治复合体是由伊斯兰共同体与半岛诸游牧部族两种不同性质的政治共同体构成的，可以将其理解为同心圆的二重结构：在其内环为伊斯兰共同体，外环则为“贾玛阿”，两者具有相互军事援助（nasr）的责任，伊斯兰共同体的领导人穆罕默德保证诸游牧部族个人乃至集团所拥有的特定土地、牧地与水场。游牧诸部族除履行礼拜与天课等宗教义务外，尚需对伊斯兰共同体缴纳占其收入约 1/10 的救贫税，包括课征家畜的救贫税（sadaqa）与课征农产品的救贫税（ushr），而缴税的对象则是穆罕默德派遣至各地的征税官[41]。

穆罕默德支配下的阿拉伯半岛，尽管社会结构仍维持着部族社会的既存样态，但新成立的政治统一体已非单纯的部族联合体，而是超越各部族，由单一信仰与单一统治者支配的新政治体。这是阿拉伯诸部族首次的政治团结，伊斯兰共同体的政治机制，使他们首次有能力挑战东西两大巨邻——拜占庭帝国与东罗马帝国——并据此改变整个区域的政治与社会生活。

然而，也不应夸大伊斯兰共同体的统一与团结。在征服麦加之后，伊斯兰共同体对半岛诸游牧部族的互动，由于安全保障承诺的导入，使其支配关系取代了“无明时代”诸部族间的同盟关系，成为新的部族统合原理——之前的部族间同盟关系的根本基础是部族领袖间的合意（ijma），而安全保障的基础则是神与先知所给予的承诺。在理论上，这是导入新的统合原理来协助伊斯兰共同体发展成半岛政治复合体。

但在此一过程的内里，政治运作的原理是穆罕默德运用半岛诸游牧部族既存的政治势力，借此扩大伊斯兰共同体对半岛的支配。因而半岛内部复杂的地缘、部族、宗教及阶级等分歧与对立仍未消解，部族忠诚与价值与其说是消失，毋宁说是在经过调整后，亦即伊斯兰化之后，继续在半岛政治复合体中有力地存活下

## 第二章 伊斯兰的勃兴

来。具体而言，这表现在半岛政治复合体的人员构成要素与分类原理之上：第一类由"移住者"与"援助者"构成；第二类是古莱氏部族诸民族；第三类是阿拉伯半岛的游牧民；第四类则是同为一神教的犹太教徒与基督教徒，称之为"启典之民"。

在迁徙至麦地那后，维持人数较多的在地"援助者"与人数较少的"移住者"之间的政治平衡，是维系伊斯兰共同体存续的必要条件。因而当皈依民众陆续从麦加与半岛其他地区前往麦地那，或是半岛部分游牧民改宗伊斯兰并移居麦地那时，皆编入"移住者"的行列。麦加征服后，允许居住该地的古莱氏部族陆续往麦地那移居，也是基于此一政治平衡的考虑，但却引起"援助者"集团的不满，并使麦地那的政治生态复杂化、政治势力一分为三，即麦加征服前的"移住者"集团、麦地那在地的"援助者"集团与征服后移入麦地那的古莱氏部族势力。

因此，当先知于632年去世后，半岛的政治复合体立刻陷入分裂与解体危机——"援助者"集团与"移住者"集团的政权之争，以及由阿拉伯半岛其他势力对麦地那的背离而导致的分裂危机。

"援助者"集团与"移住者"集团的对立在穆罕默德生前即已存在，但在穆罕默德宗教与政治双重权威下，并未浮上台面。穆罕默德逝世后，"援助者"集团的部族长老召集会议，要求继任人选应由"援助者"集团产生，否则应由"援助者"集团与"移住者"集团各自选出继任的领袖。为缓和此一继承危机，"移住者"集团根据部族传统的长老政治原理，选定穆罕默德的跟随者兼岳父巴克尔（Abu Bakr al-Siddiq）为继任人选，说服"援助者"集团让步。结果是后者基于抑制古莱氏部族的政治崛起与解决半岛诸游牧部族背离的危机而同意妥协[42]。

如此一来，巴克尔继承穆罕默德的权力，并导入影响深远的统治原理。根据伊斯兰的教义，穆罕默德是最后一位传达真主启示的先知，穆罕默德的逝世意味着先知时代的彻底终结。当穆罕默德在世时，对伊斯兰教的解释，都还是以穆罕默德所传达的启示为准。巴克尔继承权力之后，训令以《古兰经》与穆罕默德的教诲作为准则，从而导入了不依人治而依《古兰经》与穆罕默德教诲的政治原理。因此，穆罕默德的继承人只能称为"哈里发"（Khalifah Rasul Allah，原意为"神的使徒的代理人/继承人"，其后衍生为尘世统治者，英文写作 Caliph）。从此，伊斯兰共同体的历史进入"正统哈里发时代"[43]：巴克尔（632—634年）、乌玛尔（634—644年）、乌斯曼（644—656年），以及阿里（656—661年）。

在解决权力继承问题后，第一代哈里发巴克尔便开始着手巩固伊斯兰共同体的支配，以对外征服的方式来消解麦地那危机与阿拉伯半岛的政治危机。在名将哈里德（Khalid ibn al-Walid）的协助下，巴克尔运用伊斯兰共同体与汉志地区游牧部族的军事力量，快速镇压了半岛各地的"背教"（Ridda）[44]。但巴克尔在位两年即因内部纷争而遭暗杀，由"移住者"集团的乌玛尔（'Umar b.'al-Khattab）根据部族传统的长老政治原理继任为第二代哈里发。乌玛尔在644年逝世时并未指定继承人，仅委任"哈里发遴选委员会"（Shura）的六名长老协商与互选，其中最有力的竞争者是阿里以及穆罕默德的另一名女婿乌斯曼（'Uthman b' Affan）。最终仍根据长老政治原理指定乌斯曼出任第三代哈里发，直到乌斯曼遇刺身亡后才由阿里继任第四代哈里发。

四位正统哈里发全部都来自于"移住者"集团，显示"援助者"集团在权力竞赛中失势的现实。更重要的是"移住者"集团的四代哈里发全数与穆罕默德同样出身于古莱氏部族，虽以伊斯

## 第二章　伊斯兰的勃兴

兰原理进行统治，但权力继承的规则是根据古莱氏部族的长老政治原理，显示"无明时代"深固的部族血缘意识仍然强大。在克服"援助者"集团的分裂危机之后，以巴克尔为始，历代哈里发都采取了"以外征转移内讧"的统治策略——633年春，在镇压半岛"背教"诸势力后，巴克尔立刻将绥靖军转变为远征军，派遣哈里德远征伊拉克南部，并派遣苏富扬（Yazidb Abi Sufyan）等三名将领率领支队远征军前进至叙利亚。这些远征的核心内容是将半岛上的游牧诸部族编入远征军而展开对外征服。第二代哈里发乌玛尔时代，征服叙利亚、伊拉克与埃及。第三代哈里发乌斯曼时代则进一步征服了波斯及利比亚以东的北非。

从633—650年止，短短10余年间，伊斯兰共同体即实现了惊人的势力扩张。在第三代哈里发乌斯曼时代，伊斯兰共同体所支配的领域已从阿拉伯半岛的游牧地带扩张至波斯以迄北非利比亚的大片农耕地带。在大征服的过程中，"援助者"、"移住者"与麦加征服后臣服于伊斯兰共同体的原麦加古莱氏部族利益一致，这些定居民是麦地那政府的上层阶级，策划大征服的战略家；他们运用游牧诸部族的军事破坏力来遂行征服，据此确立他们在支配体制中的支配地位，并独占大征服所带来的利益。

在对外征服的过程中，为了维持对征服地区的统治，以及据此打造更远程征服的基地，远征军采取了建设阿拉伯军事都市的模式。如伊拉克南部的库法、埃及的开罗，以及叙利亚的大马士革，都是远征军将既存的都市改为军事都市（amsar，单数misr），再将阿拉伯半岛的游牧民移入这些军事要塞而成为游牧兵团（muqatila）。这些作为远征与驻军主力的游牧兵团主要来自"背教之民"（Ahl al Ridda），亦即穆罕默德殁后动乱期间伪先知的追随者，或采取旁观中立态度的游牧部族。这些游牧兵团只要参与对外征服，本身即可获得巨额的战利品，包括现金、武器、贵金属、牲畜、俘虏等动产与土地不动产。

但尽管对外扩张顺利，却仍旧无法从根本上解决伊斯兰共同体的内部矛盾，反而引来了新的矛盾——中央的派系冲突及地方强侯的反抗。

第三代哈里发乌斯曼出身自麦加古莱氏部族乌玛雅（Umayyad）家族，这个家族在皈依伊斯兰之前是穆罕默德在麦加时期所遭遇的最大敌手，并在前两大哈里发时期累积巨额财富与更多的权势，因此使得乌斯曼的继位引起麦地那精英层的反弹。为了削减此一反弹，乌斯曼着力于对外扩张，并将战利品分与麦加与麦地那的豪族，从而在麦加、麦地那等地创造出大地主阶级，引起游牧诸部族的不满。与此同时，乌斯曼又在其任内放任乌玛雅家一门控制政府要职，此亦引起"移住者"集团的不满，也导致了乌玛雅家在古莱氏部族中的政治孤立。在多重的矛盾之下，最终导致乌斯曼在656年被来自埃及的游牧兵团暗杀，而其背后的策划者则是不满乌玛雅家族独占政权的古莱氏集团。

伊斯兰共同体快速的对外扩张，也促使地方强侯应运崛起。于是，乌斯曼的被刺成为导火线，成为日后一连串穆斯林叛乱与宗派杀戮的前奏，并为伊斯兰共同体的内战拉开序幕。

第四代哈里发——阿里的继任在一开始便遭到两股政治势力的反对：先知妻子阿伊夏（Aishah）在中央纠结的势力，以及出身乌玛雅家，坐拥重兵的叙利亚总督穆阿维亚（Muawiya Abi Sufyan）。这两股势力都指责阿里未能将杀害乌斯曼的凶手绳之以法，并以此作为讨伐阿里的政治理由。在"骆驼之战"（656年）中，阿里的军队击溃了阿伊夏的部队，这是史上第一个哈里发带领穆斯林军队攻打另一支穆斯林军队。其后，阿里为了征伐穆阿维亚，便将首都迁往（今日伊拉克境内的）库法（Kufa），并

## 第二章 伊斯兰的勃兴

派遣重兵攻打叙利亚,爆发了伊斯兰共同体更大规模的内战。

这场内战旷日废时,却无明显胜负。659 年,无法在军事上压制对手的哈里发阿里被迫停战媾和,让穆阿维亚不仅持续统治叙利亚,其势力范围更扩张至埃及。这出媾和剧引起阿里的部分支持者不满;这些不满者称为分离派(Kharijites),他们坚实地支持阿里出任哈里发,视不服从哈里发的穆阿维亚为叛徒与"伪善者"(munafiqun,表面上接受伊斯兰而内心却不笃行信仰的不信者),主张"犯大罪者为不信者,理当处死"的教义,坚决要求应对犯下反伊斯兰大罪的穆阿维亚发动"圣战";他们无法接受阿里与穆阿维亚的妥协,决定暗杀"犯大罪的不信者"——穆阿维亚与"犯大罪的统治者"——阿里[45]。

分离派的登场是伊斯兰史上的重要转折点。这是第一个坚持不妥协立场,并要求平等式政治社会路线的伊斯兰宗派,亦即主张伊斯兰共同体的领导权应属于笃信的穆斯林,领导权的归属应根据伊斯兰的信仰,而非权力政治的考量。在政治思想的意义上来说,分离派是伊斯兰史上第一个"伊斯兰主义"的团体。他们要求哈里发不应只能由古莱氏部族的成员出任,应该由整个伊斯兰共同体的共同皈依者选出,并认为应直接遵循真主在《古兰经》中的启示,不必透过中间人的诠释,坚持信仰若无行动即不是真信仰[46]。

661 年,阿里在首都库法的清真寺遭到分离派刺杀,结束了正统哈里发时代,而事先闻讯潜逃的穆阿维亚则在耶路撒冷自立为哈里发,并迁都大马士革,伊斯兰共同体的历史自此进入乌玛雅王朝(Umayyard Caliphate,661—750 年)时代。

## 四、伊斯兰理论的要害

在穆阿维亚自立为哈里发的同时,阿里的长子哈山(Hasssam)也在库法宣布继任为第五代哈里发,但不久即放弃政争,退隐至麦地那,选择过单纯的信仰生活。哈山逝世(669年)后,穆阿维亚指定其子亚济德(Yazid)为哈里发继承人,从而打破长老政治的政治权力继承原理,改行世袭制。680年,亚济德出任哈里发,而阿里的支持者则另拥阿里之子、哈山之弟胡赛因(Hussayn)。当胡赛因率领追随者准备从麦地那前往阿里哈里发时代的首都库法,与该地的1.8万名支持者会合时,在离库法仅数十公里处的卡尔巴拉(Karbala)遭到亚济德所派出的4000名部队攻击,胡赛因及其72名追随者全部罹难。

这场悲剧促成了什叶派的成立。什叶(Shi'ah)的原意是党派(party),在阿里与穆阿维亚相争之际,各自称为"阿里的党派"(Shi'at Ali)与"穆阿维亚的党派",而当阿里逝世,穆阿维亚建立乌玛雅王朝后,党派便专指阿里的追随者。阿里在世时,其党派尚未形成伊斯兰教义上的分派;卡尔巴拉悲剧发生时,在库法的阿里支持者为求自保而不愿介入,悲剧后继续沉默地臣服于穆阿维亚的镇压,从而深叹自己的无力、沉默与卑怯。此一惭愧之念,后来便成为什叶派心情的基调,他们以"悔悟者"自称,并展开新一波的传教事业,之后的传教内容也逐渐确立为什叶派的信条。

分离派与什叶派的登场,揭露出宗教之别与宗派之别的差异所在。天启内容的差异划定了不同宗教间的界线,如同犹太教、基督教与伊斯兰教虽同属一神论,但因天启内容的差异而发展成三种不同的宗教。与此相对,一种宗教内部的分派(宗派)界线,

## 第二章 伊斯兰的勃兴

主要源自于对人类看法的歧异。

在伊斯兰史上，什叶派的分派根源即来自于围绕着领导者的认知所引发的争议。对什叶派而言，阿里是穆罕默德真正的继承人，是为第一代伊玛目（Imam）。伊玛目的原意是"礼拜的导师"，对什叶派则赋予其"先知继承者"的角色；与哈里发相异，什叶派认为伊玛目继承了先知穆罕默德所有的知识以及某种神秘的能力。因此伊玛目不仅在精神意义上是所有穆斯林的指导者，同时也是伊斯兰政治共同体应有的领袖。换言之，从什叶派的角度来看，正统哈里发时代唯一的真正领导人（伊玛目）只有阿里一人。

那么，阿里逝世后，应由谁来继承伊玛目之职呢？理论上，有三种途径：其一是阿里与穆罕默德之女法提玛（Fatimah）所生的长子哈山，其二是次子胡赛因，其三是阿里与其他妻子所生的子孙。在初期，哈山继承说获得最多支持，但哈山远离政争，遁隐麦地那，其所采取的和平传教路线无力改变政治现状，使他的威望渐次降低；于是采取武装斗争路线的胡赛因趁势崛起。胡赛因虽在事前即意识到极可能因武力不如穆阿维亚而殉道，但仍坚持走向卡尔巴拉悲剧，也使胡赛因的支持者日渐增多。因此，什叶派眼中的伊玛目继承人，即从胡赛因一系向下推演；不过其后仍因伊玛目的定义与伊玛目继承人的决定等争议，产生进一步的分派[47]。

什叶派兴起的社会政治背景是对当权派的反抗。与分离派相同，什叶派的起源也是政治上的党派之争，而且尽管在此一斗争过程中屈居劣势，仍不放弃抵抗的精神与立场，且为了正当化此一抵抗精神与立场，更发展出独特的伊斯兰理论武装，因而使政治上的党派之争演变成为伊斯兰的宗派之争。换言之，什叶派思想本质是反体制的对抗性理论，以及被压迫者的心灵抚慰及其代言。

作为对抗性理论的什叶派,其中心思想是伊玛目与救世主（Mahdi）[48]。伊玛目的核心内涵是其不谬性（isma），救世主之说则界定了伊玛目的任务。在之后什叶派的漫长历史中,教义的主张与表现形式迭有变化,但基本上都以两大观念为基础,从而凸显了什叶派政治理论的特色：否定哈里发体制（Caliphate），要求建立伊玛目体制（Imamate）[49]。哈里发体制仅具有政治权威而无宗教权威,什叶派则主张伊玛目同时具有宗教权威与政治权威,是唯一正当的统治者。此一政治理论的基础是否定哈里发继承穆罕默德的正当性,认为这是邪恶与不义势力的篡夺,仅承认阿里是穆罕默德唯一的正当继承人,这个出发点衍生出什叶派政治理论的主要论点：善的势力（什叶派）必须对抗恶的势力（反什叶派）,斗争的途径包括殉道与抗议;经由这场善恶的斗争,达成正当统治与社会正义的目标,从而实现理想的体制——伊玛目体制。

在理论意义上,什叶派伊玛目统治理论的出现,尖锐地凸显出伊斯兰论理的核心要害所在。一如前述,在伊斯兰的核心论理中,并存着两条根本原理,其一是尊崇领导人原理,其二是信徒平等的同胞原理。尊崇领导人原理的出发点是前述的第一原理,即皈依唯一真神阿拉,并遵从真神使者穆罕默德的领导。而要求信徒平等的出发点,则是以阿拉为超越一切的绝对,全知全能,而其使徒先知穆罕默德则是人类,因而穆罕默德本人也必须遵从阿拉的旨意[50],即《古兰经》所述的原理："在阿拉看来,你们当中最高贵的,就是你当中最正直的（人）。"领导人原理与信徒平等原理,在领导人深具正当性与领导力时,具有相互补强的功能,而这也正是伊斯兰威力之所在——平等原理与社会正义原则使伊斯兰独具魅力,而领导人原理则使穆斯林团结,并据此使

## 第二章 伊斯兰的勃兴

伊斯兰共同体展现出巨大的能量。但是当领导人的权力正当性不足，或是领导力阙如时，究竟应以何者为重，却欠缺明确的规范与实践所需的平衡，因此产生不同的政治思想流派，如分离派即是平等主义的尖兵，并且认为可以诉诸暴力手段来实现平等的理想。什叶派的崛起，在凸显平等主义之要求的同时，也开创了在压迫体制中艰苦传教，坚持理想的范例。

如此，通过分离派的行动与什叶派的对抗性理论，领导人原理与信徒平等原理两条轴线的重点差异，以及由此而来的现实主义与理想主义，接受权力政治的务实考虑与坚持理念的不屈精神之间的对立，便被尖锐地揭露出来。而追寻伊斯兰理想的路线之争（武装斗争抑或和平传教）也充分地呈现出来[51]。这些理论要害，本质上是伊斯兰共同体从被围堵的反抗团体发展成体制所造成的理论落差。无论是在初期的反抗过程中，抑或先知晚年与正统哈里发时代的向外征服中，伊斯兰共同体的组织运作原理都带有浓烈的军事组织性格，因而领导人原理与武装斗争路线便成主流。但是随着伊斯兰共同体的壮实与对外征服的展开，伊斯兰共同体渐次发展成常规的帝国体制，战争组织的性格不得不转化为政治组织，统治者（领导人）与被统治者之间相互关系的定位——领导人原理与穆斯林平等原理的矛盾，以及武装斗争与和平路线的差距，便渐次尖锐起来。这些理论要害，对伊斯兰思想与行动的发展产生了深远的影响，几乎构成日后所谓前现代的伊斯兰复兴主义、伊斯兰现代主义与现代伊斯兰复兴主义等所有思想发展的起点。

## 注释

① 欧洲面积为 1016 万平方公里。

② 三大生态地带的中间,多少都存在着渐移地带,其中也有着无法明确划清分界线的地区。不过大抵而言,三大生态地带的区分并无太大的争议。

③ 松田寿男:《アジアの史》,东京:岩波书店,1992 年,页 20-30。

④ 家岛彦一:《海が创る文明——インド洋海域世界の历史》,东京:朝日新闻社,1993 年,页 34。

⑤ Samir Amin, The Ancient World-Systems versus the Modern Capitalist World-System, Andre Gunder Frank and Barry K. Gills eds., *The World System: Five Hundred Years or Five Thousand?* New York: Routledge, 1996, pp.247-277.

⑥ 有关近代"欧洲"与"亚洲"的地理区划概念体系的形成与意义,请参见本书第四章。

⑦ 增田四郎:《ヨーロッパとは何か》,东京:岩波书店,1994 年,页 38-44。

⑧ 游牧民对农耕民的掠夺并非出于"生性贪婪"。游牧形态的经济生活主要仰赖天候,特别是雨水的丰润,在粮食的确保上相对较不稳定。每逢干旱来临,牧草不足,牲口减少,粮食危机才会爆发,也才会迫使游牧民对农耕地进行剽掠。关于游牧民的历史与生活形态可参见杉山正明:《大漠:游牧民的世界史》(台北:广场文化出版事业公司,2011 年)。

⑨ 关于古埃及的历史年代,因年代久远加以资料残缺不全,目前在学界仍有争议,有兴趣的读者可参考维基百科网站上的词条——"古埃及历史年表"。网址:http://zh.wikipedia.org/wiki/%E5%8F%A4%E5%9F%83%E5%8F%8A%E5%8E%86%E5%8F%B2%E5%B9%B4%E8%A1%A8。

⑩ Neal Ascherson, *Black Sea: The Birthplace of Civilization and Barbarism*, London: Vintage, 1996, p.7.

⑪ 增田四郎,前揭书,页 44-47。

⑫ Quoted from John A. Hall, *International Orders* (Cambridge: Polity Press, 1996), p.6. 原文见 Cornelius Tacitus, *The Agriocola and the Germania* (Harmondsworth:

## 第二章　伊斯兰的勃兴

Penguin, 1970)。

⑬ 高谷好一:《新世界秩序を求めて——21 世纪への生态史観》(东京：中央公论社，1999 年)，页 198–199。

⑭ 有关犹太教的介绍可参阅 Dan Cohn-Sherbok 著，傅湘雯译，《犹太教的世界》(台北：猫头鹰出版社，1999 年，目前已绝版)。

⑮ Akbar S. Ahmed, *Postmodernism and Islam: Predicament and Promise* (London and New York: Routledge, 1992), chap.2, "Greek gods and semitic prophets", pp.51–93.

⑯ なだいなだ：《民族という名の宗教——人をまとめる原理・排除する原理》(东京：岩波书店，1997 年)，页 82–87。

⑰ 参见杨牧谷主编:《当代神学辞典》(台北：校园书房，1997 年)，上下两册，"基督论"、"亚历山太的区利罗"、"聂斯托留"诸条。

⑱ Bernard Lewis 著，蔡百铨译，《阿拉伯人的历史》(台北：联经出版事业公司，1986 年，目前已绝版)，页 17。

⑲ Tribe 一语国内通常译为部落，但无论就英文语意文化中的 tribe，或是我国汉字语意中的部落，皆带有部分程度的文化蔑视感，为避免此种偏见，本书一律以部族称呼。

⑳ James A. Bill and Robert Springborg, *Politics in the Middle East* (New York: Longman, 2000), pp.73–75.

㉑ 中村广治郎:《イスラム教入门》(东京：岩波书店，1998 年)，页 21-22。

㉒ 家岛彦一，前揭书，页 36。

㉓ 家岛彦一，前揭书，页 20；V. P. Maksakovsky, *Istoricheskaya Geografiya Mira* (Moscow: Ekorpos, 1997), pp. 30–34。

㉔ 19 世纪末出土的唐代"大秦景教流行中国碑"，即为此一过程中的产物。

㉕ 伊斯兰史上所谓的"无明时代"，包括整个前伊斯兰时期，但尤其特指此一部族斗争时代。

㉖ 嶋田襄平:《アラビアの统一》，前嶋信次编:《西アラビア史》(东京：山川出版社，1978)，页 85。

㉗ 中村广治郎，前揭书，页 28；嶋田襄平，前引文，页 101–102。

㉘ 小杉泰:《イスラームとは何か——その宗教・社会・文化》(东京：讲

谈社，2001年），页17-22。

㉙ 穆罕默德的传记可参见 Michael Cook 著，蔡百铨译，《穆罕默德》（台北：联经出版事业公司，1985年，目前已绝版），或可参考 Karen Armstrong 著，王琼淑译，《穆罕默德：先知的传记》（台北：先觉出版股份有限公司，2001年）以及刘佑知著《穆罕默德传》（台北：商务印书馆，2007年）。

㉚ 神的唯一性既是反对当时半岛上流行的多神论，同时也反对基督教的三位一体论。

㉛ 《古兰经》的汉译原文是"除真主外，绝无应受崇拜的，穆罕默德是真主的使者"。见"穆罕默德"章第十九节、"胜利"章第二十九节。

㉜ 沙特阿拉伯的国旗即以阿拉伯文将两大词句写入。1992年以降，阿富汗伊斯兰共和国国旗亦将两大词句写入。

㉝ "穆罕默德不是你们中任何男人的父亲，而是真主的使者，和众先知的封印"（《古兰经》"同盟军"章第四〇节）。

㉞ "伊斯兰"（Islam）一词的来源来自希伯来文的"和平/平安"（shalom）。"祝你平安"（shalom aleichem）是犹太教的惯用语。传至阿拉伯而成salaam 与"祝你平安"（alaykum salaam）。一般的语言学观点，是将希伯来语与阿拉伯语视为闪语系（Semitic family of languages），字根的 SLM 意为和平、顺服或皈依。l-A-A- 的模式则意指"……行为"，因而 salaam 意指"顺服/皈依的行为"（act of submission）。"伊斯兰"一词的原意指"皈依"，侧重的是对真主意志的顺服与遵从。"穆斯林"（Muslim 或 Moslem）意指"皈依者"，即"绝对皈依唯一而至高的真主，并遵从其教诲而生活的人"。

㉟ 小杉泰，前揭书，页64-72。

㊱ 关于伊斯兰五功及其互动关系请参见"伊斯兰之光网站"中潘世杰博士：《浅谈伊斯兰教"五功"之间的互动关系》。网址：http://www.islamhk.com/index.php?action-viewnews-itemid-13324。

㊲ 无论是五功或六信，皆明白写入《古兰经》中，如"使者确信主所降示他的经典，信士们也确信那部经典，他们人人都确信真主和他的众天神（天使），一切经典和众使者"（《古兰经》"黄牛"章第二八五节）。

㊳ "你们应当谨守拜功，完纳天课。凡你们为自己而行的善，你们将在真主

## 第二章 伊斯兰的勃兴

那里发现其报酬。真主确是明察你们的行为的"(《古兰经》"黄牛"章第一一〇节)。

㊴ 小杉泰,前揭书,页39-40。

㊵《古兰经》"援助"章对穆罕默德征服麦加有这样的记载:"当真主的援助和胜利降临,而你(穆罕默德)看见众人成群结队地崇奉真主的宗教时,你应当赞颂你的主超绝万物,并且向他求饶,他确是至宥的。"

㊶ 嶋田襄平:《イスラム国家の成立》,收录于岩波讲座,《世界历史·八》(东京:岩波书店,1969年),页39-41。

㊷ 穆罕默德逝世后,"移住者"集团出现巴克尔与穆罕默德堂弟兼女婿阿里(Ali ibn Abi Talib)之争。穆罕默德病重时,60余岁的巴克尔代为执行领导权,而30余岁的阿里则因穆罕默德指派其洗浴而享有殊荣。穆罕默德逝世后,巴克尔与穆罕默德另一妻哈夫沙(Hafsa)之父乌玛尔(Ummar ibn Khattab)召开长老会议,而阿里及其支持者则因忙着葬仪事务而无暇与会,于是会议遂根据长老政治的原理,决定权力继承人为巴克尔。换言之,巴克尔与阿里的权力竞争,本身意涵着世代冲突,而这场冲突最终是由长老政治原理来加以解决。

㊸ 这四位哈里发领导时代之所以被称为正统,系因权力继承者都是笃信伊斯兰的长老,根据正统的程序,并经由伊斯兰共同体的承认而就任哈里发。

㊹ 一般伊斯兰传统史家认为穆罕默德逝世后,诸游牧部族重返多神教而有"背教"现象,其实并不正确。游牧诸部族依据其部族传统,与穆罕默德订定契约,穆罕默德逝世后,契约便解除,对游牧民而言是即为自然的事。当时让事态更形复杂的是伪先知集团的出现,即在穆罕默德成功之后,半岛边境地带也出现了一些自称为先知的模仿者,并建立起类似伊斯兰的教团国家。第一代哈里发巴克尔派兵讨伐的主要对象,即是这些伪先知集团,并据此来树立威望。

㊺ Caesar E. Farah, *Islam* (Hauppauge, NY: Barron's, 1994), pp.71-73.

㊻ John L. Esposito, *Islam and Politics* (New York: Syracuse University Press, 1992), pp.9-10,今日在安曼、东非与阿尔及利亚等地尚存的伊巴德派(Ibadites),即是源自分离派,但其信条已经过该派创始人伊巴德(Abdallah ibn Ibad)的若干修正。

㊼ 迄今，什叶派仍以十二伊玛目派、萨伊德派（Zaydis）与伊斯迈尔（Ismailis）三系为最大势力，目前约占全球穆斯林的一成；其中十二伊玛目派在什叶派全体人口中约占八成，但这是 16 世纪以后的发展所致。

㊽ 在 8 世纪末期穆克塔尔（al-Mukhtar）对乌玛雅王朝的反抗过程中，首次明确地提出救世主（Mahdi）观念。Mahdi 一词原为"正确导向神的人"，衍生为弥赛亚的引导人，简译为救世主。参见本书第三章的讨论。

㊾ John L. Esposito, op cit., pp. 13–14.

㊿ 在基督教方面，则是经由三位一体理论的提出，解决此一棘手问题。

㊼ 但是无论是领导人原理或是信徒平等原理都不重视血统的传承。早期什叶派在其伊玛目理论中重视穆罕默德/阿里的血统，显然受到当时波斯王室"高贵血统论"的影响。

# 第三章　伊斯兰世界体系

穆罕默德在麦加创立伊斯兰教，在麦地那建立史上最初的伊斯兰共同体，其后经由正统哈里发时代的对外征服，至乌玛雅王朝已发展成阿拉伯帝国（661—750年），对内创造出制度化的"阿拉伯人"，以克服"援助者"、"移住者"、古莱氏部族等集团分立，对外行宗教宽容。结果不仅在军事上，而且在意识形态上都对东罗马帝国构成压力，因为后者追求绝对宗教权威而进行宗教迫害的事实，使对宗教采宽容政策的伊斯兰在当时独具魅力。但是，支配者阿拉伯人与支配者非阿拉伯人间的矛盾，加上帝国扩张所必然促生的地方强侯崛起，终于导致乌玛雅王朝被阿巴斯王朝（750—1258年）所取代。

为了免于重蹈乌玛雅王朝阿拉伯帝国的覆辙，阿巴斯王朝对外续行宗教宽容，对内确立穆斯林同胞平等体制，将阿拉伯帝国转换为伊斯兰帝国，进而确定起独特的伊斯兰世界秩序观与伊斯兰世界体系[①]。尽管阿巴斯王朝在13世纪为新崛起的蒙古帝国所灭，但伊斯兰世界秩序观与伊斯兰世界体系却有力地保存下来，并在其后的奥斯曼土耳其、波斯的萨法维以及印度的莫卧儿等三大伊斯兰帝国时代臻于最高峰。伊斯兰世界体系的力量、内部矛盾与日后兴起之西欧国家体系在世界政治理论与实践上的冲突，构成了近代伊斯兰思想反省的前提。

## 一、阿拉伯帝国

穆阿维亚自立哈里发并建立起乌玛雅王朝，虽因此导致分离派与什叶派分派的插曲，但乌玛雅王朝的支配却日趋稳固，不但实施迁都（迁至叙利亚的大马士革），并再度对外展开活跃的征服活动。其后数十年间，乌玛雅王朝迅速征服了北非，进军伊比利亚半岛，并于731年灭西哥特王国，尽管在732年的决战中败北，势力范围止于比利牛斯山脉以南，但仍建立了支配领域辽阔的阿拉伯帝国，版图东至中亚与阿富汗，西至伊比利亚半岛与北非，比最盛期的罗马帝国还大。若以单一王朝支配的版图来看，堪称伊斯兰史上最大的帝国。

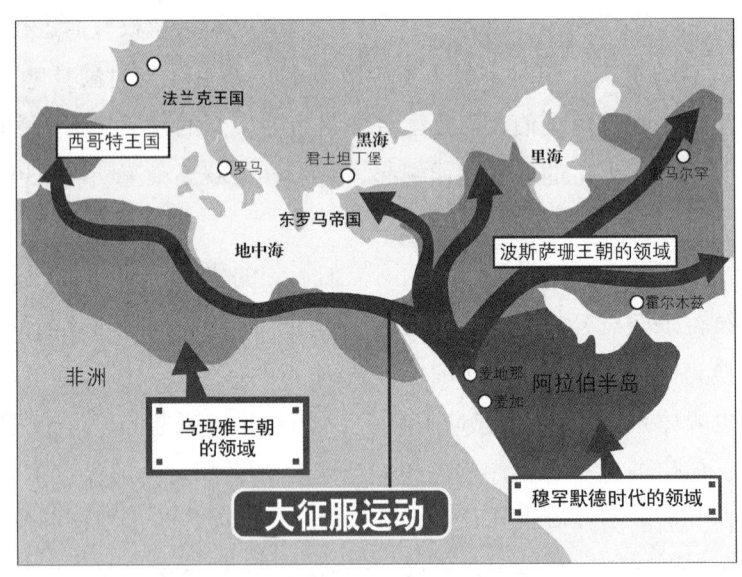

图5　大征服运动与伊斯兰帝国的扩大

乌玛雅王朝对外征服的主力是游牧兵团，这是延续正统哈里

## 第三章 伊斯兰世界体系

发时代的策略,将阿拉伯半岛内留存的政治风险性较高的武装势力对外输出,借以收取稳固内部统治与外部征服效果的一石二鸟之策。对于游牧兵团来说,参与对外征服,既可获得巨额战利品,并可在征服地区成为统治者,提升自己原本在半岛政治中居于劣势的地位,利益与乌玛雅王朝当局一致。

在对外征服的过程中,为了维持对征服地区的统治,乌玛雅王朝将征服区域区分为省,进行军事监控。征服军并未占领被征服的城市,而是在被征服的区域中寻找适当的既存城市,或是直接新建,树立起军事卫戍城镇,如伊拉克的巴士拉(Basra)与库法、埃及的福斯塔特(Fustat,后来的开罗)等。帝国当局用这些军事卫戍城镇对征服区域进行监控,并在下一波征服时作为军事前进基地。卫戍城镇的心脏地带是清真寺,省督通常是出身于军队的指挥官(amir),他们通过卫戍城镇来控制整个省区。在省督之外,帝国当局另派有岁收官(revenue officer)进驻,负责征税与监督其他行政工作,而整个帝国的财政收入,便是经由岁收官的工作堆砌起来。至于赋税系统则相当多样,包括对穆斯林课征的天课与什一土地税,以及对非穆斯林课征的人头税与土地税。财政收入的支出则由帝国当局透过复杂的支付与年金制度进行分发。

被征服区域的民政与宗教行政,则仍委由地方官员负责。穆斯林社会被分为四个主要的社会阶级:整个社会的精英来自阿拉伯半岛的穆斯林,他们以穆罕默德的同胞名义,协助建立伊斯兰共同体的功绩以及征服者的实质,因此享有压倒性的支配地位,傲视其他的社会阶级。其次为非阿拉伯系的改宗穆斯林(mawali),理论上,根据伊斯兰的基本教义,所有穆斯林在阿拉之前一律平等,但在乌玛雅王朝的实际运作下,他们的地位低于阿拉伯系穆斯林甚多。第三个社会阶层是"启典之民",他们只要愿意定期支付人头税与土地税，即可享有帝国当局的安全保障，成为被保护民（dhimmi），并享有高度自治，包括自己的宗教信仰与崇拜，选择自己的宗教法律与领袖，并可在遭受侵略时可获得穆斯林军队的保护。最后则是奴隶阶级。奴隶制度在阿拉伯半岛行之久远，其主要来源乃是战争俘虏——在伊斯兰登场后，基本上不会将犹太教徒与基督教徒等俘虏当作奴隶②。

如此，经由制度性的安排，"阿拉伯人（穆斯林）"的分类被固定下来，借以克服正统哈里发时期统治集团因"移住者"、"援助者"、古莱氏部族等势力的分立而产生的政治不安。换言之，这是重新运用阿拉伯半岛部族政治的原理，在血缘连带的基础上经由制度性的安排，创造出一个以地缘为连带的新型社会集团，以巩固乌玛雅王朝的统治。也因此，乌玛雅王朝被称为阿拉伯帝国而非伊斯兰帝国。

阿拉伯帝国的对外征服，除了哈里发与军事领袖卓越的军事才能及游牧兵团特有的战力等内部因素外，尚有重要的外部因素，即伊斯兰共同体诉诸的意识形态，在当时的"国际"环境中所具有的特殊吸引力。

在聂斯托留派逃往波斯后，君士坦丁堡的正统派与亚历山大的单性论在东罗马帝国境内展开激烈争论。当时东罗马帝国在东方与萨珊王朝统治下的波斯帝国争霸，在北方则面临游牧民族的攻击。教会的内讧动摇了帝国的凝聚力，皇帝赫拉克利乌斯（Heraclius，610—641年在位）为了融合正统派与单性论派以促进帝国意识形态统一，亲自提出了妥协方案，从一方面承认耶稣基督具有单一意志，从而形成了单意论（monotheletism）。但单意论同时遭到正统派与单性论者的拒绝，终以失败告终。

围绕着基督教神学理论的争论，导致东罗马帝国境内严酷的宗教迫害。641年赫拉克利乌斯皇帝逝世后，正统派开始逐一扫

## 第三章　伊斯兰世界体系

荡异议分子。651年，宗教会议判处单性论者为异端。681年，第三次君士坦丁堡宗教会议决议，再判单意论者为异端。当时的异端审判意味着对异端者的完全消灭。一连串的迫害迫使异端者向东迁徙避难。684年，东罗马帝国大力扫荡境内信仰单意论的基督徒，信徒在主教约翰·马龙（John Maron）的领导下一度击退帝国军队，其后逃入叙利亚至黎巴嫩一线的山岳地带。今日在黎巴嫩社会构成三大势力之一的马龙派基督教徒（Maronite Christian），即是这些遭受基督教会与东罗马帝国当局迫害的单一论信徒后裔③。

相对于东罗马帝国的追求绝对宗教权威、一连串宗教分裂及由此而来的宗教迫害，新兴的阿拉伯帝国基于伊斯兰论理，无论是在教义上或政策上都对异教徒采取相对宽大的态度，尤其允许"启典之民"在一定的条件之下，享有自己的高度自治，并保存本身特有的宗教与社会生活——"启典之民"的自治区称为"宗教共同体"（milla）。尽管这种宽容属于"不平等的宽容"，本质上仍是征服者对被征服者的支配，但从异教徒的角度来看，允许异教徒高度的自治，比起东罗马帝国严酷的宗教迫害要来得有吸引力。换言之，阿拉伯帝国的对外征服与宗教宽容政策，不仅在军事上，而且在意识形态上，对东罗马帝国构成了尖锐的挑战。

新崛起的阿拉伯帝国，本质是征服王朝，这个新帝国经由阿拉伯游牧兵团的大征服而成立。在征服区域内贯彻阿拉伯人（异族）支配原则，并在帝国所统治之处赋予阿拉伯系穆斯林特权；而整个帝国的目的，除了领土的扩大与收夺的增加之外，再无其他。在征服之后，则以部族联合的逻辑作为帝国统合的原理，因此在征服之际都尽量避免破坏既存都市与村落共同体，保留既存的自治机构与征税机构，以便最大限度地利用这些机构来遂行其统治。除了都市、宗教、村落共同体及部族代表人之外，一般被征服者与帝国政府并无接触，帝国政府也完全不干预这些集团的内部事务④。简言之，这是一种统治的承包制，完全不触及被征服区域既存的社会经济结构，当然也没有动机改变其既存的社会生产方式与生产关系。

与东亚的征服王朝，如征服明帝国而建立起巨大版图的清帝国相较，阿拉伯帝国的征服区域，除了波斯地区曾拥有本身政治统一的萨珊王朝之外，大都属于分立的都市/村落共同体，各自依据自己的部族与宗教原理进行统治。当阿拉伯帝国形成后，帝国当局引进萨珊王朝的统治结构，并参考东罗马帝国的制度安排，打造出世袭哈里发制度的专制王朝。

建立在征服基础上的专制王朝，虽然短期内实现了快速的扩张，但中长期之后却因为上述制度安排而面临慢性危机。当帝国征服告一段落，战利品来源中断，帝国财政只能从赋税承包着手，结果导致治下被统治者承受的压力增大与地方诸侯权力的崛起，因为帝国当局日益仰赖来自地方诸侯向下苛收的贡税上缴，从而在长期上腐蚀着帝国的权力。最初赋税承包制仅具有文民与非继承性格，但发展至8世纪初，赋税承包制的地方诸侯已全面世袭化，并拥有自己的军队控制地方。于是在赋税承包制的影响下，政治权力日渐商业化，不可避免地导致帝国当局对地方诸侯的控制力大降，及诸侯彼此间为了争夺势力范围而引发冲突。对地方强侯而言，本身权力的扩张意味着篡夺中央的权力，抑或兼并其他的地方诸侯。简言之，地方强侯日渐军阀化，并成为帝国发展的重要规律，它也在日后的历史中，尤其是"最后一个伊斯兰帝国"奥斯曼土耳其帝国的发展过程中，一再重现。

如此一来，8世纪20年代已降，阿拉伯帝国便遭遇着尖锐的双重矛盾。第一层来自于支配者内部，亦即中央政府与控制地方的强侯，这些强侯扮演着帝国在地方遂行统治的代理人角色，

## 第三章 伊斯兰世界体系

旗下拥有游牧兵团，后者因进驻军事要塞都市而渐次定居化，战利品来源的中断，使他们的收入来源日益仰赖地方诸侯的权利扩张，利益与地方强侯日趋一致。第二层则来自于支配者与被支配者之间的矛盾，包括阿拉伯系穆斯林与非阿拉伯系改宗穆斯林之间的矛盾，穆斯林与"启典之民"的矛盾，以及奴隶主与奴隶的矛盾。这些被支配者是帝国经济（租税）收夺与强制劳动的最终承担者，他们背负者整个帝国体制所有的重担⑤。

这些矛盾最终促成了地方强侯与非阿拉伯系穆斯林的结合，尤其是肥沃月湾地区的强侯阿巴斯家族（the Abbasids）——先知穆罕默德叔父阿巴斯的家系——与肥沃月湾、波斯地区改宗穆斯林（什叶派）的结合。

什叶派由阿拉伯系穆斯林创立，在伊拉克南部的库法崛起后，其经由和平传教的方式，展现出反政权的宣传与组织实力，获得遭遇差别待遇的大量改宗穆斯林（波斯系、埃及系、伊拉克系、叙利亚系等）的认同，于是皈依者日众，势力渐次扩大，尤其以波斯地区为然⑥。685—687 年间，什叶派在阿拉伯半岛出身的穆克塔尔的领导下，组成"忏悔军"，纠结什叶派信徒与遭受差别待遇的改宗穆斯林，以宗教分派异议的形式表达对体制的不满，诉诸救世主将至的理论，率军 4000 人从库法出发，对乌玛雅王朝展开反抗⑦。此一武装反抗虽遭镇压而失败，但其后反抗并未止息，迫使帝国当局更为依赖地方强侯，乌玛雅王朝权力基础日趋动摇。747 年，肥沃月湾的总督阿布尔·阿巴斯（Abu Abbas）联合波斯北部呼罗珊省的阿布·穆斯林（Abu Muslim）举兵。750 年，波斯兵团开入大马士革，推翻乌玛雅王朝，成立阿巴斯哈里发王朝（750—1258 年）。

## 二、伊斯兰帝国

阿巴斯家族与穆罕默德有血缘关系，而阿布·穆斯林本人则是出身库法的阿拉伯什叶派穆斯林，母亲为波斯女奴隶，其什叶派与半波斯血统的特殊身份，使他足以号召阿拉伯系穆斯林与波斯系等改宗穆斯林。于是阿布尔·阿巴斯结合阿布·穆斯林起兵讨伐乌玛雅王朝，以"为'先知家族'出身的穆斯林而战并为其复仇"为号召，反映出此一政权争夺战的本质是非主流阿拉伯系穆斯林对政权主流派乌玛雅王朝的斗争。因此，夺取政权后，阿巴斯王朝进一步运用"先知家族"血统的印记，将哈里发从"神的使徒的代理人"改称为"神的代理人"，据此将哈里发职务绝对君主化乃至神格化[⑧]。这对日后哈里发的象征化具有深远意义。

但是，为了推翻乌玛雅王朝，阿巴斯家族运用了非阿拉伯系的改宗穆斯林，尤其是什叶派穆斯林的力量，因而在社会阶层的分析意义上，阿巴斯王朝的权力基础是地方强侯与非阿拉伯系被支配者的结盟。如此，新王朝成立后，克服阿拉伯系穆斯林与非阿拉伯系改宗穆斯林之间的结构性矛盾，便成为新王朝确保统治的第一要务。第一步先废止之前乌玛雅王朝时代阿拉伯人享有特权的行政制度，确定了穆斯林间的平等。而在社会阶级与租税制度上，则将先前阿拉伯系穆斯林、非阿拉伯系改宗穆斯林、启典之民与奴隶四级制改为三级制，废除前两级的差别待遇，让阿拉伯系穆斯林地主与改宗穆斯林，及启典之民的地主一样，皆需缴纳土地税，而启典之民则需另缴纳人头税。此外，也取消了阿拉伯人的特权，最具体的表现是取消阿拉伯战士年金支付制度；在官僚体系上，阿拉伯人也不再享有特殊待遇，宫廷中大量启用波斯人等非阿拉伯系出身的官僚与文人学者，力求在制度上与运作

## 第三章 伊斯兰世界体系

上贯彻阿拉伯人与改宗穆斯林间的平等⑨。

这个政治逻辑的变迁，使阿拉伯帝国蜕变成"伊斯兰帝国"，至少在论理上实现了阿拉伯人与改宗穆斯林之间的平等。此一政治原理的出现，大大助长了伊斯兰帝国的扩张与伊斯兰教的传播。此后，在帝国支配期间，若被征服之子民愿意皈依伊斯兰，论理上便可成为伊斯兰共同体的成员，而与征服者享有平等地位；若不愿改宗皈依伊斯兰，则课以人头税和土地税，并依照其信仰之宗教性质进行分类与差别待遇。而在法律制度上，则力行伊斯兰法（Shari'ah）的统治。如此，帝国统治原理便彻底伊斯兰化。

与此同时，为了预防波斯势力过于壮大，威胁到新王朝的权力，及排除作为"反政权之宗派"的什叶派势力，新王朝着手强化伊斯兰法学的体系化，确立以俗称"正统派"的逊尼派作为国教的统治意识，并整备行政机构以强化专制体制⑩。

新的政策与制度有力地巩固着伊斯兰作为帝国政治支配原理的地位，而伊斯兰帝国当局也以阿拉伯语的"正则语"（Fus-h）作为帝国的行政语文，并吸收古希腊、波斯、印度的语汇与文化，担负着传播伊斯兰文化的旗手角色。帝国当局的推动，以及正典（《古兰经》）的存在，使阿拉伯语渐次在帝国境内被广泛使用，进而成为国际语，促使了伊斯兰帝国境内诸民族的观念流通⑪。

此外，也因为控制东西方交通孔道的地理优势，使得伊斯兰帝国在其后近400年间，支配范围内都得以维持着便利的交通与贸易。兴盛的贸易与交流，不仅有力地支持着帝国当局的财政，更促使富裕中间阶层的出现，而这个主要由贸易商、金融家，手工艺匠人，以及专业知识人所组成的城市富裕住民，也成为伊斯兰文化发达的主力⑫。

## 三、伊斯兰世界秩序

伊斯兰的基本论理是"阿拉是唯一的真神"与"穆罕默德是阿拉的使徒",第一个原理规定着神与人类间的垂直关系,而第二个原理则规范着人类之间的水平关系。在这两大原理的基础上,所有穆斯林都必须遵奉五功与六信,人类所有行为都应遵从真主的教诲。于是伊斯兰的"律法"便和源自西欧、并推广至全球的现代法律有着本质上的差异。对穆斯林而言,伊斯兰的律法是人生所有规范的总和,伊斯兰信仰本身即规范人类所有的行为,而对非行的惩罚,并非仅具有现世意义,更具有来世意义。因此在这种世界观下,并不存在着政教分离的问题,而穆斯林政治认同的基础,也都必须以伊斯兰为起点。

最重要的是,这些基本原理不仅规范着穆斯林个人及伊斯兰共同体成员间的互动,更规范着他们的世界观。在伊斯兰共同体成员的互动原理中,并不以血缘、地缘(或近代兴起的"民族"概念)作为界定众民政治属性的区划线,而是以《古兰经》为法律基础,根据伊斯兰与非伊斯兰的宗教线来区划治下的人民,若用当代的理解方式,可称为"属教主义"。对穆斯林而言,生而为人,血缘、地缘或其他的区划差异,并非关注重点;重点在于是否信仰伊斯兰教,是不是穆斯林。如果是穆斯林,则无论血缘、地缘(或"阶级"与"民族")的背景如何,基本上都与其他的穆斯林平等,同享真主、穆罕默德圣训与哈里发律法的保护与眷顾。若不是穆斯林,则根据伊斯兰律法来加以规范。

伊斯兰法的概念与相关理论,在8世纪即渐次发展,至阿巴斯王朝确定了伊斯兰帝国的支配论理后,经由帝国当局的力量,积极整合伊斯兰学者群,于9世纪初形成体系化的理论。在伊斯

## 第三章 伊斯兰世界体系

兰法所呈现的世界观中,人类世界分为"伊斯兰之家"(伊斯兰世界)与"战争之家"(非伊斯兰世界)。所谓的"伊斯兰之家",是指进入穆斯林支配之下,完全接受伊斯兰法的共同体(United community ruled by the Shari'ah)。与此相对,"战争之家"则是不受穆斯林支配,由各式各样异教徒的政治共同体相互竞争的复数世界[13]。

理论上"伊斯兰之家"与"战争之家"间的动态相互关系及其区划,仅具暂时性意义,随着穆斯林方面主观能动的不断努力,真主信仰与先知圣训将不断传播,所有的"战争之家"最终都将变成"伊斯兰之家",即世上所有人最终都将改信伊斯兰教,穆斯林也有责任促使非穆斯林改宗。这个由穆斯林透过主体积极作为,将"战争之家"渐次转变成"伊斯兰之家"的努力,也就是不断将世界"伊斯兰化"的行为,称之为"神圣的奋斗"(Jihad)[14]。

为了遂行"神圣的奋斗",穆斯林可采用军事或非军事手段。基本上,非军事手段属非常态,将"神圣的奋斗"译为"圣战",并将穆斯林描绘成"一手拿古兰经,一手拿宝剑"以强迫世上所有人接受伊斯兰信仰的暴力胁迫,其实并不正确。这种印象的建构乃源自于十字军东征时代,欧洲诸国基于内部动员考量,因而刻意扭曲以强调伊斯兰的威胁。尽管十字军的根本目的,与其说是宗教,毋宁说是财富与领土的争夺。但建构在宗教论理上,过度简化的威胁意象却被深刻地保留下来[15]。

事实上,非穆斯林改宗伊斯兰并非总是因为外部的压力,有的是因为伊斯兰本身教义的魅力而自愿改宗。如阿拉伯帝国在征服萨珊王朝的波斯时,原本信仰主流拜火教的波斯人改宗伊斯兰,并非因为阿拉伯征服者的强迫,而是因为伊斯兰所倡导的平等与正义,远较波斯社会严格的阶级分野来得有魅力[16]。

## 圣战与文明

"就死或改宗"的二择一强迫形象,是西欧基督徒自创的伊斯兰形象,不是穆斯林所认识的伊斯兰论理。在穆斯林眼中,将"战争之家"转化为"伊斯兰之家",其间存在着必然的动荡过渡期,在这段过渡期中,被哈里发征服的异教徒,因为尚未改宗伊斯兰,不能服从伊斯兰律法。因而哈里发政府承认这些异教徒可以适用不同的法律,不必接受伊斯兰律法的强制。

这些受到政权保护的异教徒被称为"被保护民",或称为"誓约之民"(ahlal-dhimma),这些既不改宗,也非奴隶的异教徒,只要愿意承担缴交人头税和土地税的义务,生命财产即可受到哈里发政权的保护,并以此身份保有其固有的宗教、法律与生活习惯。换言之,异教徒的选择并非西欧眼中的"古兰经或剑"的二择一,而是"古兰经,或纳贡,或剑"的多元选项[17]。

在异教徒中,尚有宗教派别的差异。所谓异教徒,即是居住在"伊斯兰之家"外的"战争之家"的人民,因而称为"战争之家的子民"(Harbi),相当于近代国际法概念中交战对手国的国民,在这些异教徒之中,一神论的信徒与偶像崇拜者享有不同的待遇,即并非所有异教徒都享有成为被保护民及据此保有其固有宗教、法律与生活习惯的权利,而是被称之为"启典之民"的犹太教徒与基督教徒等与伊斯兰同属一神教的信徒才可享有这些权利,至于本质上属于无神论的佛教徒则无此资格。

伊斯兰世界秩序这种不对等的宽容,较当时基督教世界那种宗教审判式的严格排他观,更具有实现共生共存的可能性,为穆斯林与"被保护民"间的共存奠定了一定的基础。尽管不对等的关系本身即蕴涵了关系存续的极大局限性,但在血缘、地缘与宗教复杂的整个广袤区域中,此一共存关系却对政治体系的稳定产生了相当大的作用。

在"伊斯兰之家"与"战争之家"的世界观下,所谓的"国

## 第三章　伊斯兰世界体系

际"关系，是指"伊斯兰之家"与各种异教徒共同体所组成的"战争之家"之间的关系，而政治的基本单位包括着"伊斯兰之家"这个理念上的统一体，及生活在"战争之家"中的各种异教徒集团。前者是宗教共同体，而后者也是以"宗教共同体"（Milla）来加以界定。换言之，无论是在伊斯兰世界的论理与实践（制度安排）上，基本政治单位都是宗教共同体（其后在奥斯曼土耳其帝国时代被称为 Millet）。因此，在政治理论上，"伊斯兰之家"的领导人，不仅是"伊斯兰之家"境内所有穆斯林的唯一领导人，而且是居住在"战争之家"所有穆斯林的唯一领导人，亦即全世界穆斯林共同体的领导人。

穆斯林共同体的唯一领导人，在穆罕默德在世时，即为他本人。伊斯兰教义中"最后一位先知"的穆罕默德逝世后，由"先知的代理人"哈里发领导穆斯林共同体。其后的正统哈里发时代与乌玛雅王朝时代，都是以哈里发作为穆斯林共同体的唯一领袖。乌玛雅王朝将哈里发职位予以世袭化，并且遭遇什叶派的挑战，后者仅承认阿里为穆罕默德的唯一正统继承人，主张伊玛目制，长期与乌玛雅王朝政权敌对。但是，直到乌玛雅王朝末期为止，基本上仍保持着"伊斯兰之家"的统一性格。

750 年，阿巴斯王朝登场，伊斯兰帝国成立，帝国统治者进一步运用"先知家族"血统的印记，将哈里发职务绝对君主化乃至神格化，彻底完成了哈里发作为伊斯兰共同体统合象征的历史工程。

但是阿巴斯家族以地方强侯身份取得政权，背景是乌玛雅王朝末期地方诸侯军阀化的整体趋势，这个离心趋势并未因阿巴斯王朝的崛起而停止，反而是激化了地方强侯的独立倾向。在阿巴斯王朝成立后，由拉赫曼（Abdel Rahman）领导的乌玛雅家的一个分支，远走当时属于伊斯兰世界西端的伊比利亚半岛，建力起独立的政权，自称太守（Amir），史称后乌玛雅王朝（750—1031年）。8世纪以降，帝国边境诸省渐次半独立化，分别形成了北非摩洛哥的什叶派伊德里斯（Idrisids）王朝（788—974年）、突尼西亚的阿格拉伯（Afhlabids）王朝（800—909年）、呼罗珊省的塔希尔（Tahirids）王朝（820—872年），以及由波斯军阀在锡斯坦（Sistan）建立的萨法尔（Safarids）王朝（867—903年）、在中亚阿姆河与锡尔两河河间地（Transoxiana）与波斯东部建立的萨满（Samanids）王朝（874—999年）。

各地军阀各自为王的离心倾向，加速了阿巴斯王朝的权力衰退；帝国当局为了克服这个趋势，于是便更加仰赖愿与中央政府合作的地方军阀，并从中亚引进以突厥系为主力的"白人"奴隶兵团（mamluk）⑱。在穆塔西姆（al-Matasim）哈里发时代（833—842年），以中亚"白人"奴隶兵团作为哈里发的禁卫军，谋求借由突厥兵团的力量来制衡自立为王的军阀，尤其是波斯地区与北非的什叶派军阀。但此政策并未有效遏止离心趋势，反为日后突厥系游牧民在伊斯兰世界的壮大提供了条件。这支来自阿尔泰山脉与天山山脉间的游牧民，曾于公元前2世纪在蒙古高原建立丁宁（其后为高车），其后在天山山脉北方建立乌孙，后又于5世纪建立悦般，而7世纪在蒙古高原北部、阿尔泰山、天山、咸海、里海等亚洲内奥辽阔地代出现的铁勒，也是此一游牧民的分支，并因6世纪中叶崛起的突厥（音"突库"，即Turkut之汉译）大帝国而闻名。突厥帝国分裂后，历经同系的回纥、吉尔吉斯等游牧部族的倾轧，渐次在9至10世纪间将主要放牧地移至中亚，并以中亚为根据地，在阿巴斯王朝时代进入伊斯兰世界，并凭借其武力优势，趁着阿巴斯王朝的势力衰颓，很快在伊斯兰帝国中扩张势力，在埃及建立以突厥系军阀为主的突伦（Tulunids）王朝（868—905年）与伊贺许（Ikhshidids）王朝（935—969年），并

## 第三章　伊斯兰世界体系

在阿富汗西部大城赫拉特（Herat）建立起加斯尼（Ghaznavids）独立王朝（962—1140年），首度为印度北部的伊斯兰化打开历史的道路[19]。

在地方军阀自立的同时，更出现了直接威胁哈里发权威的挑战者。909年，什叶派伊斯迈尔分派在北非建立起法提玛（Fatimdi，909—1171年）王朝，全面否定逊尼派阿巴斯王朝的权威，自称哈里发政权。而为了与阿巴斯王朝及法提玛王朝这两个哈里发政权相抗衡，伊比利亚半岛的后乌玛雅王朝也自称拥有正统的哈里发权威[20]。"伊斯兰之家"因政治分裂渐次明确与固定化，形成一分为三的局面。

963年，阿巴斯王朝的哈里发任命南部伊拉克总督出任大总督（amir al-umara），独擅军权与政务，使得哈里发几乎彻底丧失世俗权力。945年，在波斯区域的什叶派布瓦伊赫（Buwayhid）王朝（932—1055年）挥军攻入帝国首都巴格达，剥夺哈里发在行政、军事及财政上等所有世俗权力，使阿巴斯王朝名存实亡，但巴格达的哈里发仍被保留下来，作为号令伊斯兰世界的政治象征。1037，塞尔柱突厥王朝在波斯与中亚交界的梅尔夫（Merv）建国，不久即兼并波斯，并于1055年由领袖突格利尔（Tughril Beg）率部攻入巴格达，取代布瓦伊赫政权，突格利尔因此获得阿巴斯王朝哈里发首次授予的"苏丹"（Sultan，掌权者）称号[21]；后更进一步向西发展，征服埃及[22]，并对东罗马帝国造成威胁，促使拜占庭皇帝向罗马天主教廷求援，进而引发十字军东征（1096—1291年），改变了世界史进程[23]。

巴格达的世俗权力从什叶派布瓦伊赫王朝向逊尼派塞尔柱突厥王朝移转，多少恢复了哈里发在"伊斯兰之家"的精神权威，并促进了逊尼派信仰的再兴。但哈里发作为精神象征而无世俗权力的事实已经无可逆转[24]。

三个哈里发政权的政治分裂现实，以及巴格达哈里发的象征化，并未全盘推翻"伊斯兰之家"的统一整体概念。控制着伊斯兰起源地阿拉伯半岛与整个"伊斯兰之家"精华区域的阿巴斯王朝哈里发，在象征意义上仍享有正统性。巴格达陷落后，阿巴斯王朝一族逃向埃及，接受马穆鲁克（Mamuluks，1250—1517年）王朝的庇护，并在开罗自称哈里发。尽管如此，巴格达与阿巴斯王朝崩溃的现实，终究使哈里发权威所象征的"伊斯兰之家"统一性完全丧失。

## 四、理念的统一与现实的分裂

阿巴斯王朝的伊斯兰帝国因蒙古征服而崩溃。这些来自蒙古高原的游牧征服者，在欧亚大陆建立起史无前例的大帝国，控制范围包括了今日的北亚、东亚、中亚、俄罗斯南部，以及西亚等区域，创建出规模空前的自由贸易体制，并据此建立起"鞑靼和平"（pax Tatarica）[25]。但是，旷世的蒙古大帝国并未维持太久，即分裂为四大帝国[26]，并在14、15世纪走向灭亡，代之而起的是帖木儿帝国（1369—1507年）与奥斯曼土耳其帝国。

帖木儿帝国在中亚察合台汗国与西亚伊儿汗国的解体过程中崛起，虽以蒙古继承人为名，但事实上却是突厥系游牧民的政权。帖木儿帝国在帖木儿（Timur或Tamerlane，1336—1405年）大帝时代快速扩张，1369年占领察合台汗国旧地，定都撒马尔罕，并征服花剌子模，1393年灭伊儿汗国之后，将波斯全境收为版图，后又深入钦察汗国境内，动摇钦察汗国的国势，为俄罗斯诸侯于15世纪中独立建国创造了机会；更趁印度内乱侵入德里，但未予占领。整个帝国的支配范围约略相当于今日的中亚、伊朗、阿塞拜疆与亚美尼亚等地。为了控制东西贸易要冲，帖木儿帝国西向

## 第三章　伊斯兰世界体系

与新崛起的奥斯曼土耳其帝国争锋，并介入了奥斯曼土耳其帝国与东罗马帝国的争霸。但这个快速扩张的帝国，却在不久后也陷入了地方强侯崛起与帝国分解的衰退模式。并于15世纪中叶起遭受到周边游牧民族的挑战，结果在其北方的乌兹别克汗国不断入侵，以及内部权力继承冲突下，很快便造成帝国的分裂与解体[27]。

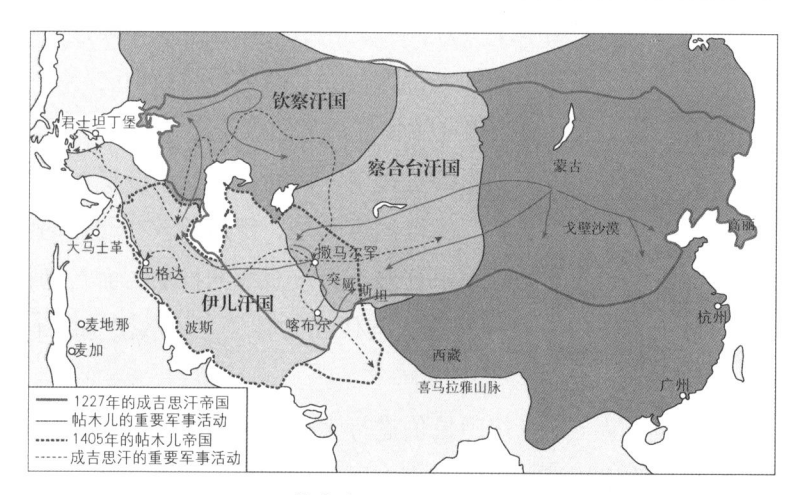

**图6　蒙古帝国和帖木儿帝国疆域**

帖木儿帝国解体后，中亚渐次由突厥诸游牧部族所据，形成突厥系乌兹别克部族所建立的夏伊邦（Shq'banids）王朝。而帖木儿帝国的余部则在帖木儿大帝五世孙——"雄狮"巴布尔（Babur Zahir-ud-din Muhammad，1483—1530年）的领导之下，先占领喀布尔（今阿富汗首都）称王，并于1526年率军攻入旁遮普，直趋德里，建立起信奉伊斯兰逊尼派的印度莫卧儿帝国（1526—1858年）——莫卧儿（Mughal）为波斯语发音的蒙古之意。至于波斯，则有什叶派的地方太守伊斯迈尔（Shah Isamail）崛起，建立起萨法维王朝（1499—1763年），奉什叶派为国教。

在小亚细亚，逊尼派的奥斯曼土耳其帝国于1299年崛起，并在14、15世纪攻入欧洲，于1389年展开著名的科索沃

(Kosovo)会战,大破巴尔干诸国同盟军,并并吞了东南欧的色雷斯(Thrace)、马其顿、塞尔维亚与阿尔巴尼亚等地,使君士坦丁堡陷入孤立状态,进而在1453年击灭东罗马帝国。在这段时期内,奥斯曼土耳其帝国又与波斯萨法维王朝争霸,且为断绝萨法维王朝与埃及马穆鲁克王朝建立在什叶派信仰上的同盟关系,又西进兼并埃及。如此,至16世纪中叶,奥斯曼土耳其帝国已建立起横跨欧亚非三大洲的大帝国,除了摩洛哥与波斯之外,中东全域尽入其支配,成为伊斯兰世界最后的大帝国[28]。

在此一系列分解与重组的过程中,伊斯兰教并未降低其影响力,反而传播得更为显著。值得注意的是,伊斯兰教在此一期间的主要传播模式并非仰赖军事征服与行政组织的推动,而是仰赖人民的自主力量——穆斯林商人与伊斯兰神秘主义教团(tariqa)的和平宣教。

不过,在7至8世纪阿拉伯进行大征服的这段期间,被征服的住民对于改宗伊斯兰并不热衷,而是到8世纪中叶,阿巴斯王朝登场,并在体制上确立穆斯林平等原理之后,被征服诸民族才出现显著的改宗热潮。与此同时,海陆交通也渐次发达起来。

当时的陆路交通网络以帝国首都巴格达为中心,东经伊朗高原而连结丝路,南抵阿拉伯半岛,向西经埃及—叙利亚线可至北非而达伊比利亚半岛。当时的巴格达(原意为"和平之城")是世界上最繁荣的都市之一,人口多达100万人,约为当时东亚第一大城长安人口(约50万人)的一倍,著名的文学作品《一千零一夜》,即为巴格达繁荣时代的产物。

更重要的是环印度洋交通网络的开拓与整备。这些网络是由印度洋海域沿岸各据点以复线连结的方式构成。主要的据点在孟加拉海域、印度西部的古加拉特(Gujarat)[29]、印度西南部的马拉巴尔(Malabar)海岸[30]、阿拉伯半岛南部的也门、哈德拉毛特

## 第三章　伊斯兰世界体系

(Hadharmaut)[31]，以及东非海岸。连结这些据点，形成了"波斯湾轴"网络与"红海—也门轴"网络两个基本轴。

"波斯湾轴"以今日的伊朗与伊拉克为中心，分别通过"波斯湾—哈德拉毛特—也门—东非"的南北轴网络，以及通过"波斯湾—古加拉特—马拉巴尔—斯里兰卡"的东西轴网络。在安息王朝、萨珊王朝等波斯帝国时代，以及阿巴斯王朝巴格达繁荣的时代中，通过"波斯湾轴"而联系印度洋海域世界的广袤网络，扮演着国际交通与运输干道的机能。10世纪以降，由于伊斯兰帝国的分解，伊斯兰世界繁荣的中心渐次由巴格达移至开罗，"波斯湾轴"网络机能弱化，国际交通重心移往"红海—也门轴"网络之上，意即以埃及和叙利亚为中心，经由红海—汉志—也门，可连接古加拉特、马拉巴尔和斯里兰卡。

10世纪以降，伴随着阿巴斯王朝伊斯兰帝国的实质分解，海陆国际交通网络出现结构性变迁。在政治军事上，伊斯兰世界的重心从肥沃月湾（巴格达）移至法提玛王朝什叶派政权的埃及（开罗），伊斯兰世界在现实政治上的四分五裂造成剧烈的经济与社会结构变动，因而使穆斯林的活动向伊斯兰世界的外缘地带扩散，促成了区域间的交流与远距经贸文化活动的活络。如此一来，穆斯林的经贸、文化与移民活动，便急速地向印度洋的东部海域延伸，渐次波及东南亚，进而抵达南中国海周边。当时阿巴斯王朝正因伊拉克南部等地的政治动乱而面临经济停滞，东亚的唐帝国也正陷入帝国晚期的衰退，南部诸港市（包括广州）因连年战乱而荒废，使东来的穆斯林、犹太教徒、拜火教徒、印度克什米尔系等商旅有机会掌握从印度洋至南中国海的海上运输与贸易。这些远距贸易并非采取直接航行的方式，而是依据季风的节气变动，采取中继贸易的方式，即各据点间的船舶接运；印度洋因而拥有当时全世界最复杂的海洋交通网络，成为人类海洋文化最发达的区域㉜。

蒙古帝国兴起后，虽然在欧亚大陆上造成穆斯林商旅势力下降，但穆斯林商旅在印度洋的力量却未受打击，相反的，在奥斯曼土耳其帝国、波斯萨法维王朝与印度莫卧儿三大伊斯兰帝国崛起后，穆斯林在印度洋的影响力反而更见巩固，使印度洋在10世纪至15世纪间，成为名副其实的"伊斯兰之海"㉝。

穆斯林在印度洋以迄南中国海的广阔海域中活跃，并非仰赖军事力量，而是仰赖伊斯兰的文化力量，包括根据伊斯兰法而确立的商业规则与契约文化、金银双本位制的确立、穆斯林政府课征的低廉商业税、共通的国际语言（阿拉伯语）、网络据点的发达，以及穆斯林特有的圣地巡礼义务与机制等。

经由商业与移民活动的扩大，在10至11世纪间，伊斯兰的传播力量非但未因阿巴斯王朝的衰弱与分解而萎缩，反而更形壮大。在此一扩大传播的过程中，除了穆斯林商旅的角色之外，苏非派㉞（Suffism）教团的贡献尤其显著。自创建期以来即无教会组织的伊斯兰，至12世纪起便相继出现许多神秘主义教团，并在12至14世纪间设立名为里巴特（ribat）、萨威亚（zawiya）、汉卡（khanqa）等大中小型修道场网络，并由其成员向异教世界展开活跃的宣教活动㉟。他们抱着殉教的勇气与决心前往异教地区，以坚定的热情传播神的唯一性等伊斯兰信仰内容，在教义上采取强调神之爱的超越精神，以及对游牧文化圈和东南亚海洋文化圈固有的萨满教与精灵崇拜等信仰采取包容的态度，渐次赢得了异教世界诸民族的改宗。在苏非派教团的贡献下，伊斯兰在13至14世纪之际进入了第二个黄金时代：北高加索、中亚㊱、内陆非洲、印度西海岸与内陆、斯里兰卡、印度洋诸岛，以及东南亚（马六甲海峡周边与菲律宾群岛南部），皆是在此一时期伊斯兰化的。

# 第三章　伊斯兰世界体系

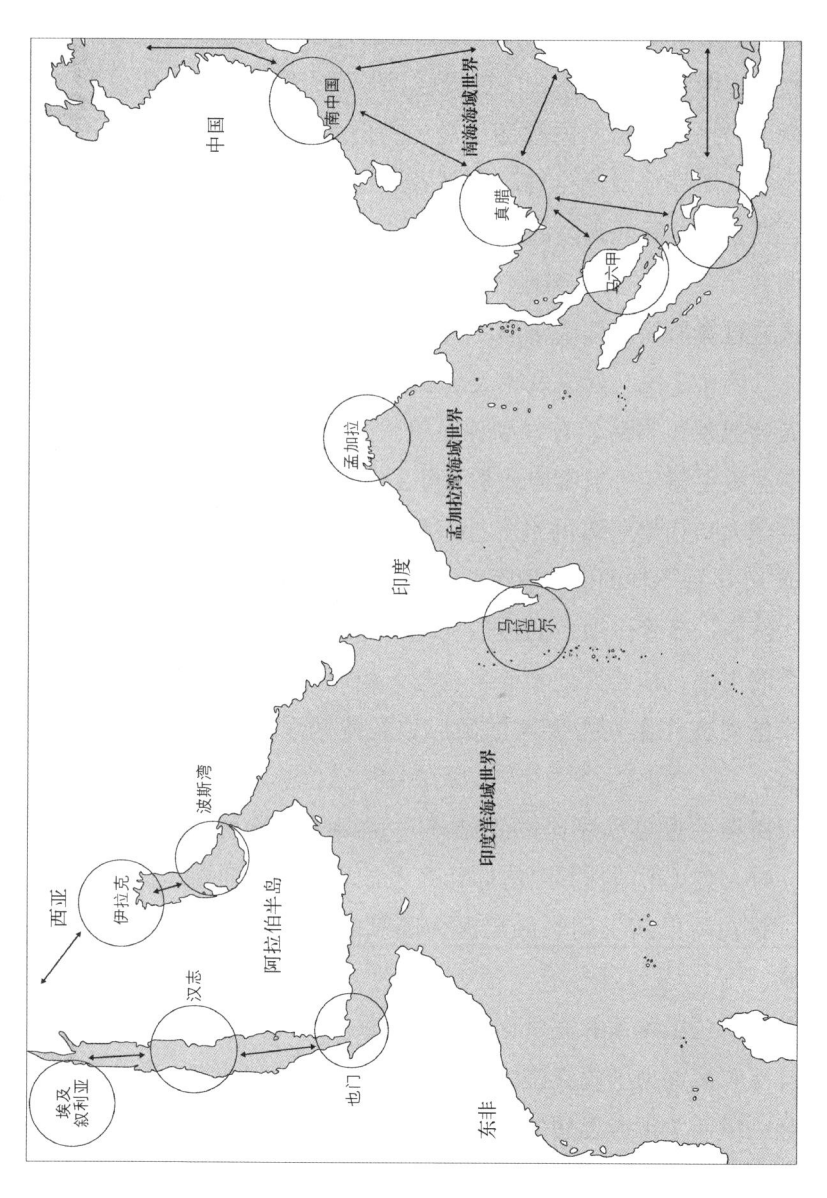

图 7　印度洋海域的网络结构

在东南亚，伊斯兰教自 13 世纪下半叶即开始显著传播，至 16 世纪西欧殖民势力侵入之前，印尼、马来半岛与菲律宾南部等住民，已纷纷改宗伊斯兰教，并在其后遭遇西欧列强殖民支配的过程中，以伊斯兰教作为反抗侵略与压迫的理论武器，使得东南亚诸国虽历经数百年的欧洲殖民，却仍能将伊斯兰教保留下来，并使今日的印尼成为全球穆斯林人口最多的国家[37]。在印度次大陆，则通过莫卧儿帝国的长期支配与制度性的推动，使得伊斯兰信仰在半岛北部与东部成为主流[38]。而在东拜占庭帝国前领地，则是透过奥斯曼土耳其帝国的长期支配与继承自阿巴斯王朝的穆斯林、启典之民、奴隶及相关税赋等制度性安排，使得从匈牙利半岛到巴尔干半岛，有许多住民纷纷改宗伊斯兰[39]。如此，通过伊斯兰史上第二个黄金时代数百年的传播与巩固，伊斯兰成为当时全球人口信仰最多的世界性宗教[40]，并因此形成了约略于今日全球 12 亿穆斯林的巨大版图。

然而，尽管伊斯兰的传播呈现辉煌的成就，但在伊斯兰世界体系的内部，却始终处于分裂状态，相关的政治思想与理论建构却未能对此作出切中要害的回应，致使理念与现实间出现严重裂痕。

伊斯兰世界秩序论的基础——伊斯兰法体系，亦即神（阿拉）对人类（穆斯林）应信仰什么及该如何行为的指示命令之总和，是在阿巴斯王朝奉逊尼派为国教后，由该派的历代理论家完成。

伊斯兰法体系的完整化，其中最重要的原因之一是帝国当局的统治政策。为了确立帝国统一的精神支柱，阿巴斯王朝采取积极确立伊斯兰正统思想的政策，在王朝成立不久后即任命哈那弗派伊斯兰学者尤苏夫（Abu Yusuf，731—798 年）为大仲裁官，将所有乌拉玛（ulama，伊斯兰学者，知识人）整编至帝国体制

## 第三章　伊斯兰世界体系

中。1055年率军进入巴格达，夺取政权并受封为苏丹之塞尔柱突厥君主，为了正当化自己的世俗权力，保留了哈里发作为象征统合的体制，并首度建立（伊斯兰）学院（madrassa）来发展逊尼派思想，进一步将帝国对意识形态的管理制度化与精致化，并据此在政治理论上合理化哈里发统而不治，苏丹治而不统的政治现实。

整套伊斯兰法体系由历代逊尼派乌拉玛建构，进而确立。在政治上，阿巴斯王朝奉逊尼派为正统，目的在于寻求在理论上对抗作为反对体制的理论的什叶派伊斯兰理论，因而在理论上特别强调穆斯林的团结，共识（合意）与一体性。在阿巴斯王朝下，逊尼派理论家根据8世纪前半期穆尔吉亚派（Murji'a）的理论见解，进一步发展出完整的伊斯兰法论述，确立了伊斯兰法的四大法源（Usul al-fiqh），分别是《古兰经》（神的启示）、索那（Sunna，习惯/传承，即神的使徒穆罕默德被传承下来的言行）、伊吉玛（ijma，穆斯林的合意），以及奎雅（qiyas，类比型推论，即根据已知推察未知）[41]。

伊斯兰四大法源之间有其优先顺序的排列：《古兰经》有规定者，从其规定，否则根据穆罕默德的言行——索那；索那亦无规定者，则根据穆斯林的合意；再无，则根据类比推论。其中《古兰经》的规定最具权威性，但字面涵意的解释难免产生意见分歧[42]。至于第二法源索那，即神之使徒穆罕默德言行的传承，除了根据穆罕默德生前的记录外，其余皆为穆罕默德的弟子或在清真寺中听其布道的穆斯林的辗转记录。传承之锁链既久，真伪就容易引起争议。于是便将获得确认为真的文字记录称为哈地斯（hadith，意为获得普遍承认而确立的习惯），不过其内容的可信度高低也难免引起争议[43]。此外，穆斯林的合意，理念上是指所有穆斯林的合意，但在什叶派等异议派存在的现实中，穆斯林的合意根本不可能。最后类比推论的运作模式亦容易产生分歧。事实上，奎雅虽是根据已知推论未知，和英美法系中判例具有约束力的观念不同，在伊斯兰法中，其中一位乌拉玛做成的奎雅，对其他乌拉玛并不构成约束力。换言之，根据索那高于奎雅而仅次于《古兰经》的优先顺序观，唯一具有约束力的"判例"，仅有先知穆罕默德做成的判定而已。

因此在实际的运用上，无论是《古兰经》的精确解读、索那的界定、穆斯林合意的取得，或者是奎雅的得出（类比推论的运用），最终都必须诉诸一定的"专业权威"。在伊斯兰并无教会与教士组织的背景下，自8世纪初以来，渐次形成的一个宗教领袖专业阶层——乌拉玛，便成为关键角色㊹。如有关伊吉玛的取得，实际的运作模式是当新事态出现而现行法难以判断时，就发函给伊斯兰世界的卓越法学者（mujtahid）全体，待获取意见表达的回函，并确认意见一致后，即视为伊吉玛而取得法源资格。

对整套伊斯兰法体系基本架构之确立，贡献最大的伊斯兰学者，是著有《起源之书》（Kitab al-Umm）的学者夏非（al-Shafii，767—820年）。其后，由哈地斯的收集、考证等伊斯兰法体系整备工作展开，以及乌拉玛对上述伊斯兰四大法源、内容、判定等不同见解，又渐次分为四大学派，分别是：马里克派（Maliki），汉巴尔派（Hamnbali），哈那弗派（Hanafi），以及夏非派（Shafi'i）。而四大派之内又因见解的差异而各有小分派，如崛起于18世纪，对阿拉伯半岛历史有深远影响的瓦哈比派，即属汉巴尔派的一支㊺。

伊斯兰法体系的整备过程，并非只是单纯的理论与规范建构过程，更是一个与统治者相互合作又彼此牵制的政治过程。在王朝统治者推动控制乌拉玛集团与意识形态正统化的过程中，掌握伊斯兰诠释权的乌拉玛集团对统治者的政策采取了配合的态度，

## 第三章　伊斯兰世界体系

并在统治者的支持下整备与推广伊斯兰法体系。这是作为知识阶层的乌拉玛集团对依靠暴力而夺得政权的统治者所展开的政治策略。在阿巴斯王朝时代，尽管已经革除了乌玛雅王朝时代阿拉伯系穆斯林独享特权的弊端，但现实是阿巴斯王朝的哈里发政治力量太弱，伊斯兰世界实质分裂；且自什叶派布瓦伊赫王朝控制巴格达以来，伊斯兰帝国实际上已经完全走向军阀割据。对乌拉玛集团而言，配合统治者的政策变成一种无奈，且有部分原因是他们企图借此建立穆斯林社会的完整规范（伊斯兰法体系），使政治生活与整个社会运行的伊斯兰性质可以不受世俗政权变迁的影响而保存下来[46]。换言之，在军阀统治的现实之前，乌拉玛集团企图树立"对（伊斯兰）原则忠诚比对（统治者）个人重要"的原则，借以维护伊斯兰论理、信仰与指导的存续。为此，乌拉玛集团采用的理论武器是在 10 世纪"封闭了个人诠释（ijtihad）之门"，宣称他们根据神的启示与其他法源所整理（建构）的伊斯兰法体系已经完备，据此排除统治者更换时经常出现新的立法问题，进而得以制约统治者的立法权。

此举对于其后的伊斯兰历史影响深远。正如分离派与什叶派源自随政治冲突而来的宗教解释促生的教义歧见，乌拉玛集团在 10 世纪"封闭个人诠释之门"的举措，尽管原初也是作为一种护卫伊斯兰的政治手段，但引发的却不仅是政治或法学的问题而已。"封闭个人诠释之门"，使其后的穆斯林只能"遵从先人意见"（taqlid）而变成"守旧者"（muqallid，原意为遵从先人意见之人）。这导致后来在伊斯兰教义上的重大论争与新宗派（苏非派）的成立。

再者，尽管"封闭个人诠释之门"与"完备"伊斯兰法体系之举对作为知识阶层的乌拉玛集团有利，但以暴力为统治基础的统治者也并非毫无获利。通过阿巴斯王朝以来的系列措施，加速了乌拉玛集团体制化的过程，导致伊斯兰学者/知识人阶层的集体保守化，而其维护保守立场的理论武器，正是伊斯兰法体系彻底完备与"封闭个人诠释之门"之举。尽管部分理论家如泰米雅（Taqi al Din Ahma Ibn Taymyyah, 1263—1328年）与苏尤提（Jalal al-Din al-Suyuti, 1445—1505年）对于"封闭个人诠释之门"抱持强烈异议，但整体趋势是个人诠释空间被乌拉玛集团所压制。如此一来，原本用来牵制统治者之立法权的政治策略，便随着乌拉玛集团集体保守化过程的展开，反而变成维护体制以压制异议的手段。

乌拉玛集团的体制化和"封闭个人诠释之门"，让乌拉玛集团更进一步，成为穆斯林社会中的核心角色。他们不仅是神学家、法学家，而且是教育家，通过清真寺与伊斯兰学院教育指导一般穆斯林，借由天课与其他捐赠等物资，经由清真寺与伊斯兰学院等制度性机构，在穆斯林社会建立起社会救济网络，并因此掌握可观的经济资源。简言之，乌拉玛成为社会力的核心转轴、伊斯兰学在社会上稳定运作的磐石。

最后，哈里发统而不治、苏丹治而不统的现实，在政治理论上留下了严重的后遗症，天启的理想与冷酷的现实之间、信仰与实践之间、穆罕默德所创的伊斯兰共同体理想社会与依靠暴力优势掌握政权的苏丹政体间，皆横亘着巨大而明显的裂痕。而对于这个裂痕的处理，便构成从10世纪到18世纪间伊斯兰政治思想演进史的核心，重要的伊斯兰（政治）思想家如巴基兰尼（al-Baqullani, 1013年殁）、玛瓦尔蒂（al-Mawardi, 1058年殁）、贾萨里（al-Ghazali, 1111年殁），以及哈尔顿（Ibn Khaldun,1406年殁）等人，都企图在理论上对这个裂痕，作出体系性的论述。

然而，在乌拉玛集团逐渐体制化的过程中，其对伊斯兰论理

## 第三章　伊斯兰世界体系

的解释（政治论述）也日趋保守化，日渐倾向于接受并合理化既存的政治现实，进而丧失理想性格。例如，四大法学派之一的汉巴尔派创始人汉巴尔（Ibn Hanbal，780—855年），在论及"力强而恶德的统治者，与笃信而力弱之统治者，何者为佳？"时，判定是前者为佳。理由是统治者的权力（御敌与维持社会秩序）使伊斯兰共同体所有成员受益，因而"力强而恶德"的统治者，其力使穆斯林受惠，其恶德之行，最终将在终末审判时遭受神的惩罚。反之"笃信而力弱"的统治者，则因笃信而使统治者本人受惠，但力弱却导致所有穆斯林受害[47]。

这些多重因素使乌拉玛集团对伊斯兰共同体的界定，逐渐形成一种共识。一方面，乌拉玛集团在政治立场与论述上日渐保守化，另一方面，乌拉玛集团在穆斯林社会生活中又日渐扮演起核心的角色。这种介于统治者与穆斯林两股力量间的中介位置，使乌拉玛集团在理念上必须保留伊斯兰共同体的理想，形成一个政治理论上的公约数，即伊斯兰政府最小限度的要件，不在于统治者的性格，而在于其统治行为必须符合伊斯兰法。只要统治者愿意开诚布公承认伊斯兰法是政治与社会生活的规范，并愿意担任伊斯兰法的保护人，其统治即可获得接受。而伊斯兰共同体的统一性也将可以因此被保存下来。如此，伊斯兰法本身而非统治者或其政府的宗教承诺或道德属性，便成为伊斯兰政治权力正当性的界定标准。换言之，只要统治者不挑战伊斯兰法，亦即社会依伊斯兰价值所规定的内容作为前提，那么既存的政治现实就可以被接受[48]。

伊斯兰学者/知识人的体制化与保守化、伊斯兰政治理论的体制化，以及个人诠释之门之闭锁，为个人主义倾向的神秘主义（苏非派）打开了崛起与兴盛的道路。苏非派对逊尼派伊斯兰那种非人格的抽象性教义感到不满，他们采取诉诸直接的、人格的、具体的宗教途径来接近阿拉，认为伊斯兰的知识不是逊尼系诸学派理性的、间接的知识（'ilm），而是经由感情与直接体验"对于神的神秘知识"（ma'rifia），尤其注重对神奉献无私无欲之爱，借此达成与神的合一（fana'）。11世纪下半叶，贾萨里（Abu Hamid Muhammad al-Ghazzali，1058—1111年）奠定了苏非派的理论架构：爱、与神合一、神秘的知识，构成了苏非派的基石㊾。

在苏非派的论理中，阿拉的形象不是"以绝对君主之姿君临的众仆（信徒）"㊿，而是"至仁至慈的神"[51]。从12世纪开始，在阿巴斯王朝伊斯兰帝国的政治分裂与游牧诸部族军阀力量登场的过程中，苏非派的理论与其教团，在伊斯兰思想界获得非常大的影响力。其后伊斯兰信仰的传播能迈向第二个黄金时代，苏非派教团与信仰此一宗派的穆斯林商旅功不可没[52]。

尽管伊斯兰信仰因苏非派教团的崛起与活跃在全球各地蓬勃发展，但在伊斯兰世界体系内部，却因为分裂的现实与政治理论的停滞而被固定下来。起初，在巴格达被蒙古旭烈兀的大军攻陷后，中东穆斯林区域既呈现出各种独立政权并存的景观，这些独立政权通称为"君国"（Dawla），因此伊斯兰世界的政治现实，便化为各种大大小小"君国"并立且相互竞争的局面。这些"君国"为了合理化其支配的正当性，宣称他们的统治是为了在其治下各区维护并遵守伊斯兰法的秩序。但是在伊斯兰法的理论中，并未将诸"君国"长期并存的状况、君国间的互动，以及对内的统治规范予以具体化。在奥斯曼土耳其、波斯的萨法维以及印度的莫卧儿帝国三大伊斯兰帝国先后崛起的过程中，这些大大小小的君国便被一一纳入新兴帝国的统治之下。

新崛起的三大伊斯兰帝国，与先前的伊斯兰帝国存有许多重要的差异，最大的差异是阿拉伯系穆斯林地位的转换，在奥斯曼

## 第三章 伊斯兰世界体系

土耳其帝国的统治下，阿拉伯半岛诸民族的地位已从先前的支配者沦为被支配者。连带的，阿拉伯语在三大帝国内的地位也明显下降。尽管阿拉伯语因作为先知穆罕默德与记载阿拉启示（《古兰经》）的语言而仍受到所有穆斯林的尊敬与学习，但波斯语文与突厥语文也正各自崛起，并成为三大帝国的官方语文——奥斯曼土耳其以突厥语文作为官方语文，萨法维王朝与莫卧儿帝国皆以波斯语文作为官方语文；尽管莫卧儿帝国的王族乃是来自突厥系游牧民[53]。这个现实意味着波斯语与突厥语已成为有着帝国武力为后盾的"国语"，而原先作为国际语的阿拉伯语也因此被边缘化，在政治与经济生活中的地位直线下降，仅剩下文化生活中的地位仍因《古兰经》而被保留下来。再者，在宗派上，萨法维王朝也正式奉什叶派为国教，以此作为和西邻奥斯曼土耳其与东邻莫卧儿帝国的区隔，以凝聚内部团结的意识形态。

三大帝国的并立与分裂的现实因此更为深刻而明显，伊斯兰世界体系无论是在政治上或文化的分裂，正渐次被固定下来。

但分裂现实的深刻化与持久化，在伊斯兰法体系已告完备，及个人诠释之门闭锁的限制下，并未激发伊斯兰统合理念的再反省与理论再建构，新兴的三大"火药帝国"，在理念上都继承了伊斯兰帝国的伊斯兰论理，以资作为帝国支配的正当性泉源与臣民认同的凝聚器。在三大帝国的统治之下，完全确立了伊斯兰作为政权正当性、政治意识形态、法律基础的制度与思维习惯，而以乌拉玛集团作为帝国行政人员甄拔的主要来源，并导入宗教行政总长制（奥斯曼土耳其帝国的 Shaykh al-Islam 与萨法维王朝、莫卧儿帝国的 Sadr al-saudr），进一步使以乌拉玛集团为核心的宗教制度中央化与科层体系化。在三大伊斯兰帝国的统治下，乌拉玛集团控制着社会生活中的宗教、法律、教育与社会服务等领域，成为帝国支配制度的主要获利者，并在政治理论上继承着伊斯兰法统治论[54]。

如此一来，尽管新兴的奥斯曼土耳其帝国仍维持着哈里发制（苏丹—哈里发制），以资作为伊斯兰世界（"伊斯兰之家"）统合的象征，但"伊斯兰之家"作为普遍世界的统一性概念与三大伊斯兰帝国长期分立的事实，却造成此一概念的严重龟裂，暴露出伊斯兰法理论的严重破绽——未能构筑起衔接统一理念与分裂事实的新理论。再者，伊斯兰共同体的理想，和统治者长期腐化倾向与帝国本身（因而是整个穆斯林社会）长期衰退趋势此一现实之间，也存在着巨大的裂痕。政治现实与理论间的双重裂痕，为穆斯林间的政治认同埋下了危机的火种，当伊斯兰三大帝国内部在17世纪以降迈向明显的衰退，以及伊斯兰世界体系在19世纪与20世纪初遭遇西欧国家的殖民支配，导致伊斯兰法统治论与伊斯兰价值被否定时，伊斯兰史上最严重的危机便被引爆开来。

## 注释

① 此处所谓的"世界体系"（world system）的体系，指的既非物理体系，亦非生态体系，而是以国家、组织、个人等主体作为构成要素而形成的社会体系（social system），称为"世界体系"，系指该体系之上并其他任何一个"上位体系"的特殊社会体系。参见田中明彦：《世界システム》（东京：东京大学出版会，1998年），页13–14。

② John L. Esposito, *Islam and Politics* (New York: Syracuse University Press, 1992), pp.10–11.

③ 濑木耿太郎：《中东情势を见る眼》（东京：岩波书店，1985年），页66–67。

④ 嶋田襄平：《イスラム国家の成立》，收录于岩波讲座，《世界历史·八》（东京：岩波书店，1969年），页56。

## 第三章 伊斯兰世界体系

⑤ 黑柳恒男:《シーア諸派の思想と運動》,收录于岩波讲座,《世界历史·八》,页184-186。

⑥ Arthur Goldschmidt 著,蔡百铨译,《简明中东历史》(台北:商务印书馆,1989年),页83-84。

⑦ 目前居住在黎巴嫩的什叶派即为此一时期攻入东地中海沿岸诸兵团的后裔。

⑧ 森本公诚:《イスラム国家の展開》,收录于岩波讲座,《世界历史·八》,页81-82。

⑨ 前嶋信次编:《西アラビア史》(东京:山川出版社,1978年),页145-146。

⑩ 逊尼派目前占全球穆斯林人口九成,与分离派及什叶派等宗派的起源明白可寻不同,逊尼派的起源并无精确时间,初始也没有明确的教义,毋宁说是什叶派崛起过程中的对立面,即未参加什叶派等乌玛雅王朝反体制派的其他穆斯林,衍伸为珍视穆斯林的团结,反对各派因主张差异而诉诸流血的分派斗争与宗派对立,笃信《古兰经》所训示的"这个确是你们的统一的民族,我是你们的主,故你们应当敬畏我。但他们为教义而分裂成许多宗派,各派都因自己的教义而沾沾自喜。你让他们暂时沉浸在自己的困境之中吧。"(《古兰经》"信士"章第五二到五四节)的教派。最先表明中立主义立场的是8世纪初著书立论的巴斯里(al-Hassan al Hasri, 642—728年)。此一立场后来被发展成不分派的理论,完成此一论述的理论家是活跃在10世纪半至11世纪的巴基拉尼(al-Baqullani, 1013年殁)。"不参加分派而破坏伊斯兰共同体之团结与统一"的立场,成为逊尼派最核心的定义。参见嶋田襄平:《イスラームにおける正统と异端》,收录于岩波讲座,《世界历史·八》,页270;小杉泰:《イスラームとは何か——その宗教·社会·文化》(东京:讲谈社,2001年),页226-229。

⑪ 正统哈里发时代将阿拉伯文加以系统化与规格化,乃是源自正解《古兰经》的需要。因为《古兰经》以阿拉伯文书写。7世纪阿拉伯帝国成立,分为正则语(Fus-h)与通俗语(Anmiya),两者并存。前者以《古兰经》为基础,至13世纪完全规范化,主要用来进行书面写作,另外在公开场合亦可言说,是一般理解的阿拉伯世界共同语。后者为各地区域与社会

不同阶层所使用的地方语言，彼此间有相当差异，主要为波斯湾岸、沙特阿拉伯、伊拉克、叙利亚、巴勒斯坦、埃及、马格里布（Magreb，原意为"日落之所在"或"西方"，泛指今日北非突尼西亚、阿尔及利亚、摩洛哥）等语言。参见嶋田襄平：《イスラム》，《イスラム事典》（东京：平凡社，1987年），页5；朝日ジャーナル编：《世界のことば》（东京：朝日新闻社，1991年），页100–101。

⑫ P. J. Vatikiotis, *Islam and the State* (London and New York: Routledge, 1987), pp.20–21.

⑬ 有关伊斯兰世界秩序的经典著作是 M. Khadduri, *War and Peace in the Law of Islam* (Baltimore: Johns Hopkins Press, 1955)；伊斯兰法理论中的世界秩序观形成过程，可参见 M. Khaddur, Translator's Introduction, in Majid Khaddur, etc., eds., *The Islamic Law of Nations: Shaybani's Siyar* (Baltimore: Johns Hopkins Press, 1966) pp. 19–26。

⑭ 铃木重：《イスラム国际体系》，收录于有贺贞、宇野重昭、木户蓊、山本吉宣、渡边昭夫合编：《国际政治の理论》（东京：东京大学出版会，1989年），页82–83。

⑮ 详见 Brian Beeley, Global Options: Islamic Alternatives, in James Anderson, Chris Brook and Allan Cochrane eds., *A Global World? Reordering Political Space* (New York: Oxford University Press, 1995), pp.167–207。

⑯ 铃木重，前揭书，页83–84。

⑰ 伊斯兰帝国对非穆斯林的历史历程可参见 A. S. Tritton, *The Caliphs and Their Non-Muslim Subjects* (London: Frank Case, 1970)。

⑱ 白人奴隶兵团指的是来自中亚的突厥人、蒙古人、高加索的切尔克斯人、东欧的斯拉夫人、希腊人与中东的库德人等白人奴隶兵，以和黑人奴隶兵（abud）区别。

⑲ 有关突厥游牧民的早期历史，参见 L. H. Gumiyev, *Drevniye Turki* (Moscow: Klyshnikov Komarov I K, 1993)；有关突厥帝国的兴衰与不同称号之部族的先后崛起过程，参见 Thomas J. Barfield, *The Perilous Frontier: Nomadic Empires and China* (Cambridge M. A. and Oxford: Blackwell, 1992), pp.131–160；有关突厥游牧民在伊斯兰世界的崛起过程，详见铃木重：《イスラム帝国，イスラム世界の柔らかい专制》（东

## 第三章 伊斯兰世界体系

京：讲谈社，1992年），页25-26。
⑳ Vatikiotis, op cit., p.20; H. A. R. Gibb, *Mohammedanism* (London and New York: Oxford University Press），1969，p.7.
㉑ "苏丹"一词其实并没有一致的音译，古籍上曾出现过"速鲁檀"、"锁鲁檀"、"素里檀"、"唆里檀"、"算端"、"层檀"等不同称谓，但指的都是同一职位。
㉒ 可参阅 http://culture.edu.tw/history/smenu_photomenu.php? sme-nuid=2034。
㉓ 但塞尔柱突厥帝国尽管扩张快速，其政治体制与支配模式仍重蹈伊斯兰帝国覆辙，不久即因地方强权崛起而陷入分解的命运；在其西部边陲小亚细亚的奥斯曼土耳其因此趁势崛起，进而创造了史上最后一个伊斯兰大帝国——奥斯曼土耳其帝国。
㉔ 护雅夫：《总说》，收录于岩波讲座，《世界历史·八》，页7-8。
㉕ 此处借用日本学者佐口透的用法。参见佐口透：《鞑靼和平》，收录于刘俊文编：《日本学者研究中国史论著选译》第九卷，北京：中华书局，1993年，页463—486。
㉖ 即读者所熟知的四大汗国：窝阔台汗国、察合台汗国、金帐（钦察）汗国与伊儿汗国。
㉗ 间野英二：《中央アジアの歴史》（东京：讲谈社，1992年），页156-183。
㉘ 程光裕：《西南亚史》（香港：友联出版社，1964年），页178-182。崛川彻：《イスラームと后继者たち》，收录于铃木董编：《パクス·イスラミカの世纪》（东京：讲谈社，1993年），页87-112。M. S. Ivnov ed., *Istoriya Irana* (Moscow: Izdate' stov Moskovskogo Universiteta, 1977), pp.17-23。
㉙ 今印度西部一州，濒林库曲湾（Kutch）与孟买湾。
㉚ 马拉巴尔海岸北从果阿（Goa）至印度半岛最南端的科莫林岬（Capa Comorin），长约1000公里。广义的马拉巴尔海岸是指从孟买到科莫林岬间的海岸；狭义则指从果阿至孟买之间约400公里的海岸。盛产乡料、椰子、米。18世纪后半期为英国占领。
㉛ 哈德拉毛特指南也门面向阿拉伯海与亚丁湾的区域，位于阿拉伯半岛南

部，拥有半岛上相当重要的晨耕地带（Wadi Hadramaut）。曾为英国的保护领，1967年与亚丁港一起构成南也门。

㉜ 家岛彦一：《海ガ创ゐ文明——イソド洋海域世界の历史》（东京：朝日新闻社，1993年），页24–26。

㉝ 长沢和俊：《海のツルクロード史》（东京：中央公论社，1989年），页85–108。

㉞ 作者原文为"伊斯兰神秘主义"，但一般通称为苏非派；现今广为人知的旋转舞蹈即是苏非派的仪式之一，代表人物则为诗人鲁米。其基本简介可参见"伊斯兰之光网站"词条"苏非派"，网址：http://www.islam.org.hk/index．php?action-viewnews-itemidl-4832。

㉟ A. D. Knysh, sufizm, S. M. Prozorova ed., *Islam:Istorigraficheskiye Ocherki* (Moscow: Nauka, 1991), pp.130–131.

㊱ 有关中亚的伊斯兰化，参阅间野英二，前揭书，页113–134。

㊲ 详见中原道子：《东南アジアのイスラム化》，收录于铃木董编：《ペクス·イスラミヵの世纪》（东京：讲谈社，1993年），页87–112。

㊳ 有关伊斯兰对印度半岛的传播，详见荒松雄：《ヒンドウー教とイスラム教》（东京：岩波书店，1997年），第六章，"二つの宗教の出：イスラム教の浸透"。

㊴ 关于东欧基督教世界的伊斯兰化，参见阪本勉：《トルコ民族主义》（东京：讲谈社,1996年），第三章，"东方キルスト教世界のトルコ｜イスラム化"。

㊵ Vatikiotis, op cit., p.23.

㊶ 嶋田襄平：《イスラムにおける正统と异端》，收录于岩波讲座，《世界历史·八》，页175。

㊷ 因此以阿拉伯文记载而成的《古兰经》不能被翻译，或者翻译本只能被视为注释本，不能够与阿拉伯文正典等量齐观。

㊸ 哈地斯有两大重点，即索那的本文，以及索那被传承经过的记录（"传承之链"）。传承之链不够明确的索那本文，在严格意义上不被承认为哈地斯，因而传承之链的历史考证变得极为重要，传记史学与考证史学因而极为发达，成为伊斯兰文化的一大特色。

㊹ 在伊斯兰的论理中，神学与法学并未严格分化，因而乌拉玛同时具有神

学者与法学者的身份。

㊺ 马里克派目前主要分布在北非和西非，汉巴尔派主要分布在沙特阿拉伯，哈那弗派分布在土耳其、中亚、南亚、中国、叙利亚与埃及，夏非派则分布在东南亚与埃及。

㊻ D. P. Shantepi ed., *Illystrirovannaya Istoriya Religiy*（Moscow: Fond Mira, 1992），Vol.1，pp.389–391.

㊼ 小杉泰，前揭书，页 264。

㊽ Esposito，op cit.，p.30.

㊾ 有关苏非派的起源、理论与教团发展，详见中村广治郎：《イスラム教入门》（东京：岩波书店，1998 年），第六章，“イスラム教の神秘主义”，以及Fallur Rahman，*Islam*（Chicago and London: University of Chicago Press，1979），chapters 8–9。

(50)《古兰经》“牲畜”章第六一节，译文根据英文版《古兰经》译出，与通俗汉译本略有出入。

(51) 在《古兰经》共 114 篇章中，第九章除外，其他 113 章都以“奉至仁至慈的真主之名”作为首句。

(52) 护雅夫：《总说》，收录于岩波讲座，《世界历史 · 八》，页 13–17。

(53) 在印度莫卧儿帝国境内，偏好使用波斯语的突厥系统治者，在军队指挥着数量庞大的印度士兵，因而需要混用的共通语，此为巴基斯坦官方语乌尔都语（Urdu）的起源。其原型是以西部印度语（首都德里一带广泛使用）为文法基础，但引进了波斯语、阿拉伯语、突厥语，乃至梵文等其他语言的大量单词，而字母则以阿拉伯字母为典范。参见岩村忍、近藤治、胜藤猛：《インドと中近东》（东京：河出书房，1997 年），页 124–125。

(54) 有关奥斯曼土耳其帝国的支配体制，请参阅羽田明：《イスラム国家の完成》，收录于岩波讲座，《世界历史 · 八》，页 125–168。有关莫卧儿帝国的支配体制，请参阅荒松雄，前揭书，页 120–139，及刘明翰编：《世界史》（中世纪史）（北京：人民出版社，1991 年），页 262–263。有关波斯萨法维王朝的支配体制，请参阅前嶋信次编，前揭书，页 271–278，及刘明翰，前揭书，页 203。

# 第四章　西欧国家体系的冲击

当今包摄整个地球所有区域的政治秩序，称为主权国家体系。这个体系最早起源于意大利半岛，通过三十年宗教战争（1618—1648年）与终战处理的《威斯特伐利亚条约》（Westphalia Treaty），在法制方面确立了基本内涵，其后被称为近代西欧国家体系（West European States System）。随着近代西欧诸国的世界性扩张与殖民，此一体系的内部竞争逻辑也进一步发展为向外膨胀运动。后经由法国大革命的冲击，以及主权国家体系的现实在欧洲完全固定化，该体系基本成员——主权国家——的内涵，也渐次蜕变为民族国家（nation state）。而这个体系在不断向外膨胀下，演变至20世纪，已全然包摄整个地球所有区域[①]。

然而，在近代西欧国家体系向外扩大前，欧亚大陆即已存在着多元的国际体系：东亚有以中华帝国为顶点的华夷秩序，以及涵盖北非、西亚、南亚与中亚的伊斯兰世界体系[②]。因此，从政治学的角度来看，近代国际政治的变迁，可视为西欧主权国家体系在近代向外扩张，与其他国际体系逐一解体的过程。其中以西欧国家体系与伊斯兰世界体系的冲突历程最为漫长，其产生的后遗症迄今仍深刻影响着世界政治。

第四章　西欧国家体系的冲击

## 一、意大利国家体系

突厥系伊斯兰势力在11世纪末对东罗马帝国的进逼引发了十字军东征。连同1054年罗马教廷与拜占庭教廷间的"东西教会大分裂"——尘世利害冲突为实质，教义与仪礼之争为形式的相互否认与排斥③，促成了西欧的世界观转换："天主教因此成为中世纪欧洲自别于'异邦'最具普遍性的特点……中世纪的欧洲一方面相对于异教世界，另一方面相对于拜占庭的希腊人，从而意识到自己的独到之处。"④连带的，西欧对世界的看法也产生了重大转变。至11世纪为止，基督教会承继着来自古希腊—罗马时代的地理观与来自犹太教（旧约）的历史（时间）观。地理观是指欧、亚、非三大陆及其间以大洋（地中海）和大河（尼罗河）为界的空间图像——欧非两大陆以地中海为界，亚非以尼罗河为界。尽管古希腊—中古罗马以后，西欧人的地理知识持续累积，并通过伊斯兰文化与世界观的导入，知悉亚欧之间并无明显的界河与界山，但"欧洲"的概念仍旧被保留下来，而这主要是因为"欧洲"本身的变化。在东西罗马教会大分裂后，对天主教会及受其影响的西欧来说，"欧洲"已非一个自然地理区域的概念，而是一个文化区域（cultural region）的概念。天主教会已不能再宣称基督教的普世性（universality），而是缩小范围，重新界定为"基督教区域"（Christendom，基督教世界）：穆斯林势力的威压，进一步强化了易受伤害的"欧洲"遭受敌对势力包围的看法，二元对立的世界观——"基督教欧洲"对穆斯林他者（Muslim Other）所构成的异样（exotic）世界——渐次确立⑤。

此类二元对立，我等正而他者邪的世界观，居于自12世纪以降西欧制的宇宙（cosmography）与世界图（Mappa Mundi）之上，这一类通称 TO 图的世界图⑥，标准格式是上帝的最后审判处所在上，其下为一圆圈，圆内为基督教世界与其他区域，前者居住着人类，后者则布满各种怪物。作为人类的基督徒被非人的怪物世界所包围，即构成了基督教（天主教）徒对整个世界的看法⑦。这显然是一种负面界定自我的手段，即用"他者"的存在来界定自己，尽管并不清楚"他者"的实况为何。

十字军东征进一步强化了此一世界观，成为十字军将自己的残酷杀戮予以合理化的重要借口。这些以基督为名的军团自1096年起，前后发动了七次战争。最初目的是光复圣地耶路撒冷，但此一动机很快即告消失，而为西欧商业力量扩张，在地中海驱逐穆斯林以掌握东西贸易霸权的经济动机，也渐次转变为屠杀与劫掠⑧。

趁着塞尔柱帝国因领袖逝世而陷入政权争夺的危机，十字军成功地夺取了耶路撒冷（1099年），之后便在叙利亚、巴勒斯坦等地建立起耶路撒冷王国等地方政权，与其说是为了防御圣地，毋宁说是为了控制东方贸易的据点。但以叙利亚为中心而展开的间歇泥沼战，却阻碍着叙利亚的陆上通路，再加上萨拉丁（Salah al-Din）在埃及歼灭了法提玛王朝，建立了亚优博（Ayyubids）王朝（1169—1250年），使埃及成为反十字军的要塞，导致红海—地中海的海上通路闭锁。于是促使位于往南亚与东亚通路交叉点上的粟特（Sogdiana）地方的撒马尔罕（Samarkand）获致史无前例的繁荣，在其后成为诱发蒙古部族西进的要因，并使十字军对位于北方迂回路线西方起点的东罗马帝国更有战略兴趣⑨。

十字军第四次东征（1202—1204年），天主教宗原定计划进攻埃及，但受到威尼斯的影响，回避了和平贸易利益甚大的埃及，转而攻陷当时为基督教世界中心都市的君士坦丁堡。指挥官们瓜分征服所得土地，推选其中一人为皇帝，建立拉丁帝国（1204—1261年），一度造成东罗马帝国历史中断，重要的港口

## 第四章　西欧国家体系的冲击

与岛屿皆并入威尼斯，加速了北意大利诸港市（威尼斯、热那亚等）取代东罗马帝国的进程，意大利诸港市一跃成为欧洲在地中海贸易的核心力量。

意大利半岛商业力量的崛起，改变了欧洲的经济动脉。自罗马帝国以来，欧洲的经贸动脉始终以莱茵河——多瑙河一线为主轴，其南端是作为东西贸易焦点的拜占庭（君士坦丁堡），北端则是位于莱茵河下游的法兰德尔（Fladre）地方，因而使得东罗马帝国在中古世纪欧洲的政治、军事、经济、文化等领域皆扮演要角，而法兰德尔则长期拥有西欧世界的中心地位。阿拉伯帝国崛起后，乌玛雅王朝于669年占领西西里岛，据此称霸西地中海，穆斯林商船经西西里岛与突尼西亚，连结伊比利亚半岛，以此作为向西欧传播文化的跳板。而在东地中海，叙利亚、埃及、塞浦路斯、罗德岛、克里特岛等，也渐次落入穆斯林之手。制海权的丧失，使拜占庭帝国更加仰赖黑海贸易，而莱茵河——多瑙河主干线的副线——亚德里亚海航路也更形重要，促使威尼斯（452年建设，997年成为公国）的地位抬头[⑩]。

十字军改变了此一形势。尽管东罗马帝国在十字军劫掠不久后再兴，但帝国在东西交通与欧洲沟通网络上的地位已渐次为北意大利诸港市所夺[⑪]。此后，在地中海沿岸新崛起的商业港市便成为货物商品的中继交易站，来自北海与波罗的海区域的商品，为了和地中海区域的商品进行交易，便在欧洲中央莱茵河地方中继交换，从而在欧洲中原，特别是莱茵河流域，兴起许多商业都市。德意志区域的商业都市日益发展，首先起自北海和波罗的海方面，以卢比克为中心，成立汉撒联盟（Hansa Bund，1161年），其后又延伸至欧洲中原，以致形成莱茵联盟（Rhein Bund，为了莱茵河和平所结成的都市武装同盟，1254年），自此，莱茵河——多瑙河一线渐趋没落，而从北意大利港市越过阿尔卑斯山脉以迄莱茵河的商路，则跃升为欧洲经贸与文化交流的新主轴[12]。

蒙古帝国的崛起更加速了此一情势。在塞尔柱帝国因内讧解体，地方强侯各自独立后，花剌子模王朝（1077—1231年）在中亚崛起，以撒马尔罕为中心，依靠着兴盛的东西贸易而逐渐繁荣，其商团甚至远征蒙古高原，其后却因处死成吉思汗派遣的通商使节团，引发蒙古军团如怒涛般的西征（1219年起），也促成了史上版图最大的帝国的成立。

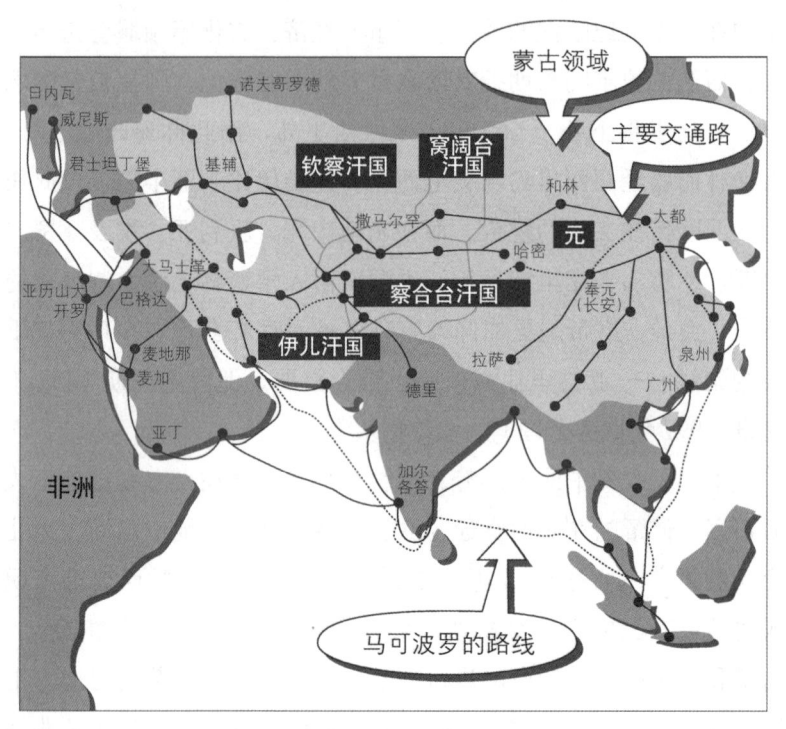

图8 蒙古帝国治下的海陆交通网络

广袤的蒙古帝国将连接欧亚大陆的主要陆路与海路皆纳入帝国的控制之下，使迄今为止并未紧密连接的"海陆"圆环自此形成统一的交通网络，并首次促成了欧亚非的历史运动，因而被视为"世界史"成立的起点[13]，也深刻地改变了伊斯兰世界与欧洲

## 第四章　西欧国家体系的冲击

的政治、经济与文化的面貌。一方面，蒙古于1258年攻入巴格达，导致哈里发政权崩溃，各地方政权相继起伏，创立了以波斯全土，小亚细亚为中心，西至地中海滨，东至印度西北部的伊儿汗国（1258—1393年），哈里发西走埃及，接受该地马穆鲁克王朝苏丹的庇护，阿巴斯王朝名实俱亡。另一方面，原本信奉萨满教的蒙古统治者，在帝国建立后采行宗教宽容政策，平等对待穆斯林与基督徒，消解宗教对立，并与基督教诸国缔结友好关系，与罗马天主教皇、英王、法王互派使臣，借以夹击以埃及马穆鲁克王朝为中心的伊斯兰势力。如此，蒙古帝国的崛起，阿巴斯王朝伊斯兰帝国的崩溃，以及蒙古帝国拉拢基督教世界以制衡伊斯兰势力的政策，打破了穆斯林对东方贸易的商业独占，使欧洲基督教诸邦得以参与对亚洲的贸易。

意大利诸港市国际贸易的发达与财富积累，加以吸收伊斯兰的丰富文化，以及阿拉伯文转译的古希腊经典，促成了意大利的文艺复兴，并经由北上莱茵河流域通往西欧的交通网络，将伊斯兰文明、古希腊哲学，以及意大利文艺复兴的新思想迅速传播至西欧。激化着天主教会与世俗文化的矛盾：伊斯兰世界向欧洲扩张及其所传入的文化，打破了教会的文化垄断权，并为欧洲世俗文化的发展开辟了道路。

此外，意大利的文艺复兴还更进一步打开了基督教的世界观与政治观。基督教神学体系创建了壮大的宇宙观与井然有序的身份秩序，"太初有道，道与神同在，道就是神"，上帝是世界的中心，他创造了自然，人类是自然的一部分，人与自然不可分割。在此一神学—政治体系的大厦中，人类并无全知的能力，但具有理解上帝创造的壮大宇宙与身份秩序的能力，此一能力即为（中世纪的）"理性"；理解秩序，服从秩序而活，此种行为亦谓之"理性"。但是意大利文艺复兴的过程中，人类的自信获得提升，以人类为中心的世界观开始形成，人类应掌握并开创自己命运的思想迅速传播。以人为世界中心的世界—政治观开始形成，正挑战着以神为世界中心的基督教会世界观[14]。

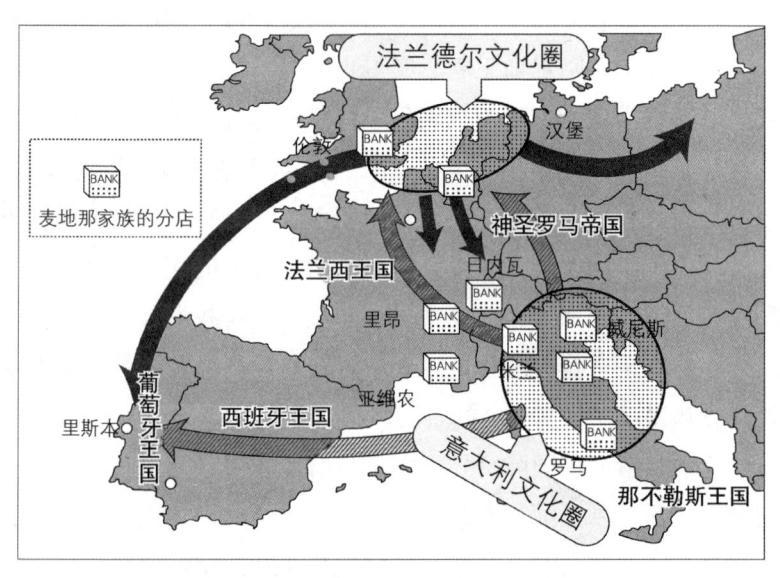

**图 9　文艺复兴的两个中心与传播**

除了世界观之外，基督教会的世俗权力也开始受到明显的挑战。以意大利诸港市与莱茵联盟为象征的商业繁荣，使欧洲经济活动的重点由农业过渡到商业，进而推动着"商业革命"，而以封建主义庄园制度为基础的中古世纪欧洲也渐次崩坏，近世国家乃至市民生活开始成长。至15世纪，即产生欧洲第一个中央集权国家——法兰西，从而为教权与王权之争准备了条件。再者，商业都市发达与商品流通，则使罗马教皇的垄断权（papal monopoly）成为政治斗争的焦点。罗马教皇对治下教民收献纳金等税，自然是想永久将欧洲固定在封建经济制度之下以永固其支配。于是，拥有商业化都市的德意志，最先起来反抗罗马教皇的支配权，以反旧教运动形式争取经济自由，形成基督教的异端运

## 第四章　西欧国家体系的冲击

动与正统派之争。异端运动具有下层民众革命运动的性质，对此，恩格斯曾指出："一般针对封建制度发出的一切攻击，首先必然就是对教会的攻击，而一切革命的社会政治理论，大体上必然是神学异端。为了要触犯当时的社会体制，就必须先从制度身上剥去那层神圣的外衣。"⑮

这场以经济动机为本质，外观上表现为宗教冲突的政治斗争，日后演变成马丁·路德的宗教改革（1517年），激起天主教廷的反宗教改革运动，并使欧洲的宗教改革态势复杂化⑯。

欧洲商业革命带动着欧洲对外贸易的兴盛，欧洲列强积极谋求对外发展，但蒙古帝国的分裂、解体与奥斯曼土耳其帝国的快速崛起，使穆斯林再度控制着东地中海及东方贸易。贸易所得的关税，连同征服而来的土地税与人头税，构成了奥斯曼土耳其帝国财政的主要来源。为了垄断贸易所得，奥斯曼土耳其帝国当局采行禁止欧洲人通行尼罗河以东的政策。1453年，奥斯曼土耳其帝国攻灭东罗马帝国，导致意大利丧失东方贸易的商业根据地，更给意大利的东方贸易带来打击。此后，意大利商人只好向埃及穆斯林商人购买亚洲商品（特别是香料），再转卖至欧洲各国。

东罗马帝国为奥斯曼土耳其帝国所灭一事，再度冲击着"基督教世界"的世界观。天主教皇庇乌斯二世（Pope Pius Ⅱ，1458—1464年在位）转而创造出"基督教共和体"（Respublica christina）的概念来强化西欧基督徒的自我认同，并在历史上首次采用特殊的形容词"欧洲的"（European）来区别"基督教世界"与非"基督教世界"⑰。换言之，这是继承先前的二元对立世界观——"基督教欧洲"对"异样世界"——并开始将重点转移至强调"欧洲的"特殊性。

信奉伊斯兰教的奥斯曼土耳其帝国不仅成为"欧洲／基督教

世界"界定自我认同所不可或缺的"他者",而且在实际上阻碍着西欧向地中海的扩散。为了打破此局势,西欧诸国开始寻求其他路径,对控制东西贸易通路的伊斯兰势力展开"大夹箝运动"。

一方面,面向地中海的欧洲列强开始谋求向大西洋发展。日内瓦商人曾尝试沿着非洲西海岸南下以达印度,但未能成功。其后在伊比利亚半岛上成功排挤穆斯林势力(失地收复运动,1492年)的葡萄牙与西班牙,则开始经由大西洋来寻求通往东方的新航路,开启了所谓"地理大发现"时代。1492年,哥伦布的船团抵达美洲;六年后,达伽玛开启了由非洲好望角前往印度半岛的新航路。如此,在着手殖民征服美洲的同时,西欧的势力也开始由印度半岛沿岸延伸至印尼与马来半岛。

另一方面,位于莱茵河下游的法兰德尔,在欧洲商业通路主轴改变与商业革命的过程中,成为西欧世界的经贸中心。为争夺对此一区域的控制权,英格兰与法兰西爆发了百年战争(1337—1453年),战胜的法兰西自此崛起,促进了法兰德尔地方毛织物产业的勃兴。而战败且孤悬一隅的英格兰,则在美洲航路,大西洋航向的东方贸易竞赛,以及控制西欧经贸要地的竞争中都处于落后状态,因此,英选择与俄罗斯联手,谋求通过昔日蒙古帝国打开的"草原之路"——西伯利亚——来打通对东方的贸易通路,直接协助了俄罗斯的西伯利亚征服与权力崛起[18]。于是,世界交通史的新轴线开始浮出,美洲、西欧、印度、东亚的航路渐次成为主轴,不仅因此促成欧洲列强间所谓的"霸权的兴衰"[19],更在伊斯兰商旅的基础上,进一步促成了亚洲诸港市的发达,而其反面则是亚洲内奥的边缘化[20]。如此一来,有史以来一直扮演着亚洲历史动能核心的亚洲内陆部分,便渐次弱化、后进化,乃至秘境化。

第四章　西欧国家体系的冲击

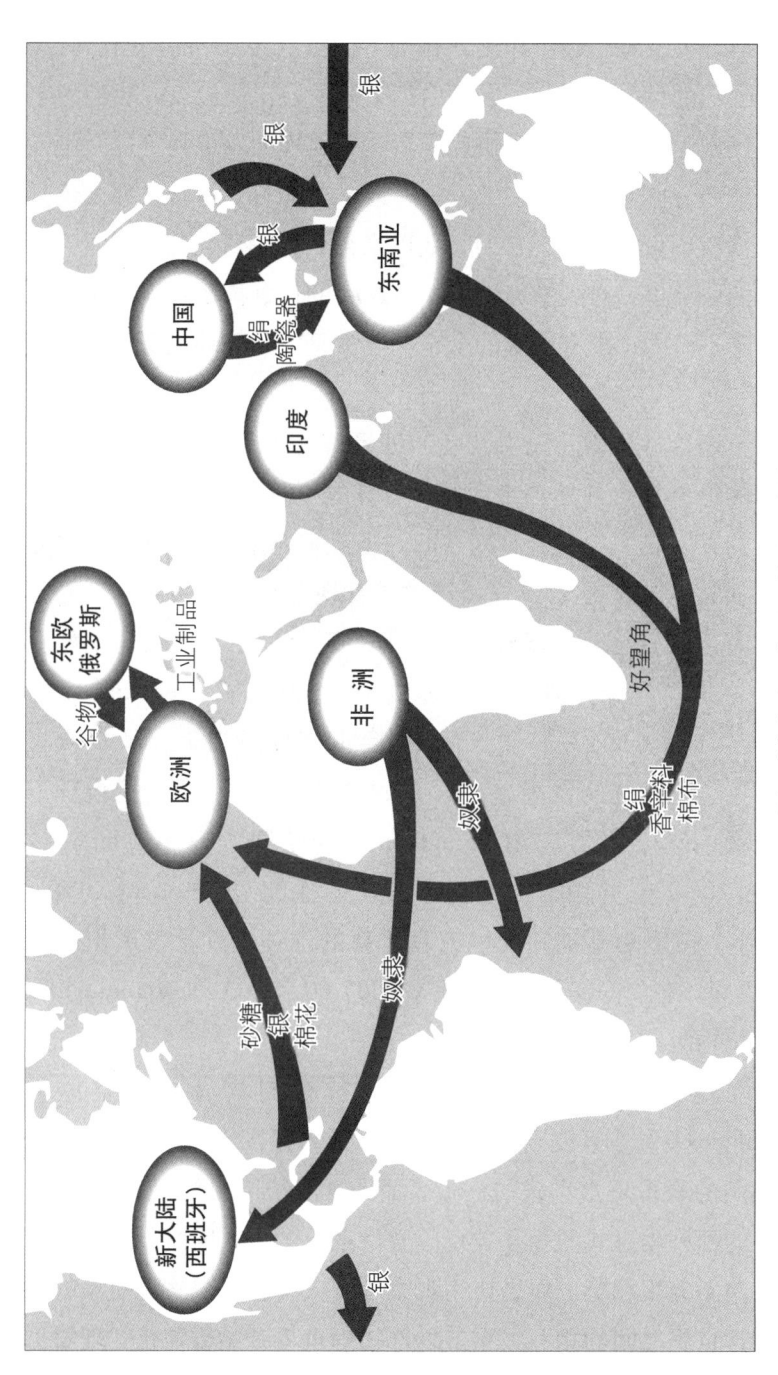

图 10　16 世纪后半期世界与欧洲的贸易路线

地理大发现打破了印度洋作为"伊斯兰之海"的局面,并加速了欧洲的世界观革命。以哥白尼太阳中心说为起点,教会的宇宙观已遭受了严重打击并快速崩溃,而地理大发现则更进一步证实地球乃一自转球体的主张——"既然地球日日运转,那么天堂与地狱就不可能坐落于它们长久以来被认为理所当然的位置;在理性的心灵里,对天堂与地狱是否存在的怀疑渐增。没有地狱的撒旦既不可能,没有天堂的上帝,至少是中世纪的上帝,也就不可信"[21]。

于是,基督教(天主教会)世界观与罗马教廷在政治意识形态的诠释权也开始连带瓦解。首先是"新大陆"(美洲)印第安人的存在,引发基督徒对《旧约圣经》"创世记"有关人类起源的质疑,其次是东南亚诸国的"发现"及历史的认识,再度冲击基督教建立在《圣经》记述上的历史理论。欧亚非以外存在着许多区域的地理认识更造成 TO 图垂直式(veritcal)宇宙志(Cosmography)——上帝与最后审判处所在上,基督教世界在中,其他怪物世界在下——的崩溃;取而代之的是地理志(Geography)、地方志(Chorography)与绘图学(Cartography),于是,以文艺复兴时代重新被发现的托勒密(Ptolemy, 90—168 年)模型为基础并加以改良,新的地理志逐渐发展出一套"世界为一体"(the world-as-a-world)的水平式(horizontal)新思考架构[22]。

在这套新思考架构中,地球被视为具有一个整体性(wholeness),有其明确界线,是一个恒常存在的星球;地球上各区域间的联系是水平式的连带,而非《旧约圣经》"创世记"所陈述的那种垂直式的相互关系。看待世界的方式因而不再是上帝之眼向下俯视综览,而是作为观察者的人类和被观察者对象的外部物理世界之间的相互关系。外部物理世界开始被物化,理解世

## 第四章 西欧国家体系的冲击

界的有效性,也不再需要来自基督教神学理论的严谨推论,而是来自于观察者的"直接观察"(direct observation)。用当代术语来说,即知识论立场上的实证主义(empiricism)与研究方法上的"田野调查"就此登场。眼中所见、感官所及,即代表着世界的真实。在此世界观下,上帝之眼被观察者的肉眼所取代,观察者本人取代了上帝的位置,他们站在空无的位置上观察世界(a view from no where),亦即从地球之外的位置来观察地球。荷兰地理学家麦卡托(Gerhardus Kremer Mercator,1512—1594 年)在 1583 年初制,1569 年完成的世界地图,即是采取这种站在地球之外观察世界地理的立场,并因此影响其后数个世纪(乃至今日),掩饰着观察者当然必须站在地球上某一个角度来观察地球与世界地理,以及观察者并非上帝,他的观察必然带有选择性等事实[23]。

然而意味深长的是,一体性的世界地理观并未带来人类具有共同(一体)命运的见解,相反的,"欧洲基督教世界"对"怪物的世界"的二元对立观却被继承下来,只是渐次将"怪物的世界"转换为满布金银财宝的未知并待冒险与征服的世界。如此"二元地理观"(binary geography)的见解便渐次被固定化,在此地理观下,未知的、"非欧洲的"世界(各区域),成为"欧洲"进行探险与征服之所在。"欧洲"成为主词,"非欧洲"是受词,联系两者的动词则是探险、"客观"观察与征服。因此,地理志的制作本身已非单纯的事物描述,甚至可能可以说是一套权力计划要来得更为妥切。换言之,绘图学的功能是将在地球上的空间(以及居住其上的人类),转移为"欧洲的"支配;地理与其被理解为名词(geography),毋宁解释为动词(geo-graphing)[24]。

但这套世界观并未切合现实的世界,因为,事实上,被视为一体的"欧洲基督教世界"本身正遭受着更深刻的分裂,而非统一。

西欧的世界观与世界交通史激变的同时，意大利诸港市商业权力的扩大也促成意大利半岛诸港市政治权力的崛起。面对着中世纪以来神圣罗马帝国皇帝与罗马天主教皇的权力式微，意大利半岛的政治旧体制已经彻底崩坏，形小而局部的地方政治权力体不断互斗的局面，并在相互兼并中形成半岛五强，即那不勒斯王国、罗马教皇辖地、佛罗伦萨共和国、米兰公国，以及威尼斯共和国。这五强皆竭尽全力想消灭对手，但却始终无法达成，结果在长期的互动中，发展出借由相互间持续的权力平衡来确保本国生存的权力运用逻辑，从而构成权力平衡为生存原理的地域性"国际"关系体系，建立起"意大利国家体系"（Italian states-system）[25]。

意大利半岛的政治冲突旋即将欧洲其他列强卷入。15世纪末，觊觎意大利财富与商业权力的法兰西国王查理八世（Charles Ⅷ）因要求继承那不勒斯王位未果而举兵入侵意大利，此举立即引起欧洲其他列强警戒，担心意大利半岛的权力平衡被破坏后，将影响欧洲列强间的权利消长。此一忧虑促使西班牙国王、英王与神圣罗马帝国皇帝派兵参战，史称第一次意大利战争（1494—1516年）。经由此一战争，"意大利国家体系"的运作逻辑开始扩散至西、南、中欧洲，其后，第二次意大利战争（1519—1559年），并进而发展成欧洲列强间复杂的宗教战争。法兰西国王法兰西斯一世（Fraçois Ⅰ，1515—1547年在位）为了阻挠西班牙国王卡尔五世（Karl Ⅴ，1516—1519年在位）控制神圣罗马帝国，进而在欧洲称霸而破坏权力平衡，于是开始导入奥斯曼土耳其帝国的势力。

奥斯曼土耳其帝国在1453年攻陷君士坦丁堡，并灭亡东罗马帝国后，便持续扩张，至16世纪初便已建立起横跨欧亚非三

## 第四章　西欧国家体系的冲击

大洲的超级帝国,并因此卷入欧洲政治。当时奥斯曼土耳其帝国在欧洲的主要对手是哈布斯堡王朝与威尼斯共和国,在亚洲则为波斯,而和这三个强权之间的斗争,也成为奥斯曼土耳其帝国在16—17世纪期间对外关系的主轴。与波斯萨法维王朝的对抗,主要是围绕在肥沃月湾与外高加索地区的控制权;与威尼斯的对抗,主要目标则是在中部地中海的控制权;而与哈布斯堡王朝的对抗,则是因为在当时的欧洲列强中,以控制中东欧的哈布斯堡王朝实力最为坚强——其东的波兰国势已衰,俄罗斯帝国则尚未崛起——因此,该王朝成为奥斯曼土耳其帝国谋求控制多瑙河流域此一经贸通道的主要障碍。此外,在当时的欧洲政治局势中,哈布斯堡王朝同时也是法兰西王权在欧陆扩张势力的障碍。

1525年,法王法兰西斯一世在巴维亚（Pavia）战败被俘,开始向奥斯曼土耳其帝国求援。当时奥斯曼土耳其帝国苏丹苏里曼一世（Suleyman Ⅰ,1502—1566年）同意出兵,一路向欧洲扩张,至1529年终于兵临维也纳（神圣罗马帝国首都）城下,后因波斯萨法维王朝侵入（今日的）库尔德斯坦（Kurdistan）与伊拉克,才迫使苏里曼一世转移焦点。对亚洲的关切,使奥斯曼土耳其帝国宰相易卜拉欣（Ibrahim Parsha）反对苏丹与法兰西缔结盟约,这与法兰西的目标——将奥斯曼土耳其帝国的精力从亚洲转移到欧洲,以便牵制其欧洲主敌哈布斯堡王朝——相左,于是便命令法兰西使节介入奥斯曼土耳其帝国的宫廷斗争。结果反对与法兰西缔结盟约的易卜拉欣被处决,新任宰相则说服苏里曼一世与法兰西缔结盟约,此一事件亦成为欧洲列强介入奥斯曼土耳其帝国宫廷权斗的滥觞[26]。1536年2月19日,奥斯曼土耳其帝国与法兰西缔结《贝尔格勒条约》,双方协议法兰西自西,奥斯曼土耳其帝国自南,共同夹击中欧的哈布斯堡王朝。再者,作为苏里曼一世对法兰西的恩赐,奥斯曼土耳其帝国同意给予法国治外法权等特许规章（Capitulations）[27]，并导入护照制度。

这一纸协约具有世界史意义。此约之前，穆斯林与基督徒早有商业往来，且在习惯上，奥斯曼土耳其帝国已根据伊斯兰的宗教宽容与宗教共同体自治原理给予基督徒治外法权的特权，这纸土法间的同盟协约，则附带使法兰西获得了此一特权。据此，法兰西人在奥斯曼土耳其帝国境内所有港市都有经商、居留、旅行与信仰自由，定居此一伊斯兰帝国境内的法兰西臣民不仅享有法兰西领事根据法兰西法律裁判的权利（领事裁判权），且在奥斯曼土耳其帝国境内旅游经商时，也可享有苏丹政府发的特许证而通行无阻，并受到地方官员的保护。这个特许证即是近代护照（passport）的起源[28]。更重要的是，治外法权制度的成立本来是伊斯兰帝国对基督徒的宽大表现，其后随着奥斯曼土耳其帝国与欧洲基督教列强的权力消长，渐渐演变成欧洲列强侵略非基督教世界的武器，也成为19世纪非欧洲诸邦遭受不平等条约待遇的根源[29]。

法兰西与奥斯曼土耳其帝国的《贝尔格勒条约》，是一纸基督教政治共同体与非基督教政治共同体所缔结的政治与军事盟约，表明法兰西对外政策中的"国家理性"的显露，意味着其政治行动脱离罗马天主教皇的宗教制约。再者，奥斯曼土耳其帝国与法兰西的同盟，直接从外部向哈布斯堡王朝施加军事压力，终于迫使腹背受敌的哈布斯堡王朝查理五世（Charles V，1519—1558年在位）不得不对内部的新兴异议势力——新教徒与商业都市集团——采取妥协策略，这成为新教徒得以在欧洲存活的重要原因之一[30]。

更重要的是，通过第二次意大利战争，权力平衡与合纵连横的运作在欧洲列强间获得确立，并成为欧洲列强的互动原理。在这场战争中，法兰西引进奥斯曼土耳其帝国的势力，清楚地呈现

第四章　西欧国家体系的冲击

出凡是企图在欧洲称霸的强权,都是向欧洲以外扩张,并由非欧洲地区吸取物质能量的特点。相对地,反对霸权而力图恢复欧洲权力平衡的强权,也学会从欧洲以外的世界吸取物质能量来使本国更为强大。因此,在欧洲列强的互动中,每当出现某一强权或是强权集团试图称霸,以及每当对这种企图反复进行抵抗以力求恢复权力平衡时,结果都是导致欧洲列强总体对非欧洲的扩张。简言之,欧洲列强间的竞争,内含着欧洲列强总体对外扩张的机制。

另外,经由"火药帝国"奥斯曼土耳其的崛起与卷入欧洲政治,也促使欧洲列强普遍警觉到导入新型火炮的重要性。几乎所有的欧洲统治者都认为,为了维持政权的生存,必须倾全力以火炮和其他武器来装备军队,欧洲军事革命于此展开[31]。遂行此一军事革命所需的军费问题,则在欧洲列强内部体制歧异颇巨的背景下,衍生出欧洲诸国不同政治体制的发展,并成为近代欧洲政治同步迈向民主与专制的总根源。军事革命也同步助长了欧洲的战争频率,并促进欧洲国际政治变迁[32],加以前述欧洲列强内部竞争具有向外膨胀的运作逻辑,为日后西欧国家体系的形成与欧洲列强的全球殖民侵略准备了条件。

## 二、西欧国家体系的成立

第二次意大利战争的终战和约,建立起"支配者之宗教得在其辖治领土范围内实施"的原则,成为日后邻邦教会制(各国国教制)的先声。但是这一纸终战和约并未彻底解决欧洲列强间环绕着宗教主张与其外衣下的世俗利益与权利的冲突;而这个冲突的火种成为日后三十年宗教战争(1618—1648年)的远因。

三十年宗教战争结束后,欧洲列强在1648年签署《威斯特伐利亚条约》，此约的目的是终战处理，确立"干涉主权国家之内政乃违反国际法之行为"的准则，借以防止列强因为宗教问题而介入他国内政，进而引爆战争。此一原则确立的结果是创造日后被称为"西欧国家体系"的新国际秩序。

在欧洲政治史上，西欧国家体系的成立是一场革命，且无论是在政治理论上或是在实践上皆然。所谓的国家体系指的是国家（state）相互关系的总和，整个体系是由许多大小不一的国家的横向关系所构成。其成立与运作乃建立在国家主权（sovereignty）的概念、国际法原理，以及权力平衡政策等三个基石之上[33]。在这个体系中的基本单位是主权国家（sovereign state），这些主权国家间的互动原理，形式上由国际法规范[34]，实质上则以权力平衡政策作为体系成员彼此互动的最核心考虑及外交活动中心。在此一体系中，没有凌驾于其他国家之上的一个强大中心，至少在法律形式上是如此，即法律上各个主权国家皆平等。

主权国家体系的特色是：这是个由主权国家组成的体系，而非由人民所构成。主权国家的国家（stato）原型是起自于意大利国家体系，后经由马基雅维利（Niccolò Machiavelli, 1469—1527年）的理论化，指涉及统治者及其统治机关的组成，而其统治对象是特定领土（territory）——不动产，并基于对于特定领域的支配，进而支配居住在该领土上的人民。国家对于此一领土及领土之上人民的总体支配，对内享有最高属性，对外具有排他性，即所谓"对内最高，对外独立"原则。以一统治者及其统治机构对于特定领土及其上之人民享有排他的、绝对的、永续的权力，在法兰西理论家布丹（Jean Bodin, 1530—1596年）于1576年出版的《国家论六卷》（*Les six livrex de la republique*）予以理论化之后，便渐次被接受后而称为主权。

## 第四章　西欧国家体系的冲击

主权国家理论的崛起，打破了欧洲政治史的大传统，并带来了革命性的影响。在古希腊城邦（poli）并立时代，是根据"属人主义"来定义世界秩序，以语言区分希腊人（Hellenes）与异邦人（barbaroi，引申为蛮族），并在希腊人之间分成200余个城邦——自由民共同体，但不包括自由民所居住的土地。当时的人常用人民称呼的复数来表示政治共同体，如称波斯的政治共同体为波斯诸民（oi Persai），雅典城邦为雅典诸民（oi Anthenaioi），埃及的政治共同体则为埃及诸民（oi Aigyptoi）等㉟。直到被马其顿帝国征服后，希腊诸邦的独立权利遭到剥夺，政治上的独立意义消失，城邦才成为单纯的城市。罗马崛起时，最初用civitas称呼政治共同体，与古希腊的polis一样，意为自由民团体，指完全享有自由民权利的罗马公民（civis Romanus）所组织的团体，即仍采属人主义。但在罗马对外扩张，对被征服区域之近邻共同体权势人物赋予罗马自由民的权利，拥有自由民权利者便未必居住在罗马，于是用res publica取代civitas，泛指整个大帝国的自由民团体，整组政治秩序的运作原理仍是属人主义㊱。此一传统后来被大迁徙而来并侵入罗马帝国的日耳曼诸部族所继承，从古罗马史家塔西佗（Cornelius Tactius，约55—120年）在其著作中以civitas称呼日耳曼诸部族的政治单位㊲来看，即表明此一属人主义的继承。

根据属人主义，日耳曼诸民在中世纪所建立的政治秩序，是以封建制度为基础的分权式多元世界。封建制度下，社会的一切权力都以土地所有权为基础，尤其是统治权，支配的理论是以土地的支配权界定人与人的关系，也就是因为支配土地，所以支配土地上的住民。因此，封建制度下虽存在着农奴制，但农奴制也是附着在土地制度上，土地支配者不得买卖农民奴隶。更重要的是，尽管土地支配的理论与法律制度已在封建制度下成形，并因此出现用来表现支配之土的领土（Land，terre，terra）概念，但在政治理论上却仍未将土地支配的概念纳入。理念上，中古世纪欧洲维持着承继自罗马帝国遗产的普遍统一性，并由广布教会组织的天主教会所担保，据此在理念上维持着基督教共同体（corpus christianum），并进一步在东罗马帝国灭亡后发展成"欧洲／基督教共同体"。但在政治生活的现实上，仍以分立的 civitas 作为基本单位。换言之，在基督教共同体的理念下，和伊斯兰一样，是以人与人的关系来界定政治共同体，从而形成理念上的属人主义，与实际运作上的属地主义保持二元差距。

伴随着封建制度的长期施行，支配土地从而支配领土之上住民的原理，渐次在欧洲获得巩固，而新的王国（regnum）概念也跟着在现实的政治生活中登场，指涉着世俗统治者与被统治者共同组成的政治单位。简言之，无论是古希腊的城邦、中古世纪欧洲在理念上的基督教共同体，抑或是现实上封建诸侯分立的 civitas，都是包含政治单位全体成员的整合型概念，意味着包含统治者与被统治者双方的政治社会或政治共同体（community）。在理念上，统治者与被统治者皆顺服一个普世的法律秩序（universal legal order），此一法律秩序的权威基础来自以教会为中介的上帝律法，而上帝的律法则超越特定的地理范围与政治单位（至少在"基督教欧洲"境内）。

政治单位的界定也极为多样，存在着各式各样的政治共同体：小王国、公国（principalities）、公爵领地（duchied），以及其他自治体（享有免税特权与豁免权的教会、修道院、独立城市、行会、大学、庄园等），这些政治单位内的住民不但忠诚重叠，法律与政治支配也相互混杂⑧。事实上，在15世纪末，欧洲约有500个多少享受独立的政治单位⑨；在这些共同体内，组织的内部（"国内"）与外部范围并无明显区划，"公共领土"（public

## 第四章 西欧国家体系的冲击

territories)与"私有地产"(private estates)之间也无明确的划分。分歧与零散的封建统治系统,经由法律、宗教与社会传统及制度来维持其理念上的团结与一致性[40]。尽管领地的概念与运作使土地支配呈现分散状态,但并无主权国家那种排他的所有权概念[41]。

但是"国家"(State)的兴起打破了这个大传统,在欧洲基督教共同体理念与封建诸侯并立的政治现实上,宗教改革的勃兴打破了担保着理念上基督教共同体之普遍性的天主教廷权威。绝对主义君王的兴起,着手压制领域内的多元要素,从而确立了国家概念的实体。

国家的新概念源自于意大利语"lo stato",本意指权势、拥有权势的人,或是权力机构[42]。State的成立,使"政治"的内容出现根本性转换,"政治"的意义也因此而改变。在此之前,所谓的政治问题乃是指在被赋予的秩序中,如何维持此一秩序的再生产问题,因而政治问题乃是与共同体成员全体相关的问题,政治的内容也是由政治共同体全员构成的。随着国家概念及其实体的成立,割裂了统治者与被统治者的脐带,再通过马基雅维利划时代的理论开拓,政治问题于是变成单纯的权力支配问题。马基雅维利称政治问题为国家(stato)的问题,并视国家的问题为支配需要创建的支配机关或装置等相关问题,因而被支配者并未被视为此一stato(state,Staat,Etat)的构成成员,政治不再是人类共同生活的问题,而是如何运用/耍弄权力等技术与手段问题[43],这套理论——《君主论》——也为绝对主义的进程打开了思想上的道路。

因此,国家这个新概念出现不久后,便与当时正兴起的绝对主义王权以及与之相伴而生的新创概念——"主权"——相结合。于是,绝对王政与主权的概念取代了中古世纪欧洲的基督教普遍共同体概念，创造出作为近代（modern）特有之政治生活单位的"领土国家"（或领域国家）。在这个转变过程中，主权国家重新界定了私有财产权的概念，其核心内涵为排他性，即排除其他人／组织／国家拥有该主权国家所支配之领土内的所有权，无论是土地、资本，抑或劳动力。再者，公私范围的区分概念也被制度化，父权支配在作为私领域之核心的家庭内获得强化（如财产继承的男性专利权）[44]，而国家的公权力则用来强化与正当化排除外部（国际）干预与控制内部（国内）的各种社会关系[45]。所有权据此被理解为是可以自由保有的权利，不必对他人或神负责[46]。随着绝对主义君主的统治日趋强固与主权概念的兴起，主权国家的领土不可分割、领土属于国王或女王的概念渐次被固定下来。在这层意义上，"国家"成为"王室的不动产"，而课税的意义只不过是将国王的财产从某地移往某地[47]。

主权国家的崛起与欧洲的军事革命和商业革命密不可分。自15世纪起在欧洲发生的军事革命、火器的进步，尤其大炮的发明，使城垛丧失防卫功能，商业都市战略丧失意义，因而在防卫思想上必须讲求京畿之外的前方防卫（forward defense），于是防卫力所及的极限处，便构成国境线的概念[48]。而在边界之内，统治者运用官僚制度（前身为管理王室财产的私人机关）来管理作为王室不动产的整个领域，并运用制度化暴力的常备军（当时是陆军）夺取与保卫不动产／领域，并搭配着领域国家单位的政治意识形态——国教——来统合被统治的人民。简言之，主权是一种军事力量的排他性所有权，在绝对主义王政时代，这个所有权属于国王，法王路易十四的名言"朕即国家"（L'Etat C'est moi）即为此意。

统治者与统治机关的国家（政府）、国家支配对象乃是特定领域及居住其上的人民，皆成为主权国家的必要条件；但尚需有

## 第四章 西欧国家体系的冲击

其他主权国家的承认,方才可称之。主权本身并非只是单一国家的事务,而是一种国与国之间的安排,单方面宣布拥有主权国家地位,并不能顺利成为主权国家,而是必须获得其他主权国家,尤其是西欧国家体系内主要强权的承认[49]。主权只能存在于相互承认彼此的诸国中,这些国家彼此承认对方在体系中存在的正当性与合法性,并据此承认对手国在其特定领土内享有不容外部干涉的权利。在给予承认,特别是给予体系新成员承认的过程中,体系的既有成员享有优势,因此,西欧主权国家体系的运作尚蕴含着承认政治(the politics of recognition),是否给予承认成为一种权力,而获得承认则是主权作为一种国际能力的前提。当自我认定与外部承认不一致时,极易产生所谓的认同政治(the politics of identity)。

因此,西欧主权国家体系是一个接受不同不动产(领域)之复数主权(政治权力)的存在,承认彼此对领域及其上人民之支配与管理不动产模型的体系[50]。这显然是一组建立在"属地主义"原则上的新世界秩序观,而建立在此一世界政治观基础上的西欧主权国家体系,是诸主权国家间横向并列关系的总和,是离心的横向秩序[51];位于此一体系中的主权国家,本身就是最上位的政治单位,其上再无其他的上位体系[52]。要在这个体系中生存,首先必须取得"参赛资格"——主权国家地位,如被某一主权国家或帝国所支配的各种次级单位(如宗教共同体)以独立的方式取得主权国家的地位。取得主权国家的地位之后,还必须不断提升本国的权力,并操纵权力平衡原理来确保本国的生存、安全与发展。为此,必须对内进行积极的人力物力培养与动员,对外扩张领土与治下人口,包括对邻近诸国的扩张和在欧洲之外寻求扩张。在主权国家的逻辑下,不论是在欧洲经由继承或战争兼并,抑或在欧洲以外的地区运用暴力征服与掠夺新领土,都只意味着王室领地的增加。于是，主权国家体系的出现，便成为欧洲对外殖民扩张的必备工具[53]。

简言之，西欧主权国家体系的运作逻辑具有三重性：体系成员间的承认政治与认同政治，体系内部的结构性竞争，以及体系对外部不断膨胀的动力。这组运作逻辑产生的结果是在欧洲内部加深列强的对立、分裂与重组，对外则使西欧国家体系不断从西欧膨胀开来[54]。1648年，西欧国家体系成员仅有签署《威斯特伐利亚条约》的一批西欧基督教国家，1721年将俄罗斯帝国纳入，1783年再将美国纳入。在此一扩张过程中，西欧主权国家体系与东亚华夷秩序观那种强调上下等级向心秩序的体系相互对立。这种对立，随着西欧主权国家体系对外扩张而不可避免，且第一个接触到的，本身拥有完整世界政治秩序观的国际体系，正是在欧洲的权力斗争中被法兰西引以为外援，以奥斯曼土耳其帝国为核心，以及另存在波斯萨法维王朝与印度莫卧儿两大帝国的伊斯兰世界体系。

然而，西欧主权国家体系的出现与确立也造成理论上的新难题。主权国家体系的理论是在宗教战争的血泊中诞生的。宗教战争撕裂了欧洲基督徒间的共同体连带感，而主权国家体系的理论又进一步承认此一撕裂。如此一来，欧洲便无法再借由宗教（基督教）连带感来伪装彼此的共同性。更何况欧洲主权国家体系的结构性军事竞争压力，非但造成战争的制度化，更加深各国的对立与基督徒连带感的丧失；而各国的绝对主义君主为了强化治下人民的政权认同，也鼓励这种连带感的断绝（国教即为显例）。"欧洲""基督教共同体"已随着主权国家体系的撕裂而被摧毁，既不存在文化意义上的"欧洲"，也没有共同性可言。若用更尖锐的方式来表现，即不是伊斯兰世界体系在西欧的出现等地理欧洲之外的力量，而是来自地理欧洲之内的绝对主义君主制主权国

## 第四章　西欧国家体系的冲击

家体系,自行摧毁了"欧洲"与"基督教共同体"。

此一摧毁连带导致地理大发现时代以来的"二元地理"观的崩溃,亦即"欧洲的／非欧洲的"、"基督教的／非基督教的"二元世界地理观的崩溃。一旦二元地理观崩溃,西欧主权国家在世界各地的征服、掠夺与支配也将丧失其"理论"的基础。如此看来,主权国家体系的崛起从一开始就为其外部征服与支配带来了意识形态的危机。这一场意识形态的危机,最终则是经由"文明"(civilization)概念的导入与相关论理的建构来克服的。

"文明"的概念源自于西欧绝对主义体制内部不同社会团体的紧张与对立。伴随着法兰西王权在15世纪末、16世纪的壮大,1500—1525间开始出现"殷勤"(civilite)的概念,用来指称法兰西宫廷圈统治集团的风尚,以有别于宫廷之外之社会大众的"粗鲁不文"(barbarism)。其后,英格兰与德语区也开始出现类似的概念(civility,Zivilitat),并在语意上扮演着同样的功能角色[55]。

随着绝对主义王权的扩张与开明专制的政策导入,"殷勤教养"变成动词,并且创造出新的动词"文明开化"(civilize)与分词"被教化"(civilized)这两个新概念,在16、17世纪开始被使用,意指一种关于思想、技术、道德和社会进步的世俗理想[56]。换言之,文明开化就是启蒙(enlighten)——以汉字文化圈读者熟悉的字眼来说,就是王化概念——政治力量促使社会各阶层向王室宫廷圈的支配集团学习、看齐与同化。

这些概念成为名词型"文明"(civilization)概念的前身。1766年,"文明"一词正式出现在法兰西的出版品中[57],借以取代"宫廷化"(courtoisie)与"殷勤教养"等概念,并很快地向西欧诸国传播开去。如此,"文明"一词既带有名词的范畴意义,即用来区别宫廷风尚与民间的"粗鲁不文";又带有动词的行动意义,用来指涉一个带有目标的行动过程(文明开化)[58]。此一用语的转变,亦即从带有强烈宫廷性格的"宫廷风"和"殷勤"转为未在字面上明白表示宫廷风格的"文明",其社会学背景是法兰西部分布尔乔亚富豪凭借着财富打入宫廷并竞相模仿其风格,使得宫廷风尚不再只是宫廷贵族阶层的专利,因而改以涵盖层面较广的"文明"来替代。

相较于法兰西部分资产阶级得以进入宫廷参与政治决策过程,德语区的都市资产阶级却仍被排除在宫廷之外,于是他们发展出"文化"(kultur)的概念来和"文明"相抗衡,以"文化"歌颂百姓的诚恳与正直,借以拒斥"文明"所代表的宫廷的矫揉造作和虚伪诈欺[59]。

作为一个新创的概念,"文明"预设着一些明示与暗示的前提,借以区隔"文明"的成员与非成员,并规范成员之间与非成员之间的互动[60]。

在主权国家体系自行摧毁了文化意义上的"欧洲"与"基督教共同体"后,基督教的理论陷入了史无前例的危机。不仅建立在《旧约圣经》基础上的地理观——宇宙志已被扬弃而代之以地理志和绘图学,连《圣经》的历史观,建立在"乐园—失乐园—终末(救赎)"基础上的"普遍史"(universal history,即万有史)也遭到一连串的冲击,最终在18世纪下半叶被法、德的启蒙主义"世界史"(world history)所取代[61]。值得注意的是,新的"世界史"概念保留了《圣经》所提示的进步史观,并渐次发展成古代—中世—近代的历史发展图式[62]。这个图式加进了"启蒙"与"文明/文明开化"的内涵,游牧民入侵的"中世"(medium aevum,原意为"中间的时代")被描绘成黑暗时代,而"近代"则被描绘成文明开化与理性发展的进步时代[63]。

此外,这套"世界史"的进步史观(时间观念)尚与"文明"

## 第四章 西欧国家体系的冲击

概念相互结合而被空间化／地理化。"文明"指涉着一个地理区域，即在文明（civilized）的宫廷里，享受着殷勤风尚（civilite）的绝对主义君主的领土——主权国家体系所构成的欧洲。如此，至18世纪末，新的"欧洲文明"（European civilization）的概念与理论被创造出来[64]，由"文明的欧洲"取代了"基督教的欧洲"，而欧洲之所以"文明"，是因为有绝对君主宫廷风尚，以及这些君主（及其支配下的主权国家体系）之间的一套游戏规则——"国际法"。由于西欧国家体系是在欧洲基督教列强宗教战争的血泊中产生的，君主主权国家间彼此的共识是正义（在基督教，其最终的基础是上帝）与（世俗）权力的分离，因而西欧国家体系的国际法原理，预设着体系成员对宗教、政治的关系，也就是世界政治秩序观的基本立场——不得以神的神圣名义干预主权国家的运作，唯一的神圣来自王室，包括王室财产继承的父系继承权，以及王室所有权（领土）的不容（平民）侵犯。

作为一种人为的地理区划，古希腊人最早使用"亚洲"一词，原意指称太阳升起的东方（the East，Orient），当时主要是指古波斯帝国。18世纪以来，伴随着西欧诸国的全球殖民扩张，以及与此相应的地理学发展，建构出"欧洲文明"与（"落后"）非欧洲地区的地理线，因而欧洲与亚洲的"界线"也逐渐被固定化：以乌拉尔山、乌拉尔河、高加索山作为欧洲与亚洲分隔的想象界线，自此成为人们区划欧亚两洲的公式。

如此，至18世纪末，西欧国家体系发展出"文明欧洲"的概念来取代已被其摧毁的基督教共同体的连带感，并据此将地理大发现时代以来的"二元地理"观保留下来，形成"文明的欧洲"与"不文明的非欧洲"对立的论述，并促使以非欧洲地区"文明开化"来合理化其对外的征服与殖民。"文明"成为欧洲国家体系的新认同，"文明欧洲"则成为他们对外进行殖民侵略与征服掠夺的新理论武器。相对于"欧洲·文明",欧洲国家体系以外的其他区域,就成为"文明未开",仍处于"中世"的"野蛮·落后"地区[65]。

随着欧洲主权国家体系的向外扩张及殖民,世界地理便带有时间动态流程的历史过程,即"不文明的非欧洲"渐次接受"文明的欧洲"之各种国际法规范。进一步,为了对这种"欧洲·文明开化"与"非欧洲·文明未开"的二元观进行理论上的诠释,一套以类比法/比较法为基础的"社会科学"论述便被开拓出来。这套比较研究的论述具有下列三个阶段性的特殊技法:第一是将非欧洲区域的某些性质予以本质化(essentialize),即确认非欧洲地区的各个社会内的某一性质,并将此一性质描绘成该社会之核心特质,如以种姓制度代表印度,以黑手党代表意大利等。接下来便是异国化(exoticize),即将焦点放在"欧洲"与"非欧洲"的某些特殊的差异点上,以此作为进行比较的标准。这个技法联系着第三种技法——将比较予以全体化(totalize),也就是将考察特殊差异的比较结果当成欧洲/非欧洲的本质性差异,将差异绝对化[66]。

尽管在方法论上,建立在"从特殊到特殊"此一方法基础上的类比/比较法,其逻辑效力不若"从普遍到特殊"的演绎法或"从特殊到普遍"的归纳法,尤其通过本质化、异国化、全体化等三次"将特称命题宣告为全称命题"的程序后,逻辑效力更低,偏见效力更大,但以比较研究为基础的各种论述却开始支配着欧洲国家体系(及后来的美国与俄罗斯)诸国知识人对非欧洲地区的研究与判断。这套论述以韦伯(Max Weber)著名的宗教社会比较研究最具代表性,但并非只有韦伯——迄今,这套方法仍深刻影响着欧美日俄学界,及其他"非欧美"的知识人。简言之,西欧国家体系根据其特有的运作逻辑与原理,使体系的整体力量逐

## 第四章　西欧国家体系的冲击

渐增强并且不断对外膨胀，凭借着优势的军事力量以及国际法游戏规则中核心的"文明"理论武装，渐次与其他的世界体系直接接触，并在世界观上直接对立。地理上的近接性，使欧洲国家体系的理论首先冲突到伊斯兰世界。由于文明概念的导入，使这场冲击并非只是要求"非欧洲"的土地与人民在肉体上被征服与支配，更要求其精神与思想也必须向来自西欧的征服者看齐与效法[67]。这就预设着遭受欧洲国家体系诸国殖民的各地区人民，必将经历一场人类史上罕见的、带有全球规模的"认同危机"。

## 三、伊斯兰帝国的衰退

15世纪，奥斯曼土耳其帝国处于权力上升阶段，16世纪时，国势便达顶峰。除了伊朗和阿拉伯半岛的内奥部分外，版图几乎涵盖了今天整个中东，包含了地中海的北非部分、巴尔干半岛大部分、希腊、土耳其、克里米亚半岛、格鲁吉亚与亚美尼亚，其兵力甚至抵达维也纳城郊，因而对于奥斯曼土耳其帝国来说，当时"欧洲"的地理定义是从大西洋滨始，东至维也纳。

但在1571年希腊附近雷庞多湾（Bay of Lepanto）海战中，奥斯曼土耳其帝国260艘舰艇组成的舰队，九成遭到威尼斯、西班牙、热那亚与教皇国组成的208艘联合舰队击溃，致使穆斯林渐次丧失了地中海海权。与此同时，因"地理大发现"致使葡萄牙、荷兰、法国、英国在16、17世纪先后前往印度洋经营东方贸易，在海岸地带设置殖民地，彻底打破穆斯林对印度洋的贸易垄断，使奥斯曼土耳其帝国的财富与权力遭到腐蚀。17世纪，奥斯曼土耳其帝国渐次丧失对欧洲的军事优势，1683年，奥斯曼土耳其帝国以20万大军侵入匈牙利平原，围攻维也纳，引爆长达10余年的奥地利战争（1683—1699年），败北后在1699年签署《卡尔洛维兹（Carlowitz）条约》，结束了奥斯曼土耳其帝国对哈布斯堡王朝近200年的军事压迫。此份条约的签订，连同1718年的《巴萨洛维兹（Passarowitz）条约》，"明白表现与确认"奥斯曼土耳其帝国在欧洲势力的退潮[⑱]。此后双方关系逆转，奥斯曼土耳其帝国从攻势转为守势。

奥斯曼土耳其帝国对欧洲国家体系列强的势力逆转，截至18世纪中叶，主要源自帝国本身的衰弱——帝国的支配逻辑酝酿着中长期慢性衰退与分解的结构性趋力。奥斯曼土耳其帝国成立的基础是军事征服，通过征服扩张而发展成控制着东西海陆交通中枢与贸易通道的巨型帝国。整个帝国的财政基础来自于对农业剩余价值的汲取与都市定居民纳贡的剥削形式。帝国当局对农民的税课，以及对都市生产及贸易的直接掌控，构成了帝国财政的根本来源。整个纳贡体制的支配方式，使帝国当局与被支配者欠缺改善农业或手工业生产的动机。由于帝国支配与财政的最终基础仰赖于巨大的军事组织，亦即半永久化的军事征服，因而在结构上，整个帝国就像是一部"掠夺机器"[⑲]。这部机器的运作机制构成了帝国早期扩张的力量根源，但同时也成为帝国中晚期衰退的主要来源。

对外征服与由此而来的外部积累构成了帝国财政的主要来源，而且是维持整个帝国军事与行政活力的动能所在。当外部征服遭遇到阻碍（向北遭遇欧洲列强，向东遭遇波斯）时，帝国财政来源就只能往赋税承包着手（如本书第三章第一节后半部分所述），结果导致农民承受的压力大增及地方诸侯权力的崛起。最初，赋税承包制仅具有农民与非继承性格，但发展至17世纪末，赋税承包的地方已经全面世袭化，并且拥有自己的军队来控制地方，但因为帝国当局日益仰赖来自地方诸侯向下收取苛捐杂税后的贡税上缴，这个制度也在长期内腐蚀了帝国当局的权力。当政

## 第四章　西欧国家体系的冲击

治权力日益商业化，不可避免地导致帝国当局对地方诸侯的控制力大降，以及地方强侯彼此间为了争夺势力范围而带来的冲突。对地方强侯来说，扩张本身的权力，便意味着必须要挑战与篡夺中央的权力，并且伺机兼并其他的地方诸侯。19世纪末的穆罕默德·阿里（Muhammad Ali）在埃及的崛起即是一例⑳。

简言之，奥斯曼土耳其帝国在帝国征服后整个支配体系的自然趋势，"总是退化成为寄生型的赋税承包"㉑。不仅奥斯曼土耳其帝国如此，其他两个伊斯兰帝国——波斯萨法维王朝、印度莫卧儿帝国，全都陷入了此一模式，导致三大伊斯兰帝国在18世纪时即遭受明显的体制危机。

莫卧儿帝国在阿克巴大帝（1556—1605年在位）时代国势臻于高峰，不仅完全确立帝国的支配体制，领土亦扩张至德干高原，建立印度自孔雀王朝阿育王以来的大一统帝国。其后三代，即贾汉吉尔（Jahangir, 1605—1627年在位）、沙贾汗（Shahjahau, 1628—1657年在位）与奥朗则布（Auranzeb, 1658—1707年在位）时代，莫卧儿帝国维持着相对安定，领土并扩展至印度半岛南端，但其衰退崩解之势已渐出现。

与其他伊斯兰帝国相同，莫卧儿帝国的基础亦建立在农业剩余的汲取与都市定居民的纳贡上。小农耕种是整个帝国农业的压倒性生产方式，但帝国并未直接统治个别的农民，而是以村为单位进行课税。个别农民隶属于村，村之上为郡、县、州等。地税由村长负责征集，再层层上缴㉒。由于理论上整个帝国的土地皆属皇帝的私产，因而作为实质地主的村郡县州长官在法理上并非土地的所有人，而是皇帝的代理人，仅负责征税与监督、镇压人民。除地税外，尚有通行税、住宅税、放牧税等各种名目的苛捐杂税。

在阿克巴大帝时代，平均地税率为农民收成的1/3，但在一个世纪后的奥朗则布时代则已跃升至五成之高，迟缴税额的农民必须遭受鞭笞，甚至被迫贩卖妻子偿税。帝国的行政与军事组织的运作造成了地税的增长，更增加了农民负担。莫卧儿帝国皇帝同时握有最高的行政与军事权力，是帝国的最高权力者，并且也是中心的立法者与实际上的法律泉源。在皇帝之下的所有军人与行政人员，则根据等级位阶制度编制名录，并据此受领帝国的俸禄。整个帝国划分为15至21个州（数目历代稍异），初期皆由军队司令官担任州行政长官，郡县级的行政长官乃至行政官员亦多来自于军队，军事统治的性质极为显著。军队依照作战功能分为五大类别，但在管理上，仅禁卫军直属于皇帝，其他则归地方大小武将管辖，平时维持地方统治，战时出兵协助皇帝镇压叛乱或对外的征服行动。因此，地方行政长官与军队司令身份重叠，拥有自己的军队并负责征税等行政管理业务，并仰赖中央给予的俸禄与暂时委托的领地税收来维持其军事与行政组织，结果，为了争取更多财源与扩张自己的权力，地方行政长官经常扩增位阶制登录官员与兵额员数，中长期后便造成中央政府财政不足与迟发俸禄，于是只好不断增税，因此，加重了农民的负担㉝。

　　这个拟似军事封建主义的体制安排不仅造成中央财政的破绽，更因不断加重农民与都市住民的税课而造成经济疲敝，并且激化农民的逃亡与叛逃。在17世纪下半叶，农民武装反抗事件即不断发生，但全数被地方武将率领的兵团所镇压。由于地方武将与其下属士兵有扶养恩俸关系，因此，在政治上形成强固的恩扈主从关系，于是当中央权威渐因其财政能力破绽而失势，农民反抗又使武将的镇压角色更形重要时，武将的地方割据趋势便难以避免。至此，莫卧儿帝国的分解趋势，已在这个伊斯兰帝国的内部结构中酝酿成熟。

　　首先对帝国统治予以重击的是马拉提部族。由于奥朗则布时

## 第四章　西欧国家体系的冲击

代更改阿克巴大帝以来的宗教宽容与融合路线，改行严守伊斯兰逊尼派立场的政策，下令破坏大多数印度教寺院，导入禁止印度教徒骑乘阿拉伯马的差别待遇，并且对印度教徒课征人头税，急剧深化了印度教徒对帝国的敌对心，使印度教徒的马拉提部族活动与势力范围急速扩大。

马拉提部族居住在德干高原西半部，由于地理特性使然，德干高原在印度史上一直享有明显的独立性，马拉提部族所居住的西半部，其地理特性更为显著：山脉沿着南北海岸绕行，其间横亘着起伏的丘陵地形，地缘战略上易守难攻，但耕地贫瘠，一定的人口成长即构成对外扩张的压力。17世纪中期，马拉提部族便开始向周边区域展开掠夺活动，支配领域渐次扩大，引起莫卧儿帝国当局警戒并派兵远征，但马拉提部族联军一遇战局不利便退入丘陵与山丘地带，避免大军对决，改行游击战，伺机从后方奇袭远征军，并切断其辎重补给线，使帝国当局的远征大军无法发挥擅长的平原决战优势，镇压行动迟迟难收显效。

1707年奥朗则布逝世，由于皇位的继承缺乏惯例与制度性安排，再度引发诸子争位而导致内战，马拉提部族则趁此时继续扩张势力；另一方面，由印度教派发生的改革教派——锡克教徒也趁势在德里的西北部崛起，并在旁遮普建立独立政权。其后，穆罕默德·夏（Muhammad Shah，1719—1748年在位）继位，派遣总督前往德干高原镇压马拉提部族，但总督却趁机在海德拉巴德自立尼萨姆（Nizam）政权，接着孟加拉、乌督、恒河流域以北等地也纷纷自立，莫卧儿帝国的分解命运已难挽回，因而，为法国以及更重要的大英帝国在18世纪从海洋向印度半岛扩张殖民预备了条件。但真正给莫卧儿帝国致命的一击的，却是阿富汗的崛起。

定都于赫拉特的帖木儿王朝于1506年结束后，构成今日阿富汗领土的广大地区便成为三个新兴帝国互相争夺之地：突厥系乌兹别克部族在中亚的夏伊邦帝国、波斯萨法维王朝，以及印度莫卧儿帝国。

于是，此一区域成为四战之地。夏伊邦与莫卧儿争夺巴达赫襄（Badakhshan）于北部地区，并与萨法维争夺赫拉特的控制权，莫卧儿则与萨法维争夺以坎大哈（Kandahar）为中心的南部区域。萨法维王朝以什叶派伊斯兰为国教，借以与西邻强敌奥斯曼土耳其帝国及东邻对手夏伊邦这两个逊尼派王朝区别，借以巩固内部团结[74]。因此，夏伊邦与萨法维两个帝国对阿富汗土地与人民的所有权与统治权之争，便同时带有宗派冲突的色彩。尽管双方冲突以世俗的权力与财富为标的，部族差异也是部分原因，但两者皆以伊斯兰宗派来合理化其斗争。随着斗争的长期持续，什叶与逊尼两大宗派的宗教情感，便被极端地政治化[75]。

三大帝国的争战使得赫拉特与坎大哈等大城及其邻近地区均遭受严重的破坏，尤其当支配权易手时，蹂躏更形剧烈。其结果便是造成阿富汗区域成为三大帝国的征战前疆，导致经济、社会与文化的严重衰退，都市中心与商业阶层严重萧条，多数伊斯兰学院与乌拉玛丧失其获赠的地产，大量的当地学者、艺术家与诗人前往莫卧儿帝国宫廷、布哈拉与撒马尔罕等文化中心避难与另谋出路。

除了战乱之外，地理大发现及其后续的发展，则更进一步使地处亚洲内奥的阿富汗更形孤立。这个区域的财富与文化发展长期以来都是仰赖着丝路的贸易与文化交流，当海路取代陆上丝路成为欧亚大陆沟通的主要动脉时，阿富汗在世界政治经济场域上的重要性便急剧下滑，经济与文化亦告衰退[76]。

延宕不绝的征服与领土分割，使不同地区住民的文化与社会差异更形显著，人口移动更显频繁，并导致部族间权力互动关系

## 第四章　西欧国家体系的冲击

变质。在夏伊邦王朝统治下的阿富汗北部，突厥系的乌兹别克部族变成统治集团，其他如原住民的塔吉克部族、哈札拉（Hazara）部族等，不仅被迫臣服，且经常遭到强制迁徙与改宗。帝国征服与由此而来的统治，主要是采纳贡形式的掠夺，但并未改变阿富汗境内各部族的生产方式、社会关系与部族内的权力结构[㉗]。在此一背景下的强制迁徙与改宗，并未带来各部族的融合，反而更加深了阿富汗境内各地区与部族间信仰上的断层带，日后这些被征服的原住部族对外来征服者展开反抗时，宗派断层线更经常成为外部强权与内部政治领袖为达其世俗目的而操纵的工具。

更重要的影响是这些帝国的竞争与支配政策，深刻地影响着普希图的部落主义，并意外地促成普希图部族的权力崛起。16世纪末—18世纪下半叶，莫卧儿帝国基本上控制着兴都库什山以南与以东的普希图部族居住区，萨法维王朝则控制着阿富汗西部地区。在两大帝国的对峙之下，普希图部族采行着不同的支配政策。莫卧儿帝国根据生态经济与地缘差异，以分而治之的统治策略，将治下阿富汗住民分为三类，以类似印度半岛种姓制度的模式进行统治。第一类是受到莫卧儿帝国最优渥待遇的普希图人，称为付税（qalang）普希图，他们主要居住在苏里曼山以东肥沃山谷与平原，经营农耕生活。第二类是山居（nang）普希图，他们的经济条件较差，在行政管理上受到帝国当局的差别待遇，地位不如付税普希图。第三类是非普希图的其他部族，被帝国当局定位在社会结构最底层，在权力关系上隶属付税普希图。此一统治策略导致付税普希图在拟似种姓制度的阶层式社会结构中，能够维持并强化其支配地位，并以帝国政府代理人身份在实质上支配着隶属非普希图部族之民。相对的，居住在生态与经济上较为边陲的山区普希图，则经常对莫卧儿帝国的统治展开武装反抗，结果导致普希图的部落与部族意识获得强化，16世纪中晚期与17世纪，强调普希图意识的诗与文学作品大量涌现，付税普希图与山区普希图的差别也因此获得更多描述[28]。

至于萨法维王朝波斯帝国所控制的阿富汗西部地区，则与莫卧儿帝国所采行的统治政策明显有别，其中最大的差异乃是宗教政策。相对莫卧儿帝国在宗教立场上的宽容政策，萨法维王朝则强制以逊尼派为主流的普希图改宗什叶派，并监制乃至于处死不服从的逊尼派乌拉玛。和莫卧儿帝国一样，萨法维帝国在其征服区采行封建式行政管理制度，但严酷的宗教镇压却引发更多、更频繁且剧烈的反抗，致使萨法维王朝治下的阿富汗西部地区，军事统治性质更为强烈，帝国当局甚至在赫拉特与坎大哈常驻1.2万名部队[29]。

为了填补动用大量部队统治阿富汗所造成的兵力空缺，萨法维王朝一方面动员并组织普希图的军事力量，将这些军队用于维持帝国本部的戍卫与镇压任务之上，另一方面又因警戒于普希图军事力量壮大后可能产生的风险与潜在威胁，于是强制普希图部族迁徙至偏远地区进行屯垦，并且采行分而治之的统治策略，运用宗教（伊斯兰宗派）与世俗（部族与区域）差异来制造竞争与冲突，借此防范阿富汗的被统治者整合力量共同反抗萨法维王朝的统治。这种为维持帝国的分化统治手法，最著名的例子就是操纵阿布达利系（Abdalis）普希图与吉赛尔系（Ghilzais）普希图之间长期存在的部族对立[30]。这些支配政策对普希图的部族主义、阿富汗日后历史、萨法维王朝本身，以及整个区域的情势变化都产生了极为深远的影响。

长达两个世纪的帝国支配，对普希图以血缘／部族象征原理所组织的社会、经济与政治结构产生了深刻的影响，确立了普希图在阿富汗的支配性地位。无论是普希图社群抑或非普希图社

## 第四章　西欧国家体系的冲击

群,血缘连带与部族认同都是用来动员家族经济和社会生产的重要力量。在萨法维王朝与莫卧儿帝国的间接支配之下,部族共同体被当成帝国当局实行统治的行政单位,因而强化了普希图社群中以血缘与部族连带为构成原理的社会经济与政治结构。这些部族间的阶级排序激化着彼此的紧张关系,甚至演变成公开冲突,并因此促成部族间变动不居的合纵连横[61]。在冲突中,个别部族的胜负兴衰取决于人口的多寡、领袖有无管理能力、联盟政策(尤其是和外部帝国之联盟)的成功与否、支持或挑战帝国的军事成败,以及资源(战利品、帝国的酬金与土地)的分配是否能够促进内部团结而非激化对立。

在萨法维王朝与莫卧儿帝国的支配政策影响下,大量的游牧民——尤其是阿布达利系普希图部族——便逐渐定居在某一区域,并在都会区域建构起贵族统治,累积财富并向外拓展商业,为普希图的政治崛起铺平了历史道路。更重要的是,萨法维王朝动员普希图军事力量的政策,使得普希图在历史上首次建立起超越小部族的大规模军事组织,原本分立的诸部族因此渐次转型成为联盟型的部族联军[62]。如此,在两大伊斯兰帝国的支配之下,普希图部族在阿富汗支配地位的确立、部族意识的抬头,以及普希图军事力量的规模化与组织化,使普希图在日后萨法维王朝与莫卧儿帝国走向征服王朝与纳贡帝国所必然出现的衰退时,逐渐崭露头角,最终逆写了帝国当局与普希图诸部族间的相互权力关系。

1709年,被萨法维王朝任命为吉尔赛系普希图部族最高领袖(ra'is)的米尔瓦伊斯(Haji Mirwais Hotaki),利用萨法维王朝实施强制改宗政策所激起的民愤,在坎大哈实现独立,其子马赫穆德(Mir Mahmud)于1712年率普希图兵团攻入萨法维王朝首都伊斯法罕(Isfahan),萨法维王朝灭亡。之后,王朝的边境驻军司令纳迪尔（Nadir Shah，1736—1747 年在位）率领波斯兵团回击伊斯法罕，驱逐普希图军团，于 1736 年在波斯建立阿夫夏（Afshar）王朝，并于 1738 年领兵东征，在阿布达利系普希图骑兵队的协助之下，击溃吉尔赛系普希图部族联军，下坎大哈，并于 1739 年重建波斯帝国对整个阿富汗西部的支配，之后继续挥军前进，击败驻在开伯尔隘口的莫卧儿守备军，夺取白沙瓦（Pershawar），攻掠旁遮普，克拉合尔（Lahore），至卡尔莫尔（Karmal）与莫卧儿大军决战，初尝败绩，遂转进邦尼巴（Pantipat），占领德里、劫掠莫卧儿帝国皇宫，尽括皇宫宝藏（包括孔雀王朝皇冠）后班师波斯，于是印度河西岸之地尽为波斯所有，莫卧儿帝国自此丧失对阿富汗南部的支配权[83]。

但纳迪尔本人在 1749 年遭到其侍卫长暗杀，阿夫夏王朝终结，波斯再呈纷乱，普希图部族趁机再求独立，于同年 10 月在坎大哈附近的红狮村（Sir Sorh）举行部族大公会（Loyal Jirga）[84] 商议选出新的领导人，团结各部族以争取独立，结果由纳迪尔昔日部将，阿布达利系普希图骑兵队司令官，年仅 25 岁的阿布达利系萨多赛（Saddozai）氏族领袖阿赫玛德汗（Ahmad Khan Adbali）出线为王（1747—1773 年在位），并获得"杜兰尼"（Durani，"珍珠中的珍珠"）封号，建立杜兰尼王朝，从此巩固了阿富汗独立的地位，是为近代阿富汗独立国家之"父"（Ahmad Shah Baba）。

阿赫玛德汗曾率领阿布达利系普希图兵团协助纳迪尔征服吉尔赛系普希图，而他在吉尔赛系普希图兵团与乌兹别克部族兵团的支持下，经由部落大公会获得政权正当性的事实，说明了这个新兴政权的本质，是以长期存在着深刻矛盾与宿怨的诸部族所组成的同盟体，要维系此同盟体于不坠，巩固新的独立政权就必须在不撼动各部族既存权力结构的前提之下，寻找继续维持各部族

## 第四章 西欧国家体系的冲击

愿意在单一政权下合作的利益黏结剂与意识形态。

于是，这些考虑便具现为杜兰尼王朝的统治架构与政策。阿赫玛德汗政权统治架构的原型，乃承袭自他最熟悉的波斯帝国经验。其宫廷、官职阶层、军队组织，以及王位等，完全模仿纳迪尔在波斯的阿夫夏王朝，并对阿富汗诸地方采行了间接统治，避免因为直接统治破坏阿富汗诸部侯的既存权力结构而引起反弹与分裂，毕竟新王朝的最终权力基础是建立在土地所有权与由此而来的支配之上。新政权承认阿富汗境内诸部族领袖的土地所有权与部族支配，而这些部族领袖则担负有派兵服役的义务。如此一来，作为诸部族共主的阿赫玛德汗政权便无法通过内部积累来增强自己与中央政府的权力，于是他采行了通过外部积累来强化本身权力的策略。

首先，阿赫玛德汗运用了他的骑兵团掠取喀布尔与白沙瓦呈奉给波斯帝国当局的贡赋，称之为"神的赠品"（Atayayi hazrati yazdan），并将这些战利品分予各部族，以资组建宫廷与强化诸侯的向心力。这个初步实验奏效后，阿赫玛德汗便开始展开有系统的对外征服与劫掠。但他征服的方向并未指向北方，而是指向南方与东方，以印度为目标。阿赫玛德汗并未像过去的外来帝国统治当局一样，对阿富汗西部课以重税，而是征召西部的部族派兵协助他的印度征服，之后将征服所得的战利品分配给各部族，借此维持各部族的忠诚与政体安定。对各部族的领袖来说，接受阿赫玛德汗的领导，率兵参与他的对外征服并获取丰富的战利品，不仅是一项有利可图的事业，更可以借由这些战利品来扩大自己的实力与强化自己在本身部族内的地位。

于是，莫卧儿帝国统治下的印度，便成为新兴阿富汗杜兰尼王朝劫掠的对象。在1748—1756年间，阿赫玛德汗四次率领由诸部族所组建的骑兵大军（lashkar）入侵印度，进行劫掠的战利所得占阿富汗政府财政收入的3/4，其中掠自旁遮普与克什米尔的战利品最多[65]。至1773年6月阿赫玛德汗逝世为止，阿赫玛德汗建立了一个版图西至呼罗珊，东至克什米尔与旁遮普，南抵印度洋滨，北达阿姆河的辽阔帝国，并通过条约与联姻政策等途径，确保了对这些地区的间接统治。

阿赫玛德汗以印度为目标的征服，使纳迪尔死后陷入混乱的波斯获得了喘息的机会。1750年，卡里姆汗（Karim Khan）出面收拾乱局，建立起赞德（Zand）王朝（1750—1794年），但实力有限，难以统治波斯，仅以摄政王（Vakil）自称，旋即遭遇地方强侯阿加穆罕默德汗（Aga Mohammed Khan）的挑战，后者于1776年在德黑兰自立为王，并与伊斯法罕当局展开了近20年的对峙，至1794年终于统一波斯，以德黑兰为国都，开启了卡贾尔（Kajar）王朝（1794—1925年），但历经整个18世纪近百年的纷乱后，新王朝的国力已大为衰弱，南北许多地区的地方武将实质上都维持着自治或半自治状态，新王朝早已鞭长莫及。

阿富汗的快速崛起，不仅启动了波斯的王朝更替、动乱与衰退，更对印度的历史产生了深远的影响。

## 四、伊斯兰复兴运动

支配印度次大陆的莫卧儿帝国，国势在16世纪时达到高峰，17世纪起渐趋下坡，而欧洲列强也在此时开始向印度进行殖民侵略。1600年，英国成立东印度公司，着手在印度扩张殖民势力，但仅局限在印度洋沿岸地区。不过，整个17世纪，莫卧儿帝国的衰退主因并不在外部，而是发生在内部。

作为这个纳贡帝国支配制度总压力承受者的农民，在帝国中衰而压力增强的过程中展开武力反抗，引来当局的血腥镇压，而

## 第四章　西欧国家体系的冲击

庞大官僚机构与镇压所需的沉重军事支出也造成帝国财政日益恶化，于是增课赋税，结果激发了更激烈的农民反抗，形成恶性循环。18世纪前半叶，波斯的纳迪尔劫掠德里，更使莫卧儿帝国的威望尽失。

莫卧儿帝国的势力衰退，在印度次大陆激起穆斯林的危机感，伊斯兰复兴运动应运而生，其中最有影响力的是德里的夏·瓦里·乌拉赫（Shah Wali Ulah，1702—1762年）及其门徒。夏·瓦里·乌拉赫生于德里，父亲是知名的苏非派学者。面对莫卧儿帝国的衰弱，占人口多数的印度教徒与锡克教徒㉖在帝国境内挑战人口相对占少数的穆斯林，以及穆斯林之间的乌拉玛与苏非（神秘家）的对峙等困境，夏·瓦里·乌拉赫在30岁左右前往麦加和麦地那巡礼游学，受到当时在阿拉伯半岛兴起的瓦哈比（Wahhabi）运动影响，认为伊斯兰的宗教改革是复兴莫卧儿帝国国势不可或缺的前提。于是返回印度后便立即展开伊斯兰宗教改革的宣导与教育工作，批判当时社会体制的腐化与穆斯林的道德沦丧，攻击盲目的模仿（taqlid），呼吁改革穆斯林的社会习惯，经由伊斯兰信仰的净化与真切的实践来实现伊斯兰的复兴。

相较于同时代在阿拉伯半岛展开的瓦哈比派伊斯兰复兴运动那种严格的净化立场，夏·瓦里·乌拉赫的立场显然温和许多，认为宗派与信仰的差异只是语意问题，相信通过纠正就可以矫正信仰与实践的偏差。这种强调伊斯兰进行再诠释来进行改革，寻求改革而非镇压不同宗派（如苏非派）的理念，使夏·瓦里·乌拉赫在印度穆斯林间获得甚高的尊敬与影响力，因此成为印度伊斯兰复兴运动的代表人物㉗。

然而，夏·瓦里·乌拉赫的宣导事业并未能阻挡印度次大陆政局的持续恶化。在波斯纳迪尔劫掠莫卧儿帝国并屠杀2万名德里住民后，德干高原西北部的马拉提部族趁势崛起，建立部族大同盟，以反对异教徒穆斯林统治印度教徒为名，对莫卧儿帝国展开军事斗争。1761年，马拉提人与贾特人（Jat）组成的非穆斯林联军进攻德里，激发穆斯林的危机感；夏·瓦里·乌拉赫号召穆斯林展开保卫伊斯兰的圣战，而之前攻掠印度西北部的阿富汗阿赫玛德汗也宣布响应圣战，派兵驰援，大败马拉提与贾特联军[88]。

这段插曲于是便成为十字军东征之后，穆斯林世界首次保卫伊斯兰的圣战。夏·瓦里·乌拉赫号召圣战，是因为遭到反伊斯兰联军武力攻击而自然产生的防御回应，属于平民穆斯林自发的护卫行动。与此相较，阿赫玛德汗响应圣战的出兵举动，就并非单纯的护卫伊斯兰行动，而是政治谋略多于宗教热情。

作为逊尼派穆斯林，阿赫玛德汗最著名的事迹就是将先知穆罕默德的圣袍（Kairqai Mubarak）从阿富汗东北部的巴达赫襄省携回首都坎大哈，及在麦加建立一处华丽的清真寺与慈善站，供阿富汗人前往圣地巡礼时朝拜与休憩之用。他仍不断派兵侵略同样信仰伊斯兰的莫卧儿帝国，并且连番劫掠旁遮普与克什米尔等地的穆斯林。这显示出阿赫玛德汗遵奉伊斯兰并派兵响应圣战的真正目的，是为了运用伊斯兰来作为内部政治统合的工具。如果说，对外征服与掠夺战利品是让阿赫玛德汗赢得各部族的支持与合作，以确保其统合的世俗基础，那么，伊斯兰就构成了新兴阿富汗政治意识形态的支柱，借以超越乃至打破阿富汗境内狭隘的部族主义。于是在部族、语言、宗派、地缘、阶级等多重断层线割裂阿富汗的状态下，伊斯兰便成为唯一可能实现政治统合的黏合剂。

如此，近代武装型圣战在印度次大陆的诞生，从一开始便具有双重意义，既可以是穆斯林的自卫行动，也可能变成外国政府当局用以实现内政议程的手段，而且这个模式也在其后的历史中

## 第四章 西欧国家体系的冲击

一再出现。

无论阿赫玛德汗利用伊斯兰与圣战来实现其稳固阿富汗的统治策略是否成功，这一段阿富汗对印度数度劫掠与介入印度内战的历程，确实加深了整个印度次大陆的政治羸弱，也为英国殖民者的印度征服铺平了道路。对此，卡尔·马克思在19世纪这样评论道："莫卧儿的无限权力被自己的总督打倒，总督们的权力被马拉提人打倒，马拉提人的权力被阿富汗人打倒；而在大家这样混战的时候，不列颠人闯了进来，把所有人都征服了。"[89]

在加速莫卧儿帝国与波斯衰弱的过程中，新崛起的阿富汗也未能持续太久的荣景。一如其他创建游牧帝国的君王一样，阿赫玛德汗建立了新都坎大哈，但却未因此使这个新首都拥有独立的经济基础。新帝国已建立，但既有的社会结构却原封不动，建立在此一基础上，游牧帝国典型的贡赋制度被建立起来，在阿富汗西部更是如此。由于实施间接统治，及社会结构被全然保留下来，使得阿赫玛德汗帝国的性质，与其说是一个中央集权王国，还不如说是普希图与非普希图人诸部族共同组成的部族联合体——汗国（Khanate）。这正是独立的阿富汗之所以能够快速崛起并建立起帝国的主因，但也是因为这个原因，使得这个新独立的帝国内含着结构性的衰弱因素：每当英主型领袖死亡，即陷入权力继承危机，并因权力争夺而引发诸部族的大分裂与血斗，使得整个政权迅速走向引发衰弱的连锁危机。

如此，至18世纪末，奥斯曼土耳其、波斯萨法维与印度莫卧儿三大伊斯兰帝国，其统治区域内部已经全面遭受系统性危机，并面对着来自欧洲国家体系列强日趋严酷的外部压力。内忧与外患双重因素，在18世纪末激发了奥斯曼土耳其帝国境内穆斯林的伊斯兰思想复兴运动，以及非穆斯林的文化自觉运动[90]。

此时伊斯兰三大帝国所面临的同步危机，对"伊斯兰之家"

的穆斯林提出了反省与改造的课题。整个18世纪,全球穆斯林的反省与追诘,尽管因各区域的背景差异而有不同的特色,却有着共同的复兴与改革模式,即认为穆斯林社会出了差错,病根在于穆斯林背弃了伊斯兰的正道,背离正道的原因是因为对伊斯兰的认识、理解与信仰有偏差,因而伊斯兰必须重生与再建构;穆斯林对伊斯兰要有正确的见解,有正信方能有正践,有正践方能有真正的伊斯兰复兴,才能克服危机。

药方来自诊断,穆斯林必须回归"伊斯兰",即正确地理解伊斯兰,必须要排除那些导致扭曲认识与理解的成分。由于伊斯兰来自于安拉的启示与先知穆罕默德的传信,因而扭曲或"杂质"必先来自于先知逝世后的历史过程。如此,此一伊斯兰复兴的思潮认为,在整个历史进程中,穆斯林遭到僵化教条的盲目遮蔽与异质(非伊斯兰)成分的污染,于是将任务界定为排除异质与盲从,而苏非派是他们排除的首要对象。因为这个宗派最明显反映出伊斯兰复兴主义者认为的具有腐蚀性效果的混合主义(syncretism),尽管正是这种混合主义使得苏非派能够成为11世纪以来向全球传播伊斯兰的最大功臣。此外,伊斯兰复兴运动者还认为,阿巴斯王朝以来乌拉玛集团禁止个人诠释之举,正是导致盲从而有损伊斯兰的原因[⑨]。

于是,扫除穆斯林社会内部的盲从教条与异质,而非排除或适应西欧国家体系列强的外部压力,便成为18世纪伊斯兰复兴主义的共同特征,并以起自阿拉伯半岛的瓦哈比运动为代表。

瓦哈比(Muhammad ibn'Abd al-Wahhab,1703—1792年),出身于内志乌雅那镇(al-'Uyainah)的伊斯兰家庭,先在麦地那接受伊斯兰教育,其后游历巴士拉、巴格达、库尔德斯坦(Kurdistan)、哈玛汗(Hamadhan)、萨法维王朝帝都伊斯法罕,以及什叶派重镇库姆(Qumm),钻研亚里士多德逍遥学派

## 第四章 西欧国家体系的冲击

(Peripateticism) 哲学与神秘主义，一度以苏非派为人所知，但不久后即转向逊尼派四大法学派中最严格的汉巴尔学派，以泰米亚 (Ibn Taymiyya) 的思想继承人自居，归乡后著述《唯一神论》(Kitab al-Tawhid, 即 Unitarianism)，要求回归早期伊斯兰，认为哲学思想与神秘主义是对伊斯兰的歪曲与逸脱，强调神的单一性与神的预定，否定一切认为可能与多神教相接相容的思想，因而在故乡遭到迫害，于1744年夏逃往内志迪利亚镇 (al-Diriyah)。该地统治者绍德 (Muhammad ibn Saud) 接受其信仰主张，双方订定盟约，发动圣战，在宗教热情与军事力量的结合下，瓦哈比运动迅速展开，立场与早期的分离派类似，视抵抗的穆斯林为非信者，排挤苏非派所尊重的圣像、圣墓与圣树，渐次统合内志，收服麦加与麦地那，积极展开偶像破坏行动，并于1802年急袭什叶派圣地卡尔巴拉，捣毁当地的侯赛因圣庙，震撼当地穆斯林，之后奥斯曼土耳其帝国调派埃及总督阿里率军前往讨伐，击溃瓦哈比王国（1818年），运动暂止[82]。

瓦哈比运动为面对伊斯兰危机却苦无出路的全球穆斯林指引了一条道路。明确的方向感，信仰上的坚定立场，以及实践上的力量，构成瓦哈比运动的魅力所在。在参加过麦加巡礼的穆斯林返国传播之下，瓦哈比运动在全球穆斯林中引起广泛影响，促发伊斯兰改革运动如奔流般蓬勃发展，在印度推行伊斯兰复兴运动的夏·瓦里·乌拉赫即为显例。

但这个运动之强，也正是其弱之所在。瓦哈比运动的本质是伊斯兰复古主义，旨在排除伊斯兰的"内敌"而非抵御非伊斯兰的外敌，主要的目的是针对伊斯兰世界内部衰退的危机，而非因应西欧国家体系的冲击，为此，瓦哈比运动诉诸伊斯兰的净化，主张理想型的伊斯兰社会是早期的伊斯兰共同体，即先知穆罕默德在麦地那时期所建立的伊斯兰共同体，并认为此一"回归伊斯兰"的课题，既是个人事务，也是社群的公共事务。此一理论提供了一套宗教／政治意识形态，将宗教净化运动与政治扩张运动结合，促成了绍德家族的政治势力在阿拉伯半岛崛起，以及瓦哈比派的伊斯兰信仰在半岛的传播。

只是，瓦哈比运动并未促成穆斯林的团结，反而其政治上的部族属性与宗教上的严厉立场，深化了奥斯曼土耳其帝国本身与穆斯林之间的分裂。埃及总督阿里的登场，打开了帝国内部军阀割据的风潮，瓦哈比派在卡尔巴拉捣毁侯赛因圣庙的举动，激化了什叶派的反弹，致使什叶派穆斯林迄今仍对瓦哈比运动及此一系的穆斯林抱持着极为负面的印象。尽管瓦哈比运动在理念上追求伊斯兰思想纯化与促进穆斯林团结的目标，但其结果却是宗派间更深的憎恶与穆斯林的分裂。

被称为前现代伊斯兰复兴主义的代表，瓦哈比运动揭露了信仰与实践间的协调与优先顺序的差异。瓦哈比运动以正信作为第一优先考虑，信仰指导实践，要求信仰与实践间的一致性，而严格的信仰立场造就了极不宽容的实践，导致穆斯林间更深刻的分裂，更不利于因应伊斯兰世界内部衰退与欧洲国家体系外部压迫的双重危机。

更重要的是，在欧洲国家体系与伊斯兰世界体系的互动过程中，让欧洲国家体系本身有了质的变化，而挟带着工业革命的优势与民族国家的新理论，使欧洲列强对伊斯兰世界的压力出现了质的差异。在"欧洲的文明"此一理论的基础上，一个以"民族"（nation，国民或国民全体）切割全球所有人类的新原理将横扫19世纪的世界，一个以欧洲列强主导的工业革命型世界资本主义体系，将彻底瓦解伊斯兰世界的社会经济结构，这给伊斯兰的理论与穆斯林的生活基础带来了双重的毁灭性危机。以瓦哈比运动为首的伊斯兰复古主义，显然不仅在实践上无法有效因应19世纪

## 第四章 西欧国家体系的冲击

的新环境,且在理论上也未对此作出处理。

无论伊斯兰复古主义的主观认识为何,客观现实是穆斯林社会必须在实践上因应欧洲国家体系更严酷的冲击。主观认识和客观现实间的落差不断扩大,最终迫使主观认识作出调整以追赶客观现实。渐次,实践的迫切课题反过来追诘着信仰,要求对信仰进行有弹性的再诠释,借以适应新环境的挑战。于是,伊斯兰改革运动应运而生,并预告了其后被称为伊斯兰现代主义(Islamic Modernism)的思潮与运动将在欧洲列强帝国主义高峰的19世纪崛起的必然,但他们遭遇课题的困难度,无论从任何一个角度来看,在伊斯兰史上都属空前。

## 注释

① 主权国家数目在历史过程中的变化便足以说明此趋势。在1870年,全球共有15个主权国家,1930年增加为35个,1945年增为54个,1960年增为107个,1980年为165个,1995年增加至190个。2011年根据"联合国会员国"之会员数统计资料显示为193个会员国(意即有193个主权国家,2011年"南苏丹"宣告独立,并加入联合国)。参见:1945—1960, from Michael Wallace and J. David Singer, Intergovernmental Organization in the Global System, 1815–1964: A Quantitative Description, *International Organization*, Vol.24 (Spring 1970), p.22; 1965-1995, from United Nations' estimates; 有关国家体系的世界性扩张过程,参阅 Hedley Bull and Adam Watson eds., *The Expansion of International Society* (Oxford: Clarendon Press, 1984),"联合国会员国"之会员数统计资料请参阅 http://www.un.org/zh/members/growth.shtml。

② 另有部分日本学者主张应将"日本型华夷秩序"视为另一独特体系。参

见初濑龙平:《国际政治思想:日本の视座》,收录于有贺贞、宇野重昭、木户蕊、山本吉宣、渡边昭夫合编:《国际政治の理论》(东京:东京大学出版会,1989年),页132–146。

③ William Walker 著,谢受灵译,《基督教会史》(香港:基督教辅侨出版社,1959年),页244—246。

④ C. Delmass 著,吴锡德译,《欧洲文明》(台北:远流出版事业股份有限公司,1989年,已绝版),页10。

⑤ John Agnew, *Geopolitics: Revisioning World Politics* (London and New York: Routledge, 1998), p.89.

⑥ TO 图的 T 指土地 (terra),O 指大洋 (Okeanos),即前述亚非欧三洲与一洋一河的地理像,再加上《旧约》"创世记"所叙述的历史／时间观而形成的整体构图。

⑦ 冈崎胜世:《圣书 vs. 世界史》(东京:讲谈社,1996年),页78–84。

⑧ 十字军东征共七次,第一次(1096—1099年)攻陷耶路撒冷,屠城(屠杀穆斯林与犹太教徒)。第二次(1147—1149年)与第三次(1189—1192年)失败。第四次(1202—1204年)攻陷君士坦丁堡,第五次(1228—1229年)曾短暂控制耶路撒冷,第六次(1248—1254年)与第七次(1270年)皆失败。十字军东征的特色是这些以基督为名的军团以宗教信仰的光环合理化暴虐屠杀的行为。十字军东征加速了教皇权的衰退、王权的伸展及商业城市的发达。

⑨ 岛田正郎:《アジア史》(东京:启文社,1983年),页222。

⑩ 以威尼斯为首的意大利诸港市的崛起过程,可参见一套饶富趣味的史述:盐野七生著,彭士晃译,《海都物语》(台北:三民书局,2001年)。

⑪ 12世纪起,意大利诸港市渐渐扮演着欧洲商业革命与国际贸易中心的新角色。至14世纪末,意大利商人的足迹已遍布英格兰、俄罗斯南部、北非、波斯、伊拉克、印度与东亚;其对东方贸易最大的据点是君士坦丁堡,主要的交易商品是东亚的绢与陶瓷器,印度半岛的香料、棉布与宝石,中欧的皮毛,西欧的金银饰品、毛织物与酒,以及意大利半岛本身的绢织物与玻璃。

⑫ 松田寿男:《アジアの历史》(东京:岩波书店,1992年),页192–198。

⑬ 冈田英弘:《世界史の诞生》(东京:筑摩书店,1992年)。

## 第四章　西欧国家体系的冲击

⑭ Andre Gunder Frank and Barry K.Gills，The 5,000-Year World System: An Interdisciplinary Introduction, Andrer Gunder Frank and Barry K. Gills eds., *The World System: Five Hundred Year of Five Thousand?* (London and New York: Routledge, 1996), p.23.

⑮ 恩格斯:《德国农民战争》,《马克思恩格斯全集》第七卷（北京：人民出版社，1972年），页401。

⑯ 在欧洲权力崛起的法兰西与西班牙皆想控制与利用教皇制。两国都允许在其领土内出售赎罪券（Indulgence，作者原文为"免罪符"一词）以获巨金。16世纪两国在意大利半岛的斗争，大部分的起因即对于教皇厅的控制。但奥地利的哈布斯堡王朝（Habsburgs）也积极谋求掌控教皇厅，借以维持其在各小公国所构成的神圣罗马帝国之霸权。如此局势下，欧洲对罗马教皇制度兴起反抗的，并非只有西法奥等大国，还有比较弱小的国家如德意志的小公国、斯堪的那维亚各国，以及苏格兰。英格兰则介于大国与弱小国之间。但若将罗马教皇组织当作一个宗教伪装的殖民帝国来看，则英国也是被教会榨取的殖民地。因此，历代英王与贵族诸侯皆对教皇的垄断权非常反感，而有所谓的教权与政权之争。

德意志的宗教改革不能成功，主因是德意志过于弱小却与欧洲列强比邻，因此，被各国出兵干涉镇压。英国宗教改革能够成功，则是因为孤悬海上，地理上有利。宗教改革成功的英国遂确立了君主专政体制，如此，宗教改革一方面有摆脱教皇支配，摧毁中世纪封建制度的功能；另一方面，从国际上航海权的争夺战争来看，这也是英国在海上想要摆脱西班牙支配的一个斗争。因为西王菲利普一直充当罗马旧教的爪牙，支配世界的波涛，直到英国兴起发展海上事业，进而取代其海上霸权为止。参见许介鳞：《英国史纲》（台北：三民书局，2008年），页78—81、88。

⑰ Agnew, op cit., p.21.

⑱ M. K. Lybavsky, *Obzor Istorii Russkoy Kolonizatiss S Drevneyshikh Vremeni Do Xx Veka* (Moscow: Moscow University Press, 1996), pp.433-438.

⑲ Paul Kennedy著，彭士晃译，《霸权兴衰史：1500至2000年的经济变迁与军事冲突》（台北：五南图书出版股份有限公司，2009年）；G. Modelski, *Long Cycles of World Politics* (London: Macmillan, 1987)。

⑳ 松涉:《近代世界を剥ぐ》(东京:岩波书店,1993年),页55-58。
㉑ W. Manchester, *A World Lit Only by Fire; The Medieval Mind and the Renaissance, Portrait of an Age* (Boston: Little & Brown, 1992), p.289.
㉒ Agnew, op cit., p.17.
㉓ 织田武雄:《地図の历史》(东京:讲谈社,1974年),页159-162。
㉔ Gearoid O. Tuathail, *Critical Geopolitics: The Politics of Writing Space* (Minneapolis: University of Minnesota Press, 1996), p.16.
㉕ Adam Watson, *The Evolution of International Society* (London and New York: Routledge, 1992), Chap. 14, "The Renaissance in Italy".
㉖ Thomas Naff, The Ottoman Empire and The European States Systems, Hedley Bull and Adam Watson eds., *The Expansion of International Society* (Oxford: Clarendon Press, 1985), p.146.
㉗ Capitulation 一词源于 capitala 一字,原意为条约之各章。
㉘ 法兰西与欧洲列强视此为同盟协定(treaty of alliance),但苏里曼一世仅视此为苏丹单方面给予的约定(ahdname),一如奥斯曼土耳其帝国单方面给予法兰西治外法权一样。站在伊斯兰法的角度,穆斯林与异教徒缔结正式的军事同盟并不被允许,因而苏里曼一世仅将此一约定视为对抗哈布斯堡的暂时性政策,他本人也并未在此约定上签字。首次给予法兰西治外法权的是谢里姆二世(Selim Ⅱ),时为1569年。参见 Naff, op cit., pp.147-148。
㉙ 同样的特权,奥斯曼土耳其帝国在1579年给英国,1613年给荷兰,以后还给欧洲其他国家,直至20世纪初。此约为非双边性的不平等条约,在19世纪下半叶土耳其民族主义兴起后,治外法权条约所具有的殖民地主义性质成为被批判的对象。但缔结此类条约之际,由于世界观与管理制度的差异,导致奥斯曼土耳其帝国并未察觉其中的不平等关系。
㉚ 详见 S. A. Fisher-Galati, *Ottoman Imperialism and German Protestant, 1521—1555* (Cambridge, Mass.: Harvard University Press, 1959)。
㉛ Brian M. Downing, *The Military Revolution and Political Change: Origins of Democracy and Autocracy in Early Modern Europe* (Princeton, N. J.: Princeton University Press, 1992).
㉜ Robert Gilpin, *War and Change in World Politics* (New York: Cambridge

## 第四章　西欧国家体系的冲击

University Press, 1981).

㉝ Frederick L. Schuman, *International Politics: The Western State System and the World Community* (New York: McGraw-Hill, 1958), p.66.

㉞ 国际法原理的体系性基础由荷兰学者格劳秀斯（Hugo Grotius）创立，他在三十年战争方酣的1625年出版《战争与和平法》（*De Jure Belli et Pacis*），奠定了近代国际法的基础。

㉟ 萨孟武：《政治学》（台北：三民书局，2006年），页6。

㊱ 萨孟武，前揭书，页7。

㊲ Cornelius Tactius著，王以铸、崔妙因译，《编年史》（台北：商务印书馆，1998年）。

㊳ Joseph A. Camilleri & Jim Falk, *End of Sovereignty? : The Politics of a Shrinking and Fragmenting World* (New York: Vermont, 1992), p.12.

㊴ Garrett Mattingly, *Renaissance Diplomacy* (London: Jonathan Cape, 1955); R. Strayer and D. C. Munro, *The Middle Age* (New York: Appleton-Century-Crofts, 1959).

㊵ Perry Anderson, *Lineages of the Absolutist State* (London: New Left Books, 1974), pp.37–38.

㊶ John Gereard Ruggie, Community and Transformation in the World Polity: Toward a Neo-Realist Synthesis, *World Politics*, 35 (2), Jan. 1983, p.275.

㊷ 意大利地区在罗马帝国灭亡后便分作许多小邦，各邦制度均不相同，因而旧有的各种概念无以总称意大利半岛的各种政治共同体。而和civitas相近的citta（城市）概念，又不能表示威尼斯、佛罗伦萨、热那亚、比萨等各个政治共同体的性质，遂发明lo stato一语以总称一切政治共同体，马基雅维利在《君王论》中所称"一切国家都是共和国或君主国"（"Tutti gli slati…sono o republiche principaty"）显示，在16世纪初，stato一语在意大利半岛已很流行，后来又传入英、法、德等地，在法兰西，布丹于其《国家论》中是用republique表示国家，但同时又以estat以表示特定的国家形态，如estat aristocratique（贵族国）、estat populaire（共和国）等。其后罗棱（Charles Loyeau, 1566—1627年）在《领土主权论》（*Traite des Seigneuries*，1608）之中和马基雅维利使用的 stato 一样，用 estat 以表示一切政治共同体。在英格兰，莎士比亚（William Shakespeare，1564—1616 年）于《哈姆雷特》剧中已有“Something is rotten in the state of Denmark”之语，即英格兰最迟已于 16 世纪末开始使用 state 的概念来指称政治共同体。在德意志地区则是在 17 世纪初用“staus reipublicae”表示国家的一切形态，而对于特定的国家形态则用 Staat，如 Hofstaat（宫廷国家）、kriegsstaat（军队国家）、Kammerstaat（皇室国家）等，直到 18 世纪初，staat 一语才渐次普及使用，并于 18 世纪末确定用来指称国家。参见萨孟武，前揭书，页 7–8。

㊸ 为了精练支配的手段，马基雅维利遂提出其著名的“狮子、狐狸、剑”的命题，并确信唯有暴力才是有效的支配手段。参见 Niccolò Machiavelli 著，阎克文译，《君主论》（台北：商务印书馆，1998 年）。

㊹ Camilleri & Falk，op cit.，p.19.

㊺ John Gerard Ruggie，op cit.，pp.275–276.

㊻ Andrew Vincent，*Theories of the Stat*（Oxford: Basil Blackwell，1987），p.62.

㊼ Vincent，op cit.，p.64.

㊽ Peter J. Taylor，*Political Geography:World-Economy, Nation - State and Locallity*（New York: John Wiley & Sons，1989），pp.140–141.

㊾ lmmanuel Wallerstein，*The Politics of The World - Economy*（Cambridge: Cambridge University Press，1984），p.175.

㊿ James Mayall，*Nationalism and lnternational Society*（Cambridge: Cambridge University Press，1990），pp.19–20.

(51) 在国际关系的研究上，经常会出现将主权国家体系概念套用到其他不同时空的经验之上的情况，如将古代东亚大陆战国时代的竞争视为一个多元的国家体系（multi-state system）。但是非洲与大洋洲部族共同体之间的互动与冲突，中华帝国早期春秋战国时代各自不同政治单位的互动，及其中晚期皇帝与地主间的关系……都不能够说是一个主权国家体系。经常陷入领土、贸易与个人敌意之战争的希腊各邦，其内部的运行逻辑也非主权国家体系逻辑。古波斯、埃及、罗马等帝国的霸权原理，也与主权国家体系形式上平等的原理不符。中世纪日耳曼诸邦的政治共同体运行逻辑也非主权国家体系逻辑。西欧主权国家体系是一种特殊时空下

## 第四章　西欧国家体系的冲击

的产物。

� A. James, Sovereignty: Ground Rule or Gibberish? *Review of International Studies*, Oct. 1984, p.2.

㊼ Camilleri & Falk, op cit., p.14.

㊾ 有关西欧国家体系渐次膨胀为全球规模之国家体系的历史过程，参见 Adam Watson, European International Society and its Expansion, Hedley Bull and Adam Watson eds., *The Expansion of International Society*, pp.13–32; Martin van Creveld, *The Rise and Decline of the State* (Cambridge: Cambridge University Press, 1999), pp.263–314。

㊿ Jonathan Fletcher, *Violence and Civilization: An Introduction to The Work of Norbert Elias* (Cambridge: Polity Press, 1997), p.7.

56 Fernand Baraudel 著，刘北成译，《论历史》（台北：五南图书出版有限公司，1998年，已绝版）。

57 Baraudel，前揭书，页29。

58 Kevin Wilson and Jan van der Dussen, *The History of the Idea of Europe* (New York and London: Routledge, 1995), p.63.

59 Fletcher, op cit., pp.7–9.

60 Gerrit W. Gong, China's Enty into lnternational Society, Hedley Bull and Adam Watson eds., *The Expansion of lnternational Society*, p. 172.

61 基督教"普遍史"被"世界史"所取代的详细历程，参阅冈崎胜世，前揭书，第四章。

62 这个图式由德意志史学家兰克完全确立，黑格尔并据此申论其"历史哲学"。

63 "中世"在国内经常被翻译为中古世纪，此一译法并不精确。"中世"的概念原意为"中间的时代"（midium aevum）。这个概念，正如法兰西史学家布洛克（Marc Bloch）所指出"其来源便来自于中世本身"，即13世纪以来，基督徒对现实的挫折，促使他们认为基督诞生的古代已经结束，而弥赛亚及救赎的新神国尚未到来，因而人们正处于"中间的时代"，即介于"基督之后与弥赛亚到来"之间的时代。17世纪末，德意志史学家凯勒（Christophe Keller）将"中世"重新定义为"蛮族入侵以迄文艺复兴"的时代，开始赋予"中世"落后与黑暗的性质。这种论述在基佐（F.

## 圣战与文明

P. G. Guizot，1788—1874年）与米修列（Jules Michelet，1798—1874年）时代完全确立，在19世纪初成为西欧的主流论述。迄今仍影响着台湾的历史教育。Marc Bloch 的原文出自 *Metier d'Historien* (1952)，p.91，此处转引自饭冢浩二：《东洋史と西洋史とのあいだ》（东京：岩波书店，1991年），页6-7。

64 Wilson and Dussen, op cit., p.64.

65 到了19世纪，将非欧洲，尤其是亚洲地区视为仍处于"中世"的见解，进一步被理论化为"停滞的亚洲"，此观点并深刻影响欧美知识人，包含提出"亚细亚生产方式"的卡尔·马克思也都不能避免此陷阱。

66 Agnew, op cit., p.33.

67 在15、16世纪时，东亚诸国已与西欧诸国展开互动，但彼此间并不存在着承认政治的制度问题。东亚政治社群与欧洲政治社群的第一个国际条约《尼布楚条约》在1689年签字之际，签约主体的清帝国并非主权国家，而是华夷秩序与朝贡贸易体系中的霸权与规则的维护者；签约的另一方俄罗斯，尽管已经开始欧化，但也尚未加入欧洲主权国家体系。这两个体制完全不同的政治实体在签字时，并未涉及主权国家体系中那种"承认政治"。甚至到1727年，清俄签署《恰克图条约》时，俄罗斯已成为欧洲主权国家体系的一员，亦未与清帝国之间有"承认政治"的问题。当时俄罗斯的外交官，如巴可夫（Baykov）、米列斯古（Milescu）、果罗文（Golovin）、蓝车（Lange）、弗拉基史拉维奇（Vladislavich）等人，尽管强烈意识到双方的歧异，但认为只是文化与习惯的差异，而非发展程度上的优劣之别。

然而一个世纪过后，以英国马嘎尔尼为首的欧人陆续向清国叩关时，整个局势已完全改观。由于西欧在18世纪下半叶展开了一场重新定义多元分歧之世界的知识大革命，西欧人开始根据自己的文化、政治、经济与军事等标准，要求清帝国及其他东亚各国的国际行为模式应该符合"文明规范"，即欧洲国家体系的国际法规范。"文明规范"蕴含着线性发展与进化史观的思维，代表着西欧列强认为西欧站在人类文化发展的最前列，并用西欧的标准界定非西欧世界的体制，合乎西欧标准的便予以承认为有资格作为平等对手的主权国家（如明治维新后的日本），缺乏此一标准的则拒绝承认为平等的对手（如清帝国、东亚诸国，以及明治维新前

## 第四章　西欧国家体系的冲击

的日本),"文明"规范成为实施差别待遇与殖民支配的一种策略。

⑱ 前嶋信次编:《西アラビア史》(东京:山川出版社,1978年),页145-359。

⑲ E. Jones, *The European Miracle* (Cambridge: Cambridge University Press, 1981).

⑳ C. Wickham, The Uniqueness of the East, *Journal of Peasant Studies*, Vol.12, No.2, 1985, p.181.

㉑ Perry Anderson, op cit., p.500.

㉒ Dietmar Rothermund, *An Economic History of India: From Pre-colonial Times to 1991* (London and New York: Routledge, 1993), p.1.

㉓ 岩村忍、胜藤猛、近藤治:《インドと中近东》(东京:河出书房新社,1997年),页129-136。

㉔ 今日伊朗以什叶派伊斯兰为主流即因此一政策所致。

㉕ R. M. Savory, Safavid Persia, P. M. Holt, Ann K.S.Lambton and Bernard Lewis eds., *The Cambridge History of Islam Vol.1* (Cambridge: Cambridge University Press, 1970), pp.399-400; and B. Spuler, Central Asia from Sixteenth Century to the Russian Conquests, Holt Lamtbon and Lewis eds., ibid., pp.468-494.

㉖ Vartan Gregorian, *The Emergence of Modern Afghanistan: Politics of Reform and Modernization, 1880-1946* (Stanford, Calif.: Stanford University Press, 1969), pp.19-24.

㉗ 当代阿富汗哈札拉部族的远祖是蒙古军团的后裔,自13世纪蒙古帝国征服阿富汗以来,即定居在阿富汗北中部山区高地。17世纪初,萨法维皇帝阿巴斯一世派兵征服,强迫其改宗什叶派。参见 M. Hasan Kalar, The Pacication of the Hazaras of Afghanistan, *Occasional Paper*, No.4, New York Afghanistan Council of the Asia Society, 1973, p.2.

㉘ Gregorian, op cit., pp.43, 421.

㉙ M. Nazif Shanrani, State Building and Social Fragmentation in Afghanistan, Ali Banuazizi and Myron Weiner eds., *The State Religion, and Ethinic Politics: Afghanistan, Iran and Pakistan* (New York: Syracuse University Press, 1986), p.28.

(80) Shanrani，op cit.，p.28.

(81) 在帝国间接支配的重要影响之一是波帕尔赛（Popalzai）氏部族在阿布达利系部普希图诸部族间的崛起。霍塔克（Hotaki）与托赫（Tokhi）两个氏族在吉尔赛系普希图诸部落间获得支配地位，以及阿布达利系与吉尔赛系内部更细致的部落间阶级排序与分化，参见 Shanrani，op cit.，pp.28–29。

(82) Barnett R. Rubin，*The Search of Peaced in Afgahanistan: From Buffer State to Failed State*（New Haven: Yale University Press，1995），p.45.

(83) 吴俊才:《印度史》(台北：三民书局，1982 年)，页 169。

(84) Jirga（部族会议）是阿富汗诸部族的自治机关，由部族内所有成年男子参加，他们在会议上享有平等的权利进行讨论，再以多数表决的方式达成决议。决议一经作成，部族所有成员都必须遵守。1964 年阿富汗宪法即以 Jirga 一词来称呼国会。

(85) Rubin，op cit.，p.46.

(86) Sikhs 在 15 世纪时由第一代祖师拿那克（Nanak）创始。以印度教虔信派与苏非派为共同基础所产生之宗教，“锡克”在梵文中的原意是“门徒”，因该教教徒自称祖师的门徒。强调人人平等，男人之间互为兄弟，女人之间互为姐妹。奉行严格的一神论，及礼拜几代祖师。全世界大约有 2300 万的信徒，多数集中在印度与巴基斯坦。

(87) Caesar E. Farah，*Islam*（Hauppauge，N. Y.: Barron’s，1994），pp.237–238.

(88) Ahmad Asghar Bilgrami，*Afghanistan and British India 1793–1907: A Study in Foreign Relations*（New Delhi: Sterling Publishers，1972），pp.4–10.

(89) 马克思:《不列颠在印度统治的未来结果》，《马克思恩格斯选集》第二卷（北京：人民出版社，1972 年），页 69。马拉提的势力在 1761 年的战争中遭到严重的挫败，自此一蹶不振，内部又陷入部族纷争，在 1803—1805 年的“英国—马拉提战争”（称为“大马拉提战争”）中被东印度公司所征服。参见 Karl Marx，*Notes on Indian History 664—1858*（Moscow: Foreign Language Publishing House，1947），pp.108–122。

(90) 关于非穆斯林的文化自觉运动，参见 P. F. Sugar and I. J. Lederer eds.，*Nationalism in Eastern Europe*（Seattle: Uniersity of Washington Press，1969）。

## 第四章　西欧国家体系的冲击

⑨¹ John L. Esposito, op cit., pp.32–34.
⑨² 瓦哈比主义与绍德家的发展历程，详见 George Rentz,《沙特阿拉伯的历史》，收录于 Bernard Lewis 著，蔡百铨译，《阿拉伯人的历史》（台北：联经出版事业公司，1986年，目前已绝版），页 226–270；Farah, op cit., pp.224–227。

# 第五章　原理的转换

在奥斯曼土耳其、波斯萨法维、印度莫卧儿三大伊斯兰帝国走向结构性衰退与分解的18世纪下半叶，欧洲国家体系也出现剧烈的变化：英国带动的工业革命、法国大革命，以及拿破仑战争所带动的"民族主义"风潮，激发英俄在欧亚大陆的地缘政治角力——"大竞赛"，以及维也纳体制后推展"文明的政治"，使得18世纪晚期到19世纪初期成为世界史的转折点。而发生在这段时期内的诸多事件与因素的连结，则在19世纪初导引出欧洲国家体系与世界其他地区力量的根本性变化，造成印度沦为大英帝国直接支配的殖民地，波斯与阿富汗成为近代史上最先成立的"缓冲国"，奥斯曼土耳其帝国沦为"欧洲病夫"而成为列强眼中的"东方问题"。世界政治原理的大转换——民族分割世界的政治观与欧洲国家体系中的"东方问题"相互作用，通过第一次世界大战，导致欧洲列强在中东穆斯林世界制造主权国家群，促使穆斯林世界在这个时期展开了史无前例的革命与思想动荡。

## 一、印度：帝国的心脏

建立在权力平衡原理上的欧洲国家体系，在终结三十年宗教战争的《威斯特伐利亚条约》中，采用允许德意志新教诸侯领土

## 第五章　原理的转换

扩张、旧教诸侯领土缩小来维持两派均衡的原则。18世纪初，西班牙王位继承战争（1701—1713年）爆发，英国以"维持欧洲权力平衡"的名义开战，并在战后的《乌特勒支（Utrecht）条约》（1713年）中公开采行"欧洲平衡"概念，以分割西班牙帝国为代价，实现法国与其他欧洲列强的权力平衡。实质上是承认大国可以为了确保权力平衡而对小国进行共同分割的正当性[①]。这为欧洲列强在欧洲内部进行小国分割（如俄、奥、普三国于1772年、1793年与1795年三次瓜分波兰）与欧洲之外进行殖民分割（如第一次世界大战后奥斯曼土耳其帝国解体）铺平了道路，并如实反映出欧洲国家体系的运作日渐具有主要列强联合分割以支配其他小国的特性。

欧洲国家体系的运作逻辑不仅驱使着主要列强分割弱国，同时也驱使着欧洲国家体系向外膨胀，导致海外殖民地与商业霸权的争夺频仍，并因此带动欧洲列强间的权力消长。16至17世纪，英国与法国逐渐压制西班牙、葡萄牙、荷兰与哈布斯堡王朝的权力，并在18世纪上半叶成为欧洲国家体系的主要强权。而在这个体系的东方，通过长达20余年的"大北方战争"（1700—1721年），俄罗斯于1721年加入欧洲国家体系，并在18世纪下半叶渐次成为欧洲主要强权。

1756—1763年的七年战争，法国战败，丧失在加拿大与印度半岛的殖民地，战胜的大英帝国则成为欧洲最大的殖民帝国。为了报复，法国在1776年的北美13州独立革命中斥资支持美国，使大英帝国丧失在北美洲最重要的殖民地，帝国历史至此迈入所谓的"第二大英帝国"时代（以别于拥有北美殖民地的"第一大英帝国"时代），将帝国海外殖民支配的重心转至印度半岛。

印度是欧洲对东方贸易的重镇，印度洋的贸易网络从7世纪至16世纪，长时间由穆斯林所控制。地理大发现时代，葡萄牙人达伽玛在1498年绕过南非顶端的好望角东行，并于同年5月首度抵达加尔各答，12年后即在果阿建立据点，作为拓展对东方（东南亚）贸易的中继基地，其后，荷兰加入这场竞赛，在国王的保护与特许下，于1602年设立东印度公司，积极东进，且顺次在印度半岛沿岸地带驱逐葡萄牙势力。约略与此同时，英国也成立英皇特许的东印度公司（1600年），着手推展东方贸易。1612年在印度半岛的苏拉特（Surat）设置第一座商馆，且顺次在马德拉斯（Madras，1629年）、孟买（1661年），与加尔各答（1686年）建立殖民据点，将印度东北、东南与西南的重要港市皆纳入控制，并在17世纪前驱逐了荷兰在印度的势力，对手仅有1664年成立东印度公司并积极展开东方拓殖的法国。七年战争爆发后的1756—1757年，英国冒险家克莱武（Robert Clive，1725—1774年）带领孟加拉雇佣兵在普莱西（Plassey）之战中对法国东印度公司军队赢得了决定性胜利，彻底确立英国在孟加拉的优势并排挤法国在印度的影响力，再由英国政府通过终结七年战争的《巴黎和约》，彻底在印度驱逐法国势力，以少数英军为首，征聘大量当地的印度教佣兵，组成维持该公司在孟加拉支配与印度半岛扩张所需的军队，使该公司从英皇特许的垄断贸易公司转型为遂行殖民统治的政治机构，并据此在两年后（1756年8月12日）迫使莫卧儿皇帝承认该公司在孟加拉、比哈尔（Bihar）等广泛地带的征税权，打开了直接殖民印度的道路，之后分别从西南的孟买、东南的马德拉斯与东北的孟加拉三路分进，向正陷入内忧外患的莫卧儿帝国内奥推进[2]。

在印度的殖民扩张使英国继续维持着欧洲最大殖民帝国的地位，并且凭借着在殖民地暴力收夺而得的原始积累，最早展开工业革命[3]，作为其推动工业资本主义发展模式的基础[4]。

工业革命的要点是机械与蒸汽力（蒸气能源）的登场[5]，第

## 第五章　原理的转换

一阶段是纺织工业中的纺织机出现（1764年），第二阶段是蒸汽机的发明（1784年），并因此为第三阶段的生产机械化（1789年）设定了条件。于是，人类的经济生活首度进入机械化时代，工厂制生产方式被开发出来，工业资本主义宣告确立[⑥]。

英国的工业革命以棉工业为中心，在1760年代末期，棉织生产开始机械化，刺激了棉花的需求，使英国在1770年代成为欧洲最大的棉花消费国与棉织品制造国[⑦]。这一套运作蕴涵着原料供给与制品贩卖市场的再生产结构，工业革命一开始即超出英国一国的范围，而是以全球性的生产基盘作为出发点，运用滔滔流出的机械制商品出口，征服全球市场。在此一征服过程中，英国本身的经济与社会结构激变，大英帝国的国力得以蓄积，且其商品所至之处，均打破了当地原有的生产方式与以此为基础的社会结构（共同体生活），从而造成了世界经济结构的重编，并带来了新的经济方式与政治支配原则。

在英国工业革命之前，包括西欧在内的整个世界，均以农业作为基本生产方式，并据此建构出社会生产关系，依据各地不同的生态条件与农业技术能力，形成各式各样的政治单位，从原始社会的部族共同体到古代与中世纪的巨大帝国（中华帝国、印度、伊斯兰帝国与罗马帝国等）。无论政治规模的大小，在农业生产方式主导的社会中，社会的基本单位是闭锁的农业共同体，各自经营着自给自足的现物经济，彼此间几乎没有经济互赖关系。这些农村共同体各自拥有多样的民俗文化，村人以外的人被视为外人（含省籍意识）。至于"国际"交流，即跨越政治共同体的经济、军事、政治与文化交流等活动，主要是藉由吸收这些闭锁型农村共同体的剩余农产品而形成的都市型政体或帝国内部极为有限的精英阶层，以及以这些精英阶层为对象的国际商人阶层等所进行的活动。

因此以闭锁型农村共同体作为社会基盘的"国际"政治，虽然形式上常由巨大帝国来进行，但其互动并未打破农村共同体的闭锁性，而是经由巨大的军事组织与行政组织，在闭锁的农村共同体上架设网络，大规模地汲取农村共同体的剩余农产品，形成所谓的纳贡帝国。在最终分析上，纳贡帝国的基础是中央权威当局必须仰赖来自地方诸侯向下征服苛捐杂税后的贡税上缴，帝国最后的负担总是落在闭锁农村共同体的农民上面；长期来说，也必然会腐蚀中央当局的权力，不可避免地会诱发农民的武装反抗，同时也会为诸侯的割据准备条件。一旦这些巨大的纳贡帝国丧失能够统括其军事组织与行政组织的圣雄式领袖时，步入衰亡崩解的命运便会加速。中华帝国、波斯帝国、乌玛雅王朝的阿拉伯帝国、阿巴斯王朝的伊斯兰帝国、蒙古帝国、帖木儿帝国、莫卧儿帝国、奥斯曼土耳其帝国等，尽管存在着区域性的差异，此一社会结构与政治支配原理却无本质性的差异。

与此相对，发源于英伦三岛，其后逐渐随着西欧国家体系竞争逻辑而被列强与后进国广为学习的工业革命与工业化，却产生出不同的政治支配原理。为了促进工业的发达与技术的进步，必须打破农村共同体的闭锁性，因为工业化此一社会经济动态过程，本质上是以大资本（资本积累及累积的资本）与大量劳动力和不断改良的技术相结合的过程。为了促进工业化，必须扩大经济交易，产生以货币经济为运作原理的全国均质化市场，此即所谓的国民经济。其次，劳动力的供给是推动工业化不可或缺的条件，为此，有必要打破农村共同体的闭锁性，将劳动力集中到都会部门而使之在经济活动上动员起来（所谓的推拉法则）。再者，作为工业化基础的工业技术，为求日新月异，有必要提高国民的教育水准来支撑其技术水准。为了推广与提高教育水准，基本手段是统一语言的形成，并提高治下人民运用此一语言的识字率

## 第五章　原理的转换

等。为了创造这些条件，必须推行强力的教育政策来打造均质的国民文化，而要发动这些政策，即意味着中央集权的强化[8]。

进口原料的需求与寻找工业制品海外市场的双重需要，使大英帝国益感攫取海外市场的迫切性。工业革命打开了英国（及其后跟进的欧洲国家体系列强）急速扩张海外殖民地的新竞赛、殖民经济结构的巨变与既存经济社会的解体、世界资本主义的成立，以及世界经济的一体化。

伦敦对印度次大陆的殖民政策也随之改变。在工业革命后，印度不仅必须扮演英国的原物料供应地角色，并且渐次沦为吸收英国工业产品的市场。此一结构性转换，是英国得以源源不绝地由海外攫取国力泉源，并运用在印度的双重剥削来扩大与加速本国的发展，成为"世界的工厂"、"世界的银行"，以及"世界的物流"，据此打造出大英帝国在19世纪的世界霸权——"不列颠治下的和平"（Pax Britianica）[9]。

如此，丧失北美殖民地的大英帝国，国力非但不见倾颓，反而蒸蒸日上，其最主要的原因即是拜工业革命与印度支配所赐[10]。印度成为大英帝国经济命脉的新所在。从英伦三岛通往印度半岛的帝国通路——经地中海—红海或绕行非洲南端好望角以迄印度洋的海上通路，也成为大英帝国的战略要害。连带的，帝国通路经过南至阿拉伯半岛的广大区域，也被大英帝国视为战略上的关键利益区域。于是，三大伊斯兰帝国的支配领域，愈来愈受到大英帝国与相关欧洲列强的强烈关切。随着法国大革命与拿破仑战争的展开，欧洲国家体系列强开始直接介入三大伊斯兰帝国的支配领域，从而引来了穆斯林世界的经济社会结构巨变与殖民化。

## 二、民族国家的新模型

与丧失北美殖民地而将海外殖民中心置换到印度的大英帝国相对，丧失加拿大与印度殖民地的法兰西正陷入慢性的财政危机。为了对伦敦进行报复，巴黎介入了美国独立战争，虽然在政治上扳回一局，但耗资颇巨，再加上宫廷的浪费与滥支，使得政府濒临破产。于是路易十六的王室试图对拥有免税特权的僧侣与贵族阶级课税，结果导致激烈的政治斗争。围绕着财政问题的冲突，激起僧侣与贵族阶级的反抗，但反抗过分动摇了王权体制，反而为第三势力的政治崛起铺平了道路，最终在1789年引爆法国大革命（1789—1795年）。

革命政府废止等级身份制等相关特权，发布《人权及市民权宣言》，而王权倾颓的路易十六则因企图弃国逃往比利时未果而遭到拘留，旋即在1792年4月对奥地利宣战，谋求由对外战争来克服国内的政权危机，但战争的危机反而刺激革命政权（国民议会）决定废除王政，宣布共和，并且处决国王（1793年），直接对当时的欧洲列强造成巨大冲击，并且在政治理论与实践上引起深刻的问题。

大革命摧毁了法国的绝对主义领域国家体制，引起欧洲君主支配体制的正当性危机。在欧洲，绝对主义主权国家的崛起曾撕裂欧洲政治史的大传统，造成统治者与被统治者的分离，形成政治理论上的巨大劣痕。欧洲政治的基本单位是主权国家，国家主权属于国王，"朕即国家"，整套政治秩序并未在理论上将被统治者／人民纳入，人民不存在于这套政治秩序观之中，他们只是国王的私有物，而作为人口主要构成部分的农民，甚至还只是被附加在国王、僧侣与贵族所持有之不动产（领土）上的动产。法国

## 第五章　原理的转换

大革命之前，在绝对主义王政体制与身份（等级）制的施行下，居住在法兰西这块法王领土上的人们，各自被排定了不同的身份（皇家、贵族、僧侣、商人、农民等），他们除了科西嘉人、巴黎人等地缘意识，以及对领主与君王的忠诚之外，并无共通的利害关系与连带感，因而希望保全"祖国"（patrie）的只有君主一人，君主的人格就代表着这个国家及公共性。

但是，法国革命政权废除王政的举动，却尖锐地凸显了体制正当性与政治理论上的裂痕。如果国王不存在？那么谁拥有国家的主权？国家领土的所有权归属何方？领土内的人民又该如何定位？通过法国大革命，国家已不再是君主与部分权贵阶级的所有物。在革命过程中，原本用来反抗王权与身份制的"人民"（people）观念大为流行，因而有"人民意志"（Vox Populi）的著名标语。随着革命的展开，又有"民族"（nation，国民或国民全体）这个新概念出现来取代"人民"，逐渐变成代表人民总体的集合名词，（领土）国家不再是国王所有，而是"民族"所有。在革命进程中担任领导角色的西耶斯（Emmanuel J. Sieyes），在他那《何谓第三等级》的演说中清楚地主张，民族的存在先于所有政治、立法手续，民族是由自由、平等且独立的个人所组成的联合体。

在革命政府的指导下，1793年宪法进一步将作为（新的）主权者的民族界定为"单一且不可分割"⑪。这个民族既非奠基于社会学式的阶级概念，也不根据人类学式的人种概念而来。毕竟，在革命时期的法兰西，僧侣与贵族以外的第三阶级（平民）——新兴的布尔乔亚、市民、地主、农民等人群间，利害未必一致，因而西耶斯等革命领导人所称的民族，与其说是作为"事实"的客体名词（受词），毋宁说是怀抱着共同感（同一性）理念，共同而有效地发挥政治功能的意志共同体——政治上能动的主词。

这个具有主观能动性的主词，核心任务是参与国家意志的决策过程，并在具体实践上通过国民／民族的代表来参与国家决策过程。换言之，民族主义蕴涵着（代议）民主／共和主义。

民族的创造填补了国家理论出现以来即存在，并因王政被废而尖锐凸显的理论裂痕。在革命的过程中，"君主主权"被卢梭所主张的"人民主权"取代，而革命政府则进一步将"人民主权"转变为"国民（nation，民族）主权"，这意味着所有权的让渡，并通过民主（共和）主义的中介，所有权人从具体的君王转变为抽象的民族；国家的主人翁、国家领土的产权持有人，就是作为抽象集合体概念的民族。民族成为欧洲主权国家体系中，拥有个别领土国家的产权共同体。通过民族概念创造出的民主／共和主义的中介，原本只意味着统治机构的国家，开始取得作为政治社会共同体的性格，民族成为统治机关（国家）与被统治者在意识形态予以同一化的黏合剂[12]。

这个黏合不单纯是理念上的黏合，更是制度上的黏合。通过革命政府的相关系列措施，国旗、国歌等民族象征也渐次被创造出来，人民的私生活开始被赋予民族的意义（nationalization，民族化），军队从之前国王的雇佣兵转化为国军，而原本由教会与私人家庭教师控制的教育，则改变为革命政府主导管理的国民教育，并渐次普及。同样的，通过教会财产的民族（国有）化，国家踏入了宗教领域，天主教会被民族化。如此，在革命的行进过程中，通过民族（共和）主义的中介，民族与国家的外延（外部界限）渐趋同一；于是近代的一个民族国家的政治模型即民族（产权所有者）—民主（使用产权的机制）—主权国家（产权行使的对象）三位一体的政治模型，便据此被打造出来。换言之，民族主义并非只有心情、政治情绪等心理现象这么单纯[13]，而是一整套制度的集合体，一个蕴涵着民主共和机制的体系，在这个

## 第五章　原理的转换

体系内，民族的抽象概念由政策与制度安排而实体化⑭。

法国大革命打造的民族国家原型，为西欧主权国家注入了新冲击。在革命政府的主导下，关于人种认识、历史认识、记忆，以及空间·意识"民族化"的整套"民族国家计划"（nationalizing project）被全方位推动，"单一民族"、"单一国语"、民族／本国史、民族／本国文学，乃至民族领土等认识观与随之而来的论述，则纷纷被制度化，其根本目的在促使新创出的集合概念"民族"彻底与"单一国家"的政治架构相契合。简言之，民族不仅是主权国家体系中的领土主权（产权）共同体，更是主权国家体系中的认识／意志／效忠共同体⑮。民族国家的论理成为近代主权／领域国家体系基本成员的新"政治文法"⑯。

法国大革命的王政废除与"民族国家"模型的新创，引发西欧国家体系诸王权国家的正当性危机。由于民族意识蕴涵着这个世界存在着许多民族的复数观念，使得民族主义在诞生之际即以"国际社会"的意识为当然前提⑰，而革命时代的法兰西所处的国际社会，正是以专制王权为主流的欧洲国家体系。如果法兰西的民族可以通过革命的民主、共和主义所释放出来的能量而成为国家的主人翁，那么欧洲国家体系诸国王政下生活的臣民，为何不能也像法兰西一样建立自己的民族，推展民主、共和主义，同样以民族的身份成为国家的主人翁，并以公民（citizen）的身份参与国家（统治机关）的决策过程？

法国大革命深刻地冲击着欧洲国家主权体系的主权观，为欧洲注入要求民主、共和的动能，震撼欧洲列强的王政体制。为了阻遏革命的冲击，英国、普鲁士、奥地利、西班牙与荷兰等王政列强在法王路易十六被处刑后的1793年2月组成反革命大同盟（至1795年），联合派兵侵入法兰西进行革命干涉战争。结果，干涉侵略战争刺激革命政权走向恐怖统治（1793年4月—1794

年），进而促使拿破仑崛起，法兰西革命遂演成将欧洲列强全数卷入的拿破仑战争（1799—1815年）。[18]

拿破仑战争为法兰西的民族主义添加了国家主义、排他主义与扩张主义的新要素。随着拿破仑的军事胜利，法兰西开始以武力对外输出法国大革命的理念，以将"诸民族从专制中解放出来"为名，展开对外征服。与早期的伊斯兰共同体一样，拿破仑的征服与武力型的理念输出，带来了具现在《拿破仑法典》（1804年编撰，1807年9月3日正式命名）中的社会原理——废止封建制度，个人自由，法律之前人人平等，国家的世俗性，信仰的自由，以及劳动的自由等，刺激法兰西周边诸国以民族主义要求民主、共和的政治觉醒，被称为民族主义时代的19世纪，即是透过拿破仑的火炮打开序幕的。

拿破仑的对外征服行动在欧洲势如破竹，一时间似有打破欧洲国家体系的权力平衡，重建欧陆统一大帝国之势，但障碍是孤悬于海外的英国迟迟不下，以及远方的俄罗斯帝国依然强健。为了迫使英国投降，拿破仑决定切断英国的经济命脉，对英国实施经济封锁，并在1798年派兵侵入埃及以控制大英帝国通往印度半岛的帝国通路，甚至在1807年派遣使节前往圣彼得堡与沙皇亚历山大一世协商，约定分派两路大军攻打印度次大陆以粉碎英国在印度的统治[19]。

激荡10余年的拿破仑战争，最终以英俄主导的神圣同盟取得胜利收场，并通过维也纳会议（1814—1815年）来部署战后局势。在奥地利首相梅特涅（Klemens Metternich）主导之下，基于镇压各地民族主义运动所蕴涵的民主、共和主义，回复欧洲国家在法国大革命前的旧秩序等考虑，维也纳会议设定了压制人民反抗以维持欧洲国家体系权力平衡与王政体制稳固运作的基本目标，以和平为名，压制内部人民的自由，且为了缓和内部人民的

## 第五章　原理的转换

反抗，对内以暴力镇压／资本主义扩张／文化压制政策等多重手段，强行将境内不同的人民打造成单一民族[20]，并加速对外殖民掠夺，藉以在国内稳定统治，在欧洲国家体系内维持安定（日后称为"百年和平"[21]），并使欧洲列强对非欧洲各区域的殖民征服与支配在 19 世纪时达于顶点。

在欧洲国家体系内部，维也纳会议形成了新的国际政治架构。在会议中，拥有发言权的仅有打倒拿破仑的四国同盟（英国、奥地利、俄罗斯、普鲁士）与战败的法兰西。西班牙、波兰、意大利诸邦、普、奥以外的德意志诸邦，虽然在拿破仑战争中扮演重要角色，但在维也纳会议中并无发言权。欧洲国家体系因此进入"列强政治"的时代，拥有发言权的仅有列强代表，欧洲的版图由列强决定——所谓的"欧洲协商"体制于焉成立。

欧洲协商体制的根本精神是"为安定奋斗"。这有两层含义。其一是为了维持欧洲诸国王权支配体制的安定，其次是维持列强间权力关系的安定——权力平衡。为了王权支配体制的安定，遂以"文明开化"为名，加强内部的绥靖，意即政府暴力机器对社会大众建立起全方位的优势。在政治意义上，绥靖意味着（王权控制）的国家（机器）成为"合法暴力的垄断者"，据此带来国内持久的和平（peace，即 pacification 的结果）而享有"文明"[22]。

绥靖的过程长达数十年。1871 年巴黎公社的失败（3 月 18 日—5 月 28 日），标志着欧洲列强绥靖政策的成功，自此之后，欧洲再也不曾出现像法国大革命那样，由人民自主组织的武装力量击败国家的军队而取得政权的案例[23]。而在欧洲权力平衡方面，可能引发革命动能或因掠夺领土而激起民众反抗的战争，则视为对"文明"的威胁，因为战争既可能带来革命，革命又可能导致王权体制被摧毁，而王权体制被摧毁则意味着"文明"的崩坏，毕竟"文明"的起点即是宫廷风尚。

## 圣战与文明

欧洲协调体制的反革命任务加速着欧洲国家体系"文明政治"的发展，进而影响欧洲国家体系与其他世界体系的互动。在维也纳会议之后，欧洲国家体系列强集体以欧洲的文明规则（国际法规范）来作为和其他地区各种不同政治体互动的规则，欧洲国家体系自此进入了"文明的地缘政治"（civilizational geopolitics）时代[24]，欧洲国家体系与体系外诸国的差异，正式根据有无"文明"的界线来划分，对内绥靖与对外强制成为"文明政治"的一体两面。

然而，欧洲协调体制的实质内涵毕竟还是王权列强间的列强政治。列强政治就是寡头政治，同时也是列强相互依赖的政治。并且是少数列强的外交精英（职业外交官的行会）控制整个体系的政治。由于法国大革命与拿破仑战争激化了民主与民族主义的风潮，而维也纳会议所形成的列强政治却以压制民主与民族主义为目标，这就预设着列强之间相互冲突激化的机制。面对绥靖政策的巨大威力与列强政治的寡头与支配体制，欧洲国家体系中处于劣势的小国或是受到维也纳体制压迫的其他民族主义势力，今后若欲改变现状，就必须懂得运用列强政治力学来进行。意大利建国宰相加富尔（Camillo Benso Conte di Cavour, 1810—1861年）的名言："经由巴黎可通往意大利统一之路。"象征着欧洲国家体系内部的结构性互赖连结。同样的，任何一个企图改变现状以增强本国力量的列强，也将运用对手国境内的民主／民族主义力量来操纵列强政治。再者，就算不是基于扩增本国实力的企图，在出现某一个（或一个以上）列强运用民族主义以操纵列强政治的过程中，为了维护本国利益或是维护权力平衡的列强，将不得不卷入民主／民族主义运动与列强间复杂的权谋术数中[25]。

通过维也纳会议的安排，法国大革命与拿破仑战争后的欧洲国家体系具现出结构性的二律背反。一方面，列强政治力学的内

## 第五章　原理的转换

在基础意味着反体系力量的压制,包括镇压人民的民主要求,以及压制以民族主义为表现之弱势团体的自主要求。但是,另一方面,列强政治互赖力学的外在运作,又意味着民主与民族主义等反体系力量的操纵与利用。体系正为了自己的存续而鼓励、操纵与利用反体系的力量。欧洲国家体系在后拿破仑时代的发展,正为体系的崩溃预埋了火种。

内在蕴涵着结构性矛盾的欧洲国家体系,更因为体系对外膨胀的动能,而将非欧洲地区卷入欧洲的内在矛盾中。在拿破仑战争期间,欧洲列强加速对外殖民扩张,战后,大英帝国与俄罗斯帝国成为欧洲国家体系的主导国与"维也纳体制"的核心支柱,两国因拿破仑战争而加深的地缘政治矛盾,随着欧洲国家体系整体的对外殖民扩张渐次席卷整个欧亚非大陆,尤其是在穆斯林世界。如此,带动经济社会结构巨变的产业革命之箭,欧洲国家体系的殖民炮火,以及民族主义的意识形态子弹,便同时射向了穆斯林世界。

### 三、民族的论理

法国大革命与拿破仑战争激化着欧洲国家体系列强的全球斗争,并直击奥斯曼土耳其帝国的统治。为了切断大英帝国的"帝国通路"以断绝英国的经济动脉,拿破仑在1798年远征埃及,企图说服俄罗斯共同从陆路进攻印度,且尝试说服波斯与法兰西共同进击印度。大英帝国为了防卫,便在1801年调派孟加拉兵团短期占领埃及,并在印度半岛上展开前方战略,企图将控制力推向波斯与阿富汗。这一连串事件从欧洲列强的角度看来,意味着欧洲国家体系主要列强分割弱国的竞赛逻辑正式膨胀至奥斯曼土耳其帝国、波斯、印度与阿富汗等穆斯林区域,支配19世纪欧洲外交史的"东方问题"与英俄"大竞赛"于焉登场。但对穆斯林世界来说，这一连串事件则意味着遭到欧洲列强殖民的危机。事实上，法英先后出兵占领埃及的冲击对奥斯曼土耳其帝国来说尤其剧烈[26]。

"东方问题"的本质是"对奥斯曼土耳其帝国领土的血腥斗争"[27]。这个"问题"的两大主轴是俄罗斯的南进与英法在"帝国通路"上的冲突。归结而言，问题的核心是俄罗斯的黑海政策。

在蒙古帝国支配终结后，莫斯科公国顺势崛起，并在16、17世纪征服西伯利亚，控制着通往东方贸易的"草原之路"，经济体制日益依赖对欧洲的贸易，尤其是掠夺自西伯利亚的皮裘的贸易，并依恃着绝对主义式的农奴支配体制累积军事力量，对东欧展开扩张[28]。17世纪中期，俄罗斯更进一步运用其农奴剥削与贸易所得收入，导入西欧军事革命后的新武器、军事科技、军队编制与训练，通过彼得大帝的"大北方战争"而取得波罗的海军事霸权，以及西北欧通往东方贸易的主导权，于是国力日增，对中东欧的扩张也更加积极。与此相对，地理大发现后，西欧列强则是将重心移至发达贸易与扩张海外殖民上，对中东欧兴趣大减，致使中东欧在奥斯曼土耳其帝国势力衰退后，独自面对着奥地利、俄罗斯，以及在18世纪初崛起为欧洲国家体系列强成员的普鲁士等三个强国的殖民扩张压力[29]。

整个18世纪，东欧平原（波兰与乌克兰）彻底沦为俄、奥、普三强的领土。其中作为"欧洲谷仓"的乌克兰有八成沦为俄罗斯帝国的领土，另约两成则由奥地利支配[30]。乌克兰谷物对欧洲的出口成为俄罗斯在欧洲资本主义体系与国家体系中赖以生存的重要环节。

这就提起了乌克兰谷物输往欧洲通道的课题。最便捷与成本低廉的通路是黑海—地中海航路。南进黑海与确保俄罗斯商

## 第五章　原理的转换

船队在黑海（博斯普鲁斯与达达尼尔）两海峡的通行，成为俄罗斯当局的战略方向，并因此衍生出俄罗斯对奥斯曼土耳其帝国的冲突——围绕着黑海、黑海周边、黑海两海峡，与东地中海及其周边（含巴尔干半岛）的战略冲突。通过第一次的俄土战争（1768—1774年）后签署的《库楚克条约》，俄罗斯获得商船可通过博斯普鲁斯与达达尼尔两海峡的权利。1783年，俄罗斯进一步迫使奥斯曼土耳其帝国承认而正式兼并黑海北岸的克里米亚鞑靼汗国。翌年。继波罗的海舰队之后，俄罗斯又着手整建黑海舰队，在欧洲国家体系中开始跃升为海权强国[㉛]。

黑海—地中海航路的确保与黑海舰队的整建使俄罗斯陷入战略两难。为确保航路安全，俄罗斯有两种基本选项策略。其一是着手兼并黑海周边（含外高加索的格鲁吉亚）与巴尔干半岛（扼制黑海出口的东地中海），但这必然导致与奥斯曼土耳其帝国（以及波斯帝国）的敌对，意味着必须在黑海建立常备舰队，借以确立俄罗斯在黑海的霸权，并以武力为后盾来确保俄罗斯商船在黑海两海峡—东地中海的航行安全。其二是采取与奥斯曼土耳其帝国友好的政策，借以换得黑海两海峡通行无阻的报偿。这意味着俄罗斯必须暂时搁置（如果不是放弃）对奥斯曼土耳其帝国领土的侵略，而俄罗斯在黑海—地中海航路上的安全则必须仰赖奥斯曼土耳其帝国的善意。但奥斯曼土耳其帝国并不可靠，特别是奥斯曼土耳其帝国国力已经明显衰弱，其外交政策深受西欧列强，尤其是大英帝国与法兰西的影响，且奥斯曼土耳其帝国的海军力量也显然不敌英法各自的舰队或是联合舰队，一遇战争，英国或法国舰队可以轻易封锁黑海两海峡，俄罗斯商船的航行安全无法获得保障。

因此，对俄罗斯来说，若对奥斯曼土耳其帝国采行友好政策，就等于是将黑海—地中海航路的安全交付给伦敦和巴黎决定，战略风险过高。但是若采行常备舰队战略，拥有足以强制打开黑海两海峡而通往东地中海的海上武装力量，又势必会引起英法两国的警戒，后两国也将依样画葫芦，用武力强制奥斯曼土耳其帝国接受其舰队自由进出黑海两海峡的权利。一旦英法舰队可以自由通行黑海两海峡，便意味着俄罗斯在黑海的地位受到挑战，其黑海周边的领土也将有遭受攻击的危险。更进一步地说，如果俄罗斯决定用自己的海上武装力量来确保黑海—地中海航路的安全而不可避免地必须与奥斯曼土耳其帝国冲突，那么以保护基督徒为名义，在巴尔干半岛制造动乱，据此兼并领土的政策便会被提上外交议程。如此一来，不仅可能引起英法等国的反弹，使欧洲国家体系列强间的竞争更激烈，且会刺激英法亦步亦趋也采行瓜分奥斯曼土耳其帝国领土的政策。换言之，必然连结到列强对维持奥斯曼土耳其帝国领土完整或予以裂解的冲突。

俄罗斯自1784年开始着手整建黑海舰队的举动，已为欧洲国家体系的"东方问题"埋下火种。1789年拿破仑占领埃及和攻击叙利亚，开始对奥斯曼土耳其帝国的蚕食，更进一步凸显了"东方问题"。此后百余年间，围绕着分割奥斯曼土耳其帝国领土或纳入其势力范围等问题，便在欧洲国家体系列强内引起激烈的军事与外交战：1830年代阿里在埃及的壮大使"东方问题"进入激烈化时代，1850年代列强冲突引起克里米亚战争，1870年代奥斯曼土耳其帝国因俄土战争与柏林会议而丧失大幅版图。于是，整个19世纪，"东方问题"便成为欧洲国家体系的最大问题㉞。

但"东方问题"并未立刻导致奥斯曼土耳其帝国的分崩离析，欧洲国家体系列强之间的矛盾与体系本身的变化，使奥斯曼土耳其帝国并未走向早期伊斯兰帝国（阿巴斯王朝）的崩解形式，而是走向原理的转换——从伊斯兰帝国到主权国家体系——方式

## 第五章 原理的转换

的崩解。

欧洲列强的矛盾以英法俄为中心。拿破仑战争期间，英国担心法国在北非的扩张威胁其帝国通路，而俄罗斯则担心法国在巴尔干半岛与黑海海峡的扩张，于是英俄皆认为维持奥斯曼土耳其帝国领土完整，有利于欧洲国家体系的权力平衡与彼此的利益。拿破仑战争后，英俄在欧洲的反革命合作（维也纳体制）也让伦敦和圣彼得堡在战略合作上有默契，认为维持奥斯曼土耳其帝国的领土完整有利于欧洲反革命体制的安定。

但拿破仑战争与自由理念的传播，终究在欧洲引起巨大的冲击。通过法国大革命、拿破仑战争与维也纳会议确立欧洲的反革命体制等系列事件，人民争取自由的运动在欧洲分裂为两种潮流——民族主义与社会主义。在作为集结人民力量的论理方面，前者诉诸于"民族"，指向欧洲国家体系中的政治自由、领土国家的产权所有与国际（列强）承认，而后者则诉诸于工业革命意义下的经济"阶级"，着重于把人类从世界资本主义体系的压迫中解放出来。其中民族主义运动，而非社会主义运动，首先冲击着后拿破仑时代的欧洲，并在奥斯曼土耳其帝国国境内引起广泛的波纹——在帝国境内非穆斯林的宗教共同体中，渐次兴起建立自有主权国家的民权主义，直接挑战着帝国当局的支配。其中在散布于伊斯坦布尔以迄巴尔干半岛的希腊系、塞尔维亚系与保加利亚系东正教徒中，民族独立运动最早出现。尽管塞尔维亚是最早展开武装战斗的地区[33]。

希腊东正教徒在奥斯曼土耳其帝国的统治架构下享有特殊的地位。基于尊重"启典之民"共同性的立场，苏丹政府长期将帝国对欧洲的贸易、外交与文化交流等事务委由希腊系的商人（Phanariot）——来自伊斯坦布尔近郊的法纳尔（Phanar）的50余个家族——办理，通译官亦由希腊东正教徒担任。久而久之，这些事务由希腊人独占，渐次成为帝国当局在巴尔干半岛地区遂行统治的代理人，同时扮演着征税官、地方行政长官与谷物贸易商的三重角色，并据此在奥斯曼土耳其帝国境内与欧洲资本主义的发展中累积其政治权力、经济与文化力量。最早对奥斯曼土耳其帝国宗教共同体制度反弹的主力即是希腊系商人与海运业者，他们运用广泛的商业网络，派遣子弟前往欧洲列强首都留学，习得欧洲的民族观，并自18世纪晚期起，与俄罗斯瓜分巴尔干的"希腊计划"（1780年）相互搭配，鼓吹希腊民族主义，提出终结奥斯曼土耳其帝国的统治与建立独立国家的要求。

这股希腊民族主义力量成为俄罗斯在奥斯曼土耳其帝国境内推动动乱政策的政治工具。圣彼得堡当局的说法是保护（奥斯曼土耳其帝国境内的）东正教徒，亦即将宗教纷争牌——在欧洲国家体系中已被视为干涉内政而遭到禁止——运用到奥斯曼土耳其帝国境内。此一明显违反欧洲国家体系内部规则的行为，却可以施加在奥斯曼土耳其帝国之上，使用的法律论理武器是"超领土原则"，即欧洲列强的国家主权之行使范围，超越其本国领土而于他国之特定领域之内。超领土原则最先来自于1536年奥斯曼土耳其帝国赐予法兰西的"治外法权"概念，换言之，当时伊斯兰帝国对异教徒（基督徒）的宽容政策，现在反过来成为侵略伊斯兰世界的合理化依据。

希腊的商人家族们也利用俄罗斯帝国的介入来增强自己的力量。1814年，希腊独立运动组织"友谊社"（Friendly Society）在俄罗斯的黑海最大港与谷物输出中心奥德萨（Odessa）成立，并着手寻求伊斯特里亚斯（Ioannis Capo d'Istrias）的支持，后者出身希腊，当时担任俄罗斯帝国负责外交政策的第二国务卿。伊斯特里亚斯拒绝支持希腊独立运动后，"友谊社"转而寻求俄军中沙皇军事顾问伊帕西兰堤（Alexander Ypsilanti）的支持，后者遂

## 第五章 原理的转换

带领"友谊社"成员于1821年3月进军摩达维亚[34]，引爆希腊战争（1821—1829年）。

1821年3月的武装蜂起旋即遭到镇压，奥斯曼土耳其帝国成功地操纵了罗马尼亚人与希腊人之间的矛盾，有效地展开军事镇压，而俄罗斯沙皇也随即谴责伊帕西兰堤的行动，后者乃在兵败后逃往奥地利。这个历程再度凸显了俄罗斯帝国的两难：支持奥斯曼土耳其帝国以取得在伊斯坦布尔在黑海问题上的让步；抑或利用希腊独立运动撼动奥斯曼土耳其帝国在巴尔干半岛与爱琴海的统治，以获取领土利益，而与伊斯坦布尔当局敌对。再者，希腊人与俄罗斯人同为东正教徒，若支持奥斯曼土耳其帝国镇压独立运动，便意味着支持异教徒来镇压基督徒，这也将导致俄罗斯再也无法以宗教之名向奥斯曼土耳其帝国要求特权；且作为维也纳体制的主要支持国，若支持希腊独立便意味着破坏现状[35]。

然而，摩达维亚的武装蜂起只是个开始。1822年4月，独立运动组织再度在摩里亚（Morea）发动武装蜂起。战争刚开始时，虽有来自西欧的浪漫主义者参加（如著名的英国诗人拜伦即在希腊战死），但欧洲列强基于维持欧洲权力平衡的考虑之下，大都采不介入的态度。于是，派兵前去摩里亚镇压失败的奥斯曼土耳其帝国，遂转而要求因镇压阿拉伯半岛瓦哈比运动而声名远播的埃及总督阿里出兵，并允诺在镇压成功之后，将把摩里亚与叙利亚纳入阿里的辖区。于是阿里之子伊伯拉辛（Ibrahim）所率领的大军在1825年2月于爱琴海登陆，并快速前往推进，并于1827年6月攻克雅典。然而在伊伯拉辛尚未取得决定性的胜利之前，俄罗斯已趁机利用奥斯曼土耳其帝国的困境，以不协助希腊为条件，迫使伊斯坦布尔当局在1826年10月签署《阿克曼条约》，承认保加利亚与黑山公国的自治权。直到伊伯拉辛攻入雅典后，俄、英、法列强又忧虑这股新力量将重新控制地中海，因此于翌年介入，要求调停。然而，奥斯曼土耳其帝国当局拒绝调停，因而导致英法俄三国的军事攻击，12月于希腊外海纳瓦里诺(Navarino)海战中击沉奥斯曼土耳其帝国——埃及联合舰队，并迫使阿里于1828年10月自希腊与克里特岛撤军。此举激发奥斯曼土耳其帝国宣布将对反复无常的俄罗斯发动圣战，企图依照伊斯兰的论理动员境内穆斯林地方诸侯的兵力，但却以惨败告终，被迫在1812年签署《亚得里亚堡条约》(Treaty of Adrianople)，承认希腊独立。翌年，希腊正式独立㉚。

希腊独立战争的处理方式，是以欧洲列强维也纳体系的反革命与权力平衡路线作为政策基调，既赋予希腊独立的地位，借以维持东地中海的权力"平衡"，同时由于列强对裂解奥斯曼土耳其帝国一事并无共识或默契，因此仍依权力平衡的考虑与互动维持其存续。此外，为了避免希腊独立对欧洲的维也纳体系或奥斯曼土耳其帝国带来巨大冲击，因此又根据"小希腊"的原则为独立的希腊划定国界，而这个新独立国家的政治体制也依列强的规定，采行王政以配合维也纳体系（新任国王亦由列强妥协后指派）。

尽管欧洲列强企图以维也纳体系将历史冻结在法国大革命前，但希腊独立却激化着巴尔干半岛东正教徒（塞尔维亚人、保加利亚人与罗马尼亚人）脱离宗教共同体制度与反抗奥斯曼土耳其帝国统治的风潮，要求建立自己的民族国家㉜。

巴尔干半岛斯拉夫系被支配诸民族因与希腊人同属东正教徒，在奥斯曼土耳其帝国的行政制度下被编入东正教教区共同体中，而教区共同体行政长官则长期由希腊籍东正教教长出任，形成奥斯曼土耳其帝国在最上层进行间接支配，而希腊籍教区共同体长官在中层进行直接支配的双重结构。在宗教仪式上，受希腊籍教区共同体行政长官支配的斯拉夫系诸民族，使用和希腊与有

## 第五章　原理的转换

别的斯拉夫语系诸语，并在神职人员的任免制度上不接受东正教总主教的指挥。如此，作为非穆斯林，宗教（东正教对伊斯兰教）成为斯拉夫系诸民和上层帝国统治者区别的分界线，而语言（斯拉夫语对希腊语）则是他们和中层统治者区别最大的分界线。19世纪巴尔干半岛斯拉夫系诸民族的民族独立运动不仅具有反抗奥斯曼土耳其帝国统治的意义，更具有反抗利用东正教教区共同体行政长官权力进行暴敛之东正教会的意义。简言之，既是对奥斯曼土耳其帝国反抗的支配，同时也是对希腊籍支配代理人的排拒[38]。经由希腊独立的刺激，巴尔干半岛的民族主义方兴未艾。

希腊战争与独立的效应不仅带动着巴尔干半岛的民族主义风潮，更进一步激化着奥斯曼土耳其帝国分解的趋势。由于帝国当局的兵力无力因应希腊战争，遂求助于地方强侯——埃及总督阿里。阿里在希腊战争中的顺利进军引起英法俄三国的警戒与介入，迫使阿里自希腊撤军，回到埃及后深化自立，并对帝国当局要求将领地扩张至叙利亚以弥补他在希腊的损失。

为了转移内部危机的法国最先利用这个动向，在1830年征服阿尔及利亚，企图经由外征来转移内治困境。但这个统治策略在内部并未获得预期效果，革命浪潮依旧潜行，最终在1848年引爆。但法国在北非的行动却激化了欧洲列强与奥斯曼土耳其帝国内部的矛盾。1831年，阿里之子伊伯拉辛·帕夏率兵侵入叙利亚，加速了奥斯曼土耳其帝国的分解趋势。

东地中海区域的变动引起伦敦的警戒。为了确保帝国通路的安全与维持欧洲列强的权力平衡，大英帝国决议维持奥斯曼土耳其帝国的生存，一方面推动诱导奥斯曼土耳其帝国转型为欧洲主权国家体系成员的新战略，另一方面则于1840年与奥斯曼土耳其帝国组成联军击败阿里。

大英帝国诱导奥斯曼土耳其帝国实施欧洲主权国家化改革的

战略，其论理是接受欧洲国家体系国际法而成为"文明"国家，只要尊重条约制度，在国际社会的权利和地位都可以获得保障，而操作手法是以缔结条约为诱因，说服奥斯曼土耳其帝国实施欧式民族国家的改革。在这套论理与操作手法下，内政改革成为君士坦丁堡当局对欧洲外交重要的一环，致使"欧洲列强要求（奥斯曼土耳其帝国）的一些重要改革措施，就在欧洲协调外交关键时期被导入：开启'重组'（Tanzimat）改革的苏丹敕令，在1840年（伦敦四国合约）会议前夕的1839年11月3日发布；再度确认奥斯曼土耳其帝国境内非穆斯林特权与赋税豁免权的改革令，就在结束克里米亚战争的《巴黎和约》签字前一个月，即1856年2月18日发布；而奥斯曼土耳其帝国的第一部宪法，则在欧洲列强处理另一场巴尔干危机的伊斯坦堡会议前的1876年12月23日公布"㊴。

奥斯曼土耳其帝国当局也有自己的政策议程，即接受欧洲国家体系国际法的"文明"规范，配合欧洲列强的要求而实施欧化改革，借此克服帝国分解与被殖民的危机。这意味着转换世界政治秩序观、外交运作模式，以及内部统治的原理。

世界政治秩序观与外交运作模式的变更，直接涉及伊斯兰世界体系理念与实践的扬弃。理论上，奥斯曼土耳其帝国继承伊斯兰法的世界观与行为规范，将世界分为"伊斯兰之家"和"战争之家"，认为穆斯林的永续义务是通过"神圣的奋斗"将"战争之家"渐次转为"伊斯兰之家"，但承认此一转化需要时间，其间存在着必要的动态过渡期，即"神圣奋斗"中断期。此一中断，可借由伊斯兰共同体与异教徒教区共同体之间的契约而成立，称为暂时性停火（Sulh，延伸为和平）。停火期并无明文规定，一般的诠释是以10年为期，但实践上经常延期。停火的终结，可因契约期满或因异教徒共同体违反契约。1536年奥斯曼土耳其

## 第五章　原理的转换

帝国与法兰西之间的《贝尔格勒条约》，从法国所抱持的西欧国家体系国际法角度来看，是一纸正式的"条约"，但从奥斯曼土耳其帝国的伊斯兰世界体系角度来看，则只是一纸"停火契约"。当时奥斯曼土耳其帝国力量仍强，欧洲列强无从强制其接受西欧国家体系的国际法规范。

但随着奥斯曼土耳其帝国在18世纪下半叶的衰弱与败退，伊斯坦布尔当局渐次被迫接受欧洲的国际法规范。在一连串军事败退后的和约谈判中，伊斯坦布尔实际上接受了欧洲列强的主权平等原则，及由此而来的外交规范（条约体制）。1783年，俄罗斯帝国兼并了克里米亚汗国——这是奥斯曼土耳其帝国史上首次由基督教国家兼并"伊斯兰之家"的领土——之举，在穆斯林世界引起巨大的震撼，不仅诱发穆斯林的思想反省运动，更迫使新任苏丹谢里姆三世（Selim Ⅲ，1789—1807年在位）着手在欧洲列强中寻觅同盟国，谋求通过欧洲列强间的权力平衡，来维护帝国的生存。1793年，谢里姆三世进一步与欧洲列强建立常驻使节制度。

但这些努力并未使奥斯曼土耳其帝国获得与欧洲列强平等的地位。相反的，在此一系列条约中，欧洲列强运用先前被视为苏丹特许恩典的治外法权诸规章，进一步强化其在奥斯曼土耳其帝国境内的特权。至18世纪末，至少六个欧洲国家在奥斯曼土耳其帝国取得最惠国待遇，而其派驻使节则可在帝国境内"启典之民"的宗教共同体内充当各共同体的代表，并制定与执行法律。换言之，尽管欧洲列强的国际法体系是以领域国家为基本原理，但对奥斯曼土耳其帝国（及之后的全球其他区域），欧洲列强却主张"超领土性原则"，将其国家权力与本国的规范运用到奥斯曼土耳其帝国境内。这种不平等的状况，使得伊斯坦布尔当局更感完全加入欧洲国家体系的必要性，希望据此争取与欧洲列强间的互惠平等性。

如此,伊斯兰世界政治秩序观中的"伊斯兰之家"与"战争之家"的制度差异实质消失,代表伊斯兰世界体系的奥斯曼土耳其帝国反过来接受欧洲"文明"的国际法规范,希冀成为欧洲国家体系的"正常"成员。1834年,在玛赫穆德二世(Mahmud Ⅱ,1808—1839年在位)着手推动接受欧洲国家体系模型的广泛改革后,奥斯曼土耳其帝国加入欧洲国家体系的程序大抵就绪。1840年的《巴黎和约》,苏丹与英、俄、奥、普等欧洲列强君主首次在和约上共同签字。1856年终结克里米亚战争的另一纸《巴黎和约》,则使奥斯曼土耳其帝国正式成为欧洲国家体系的成员国。约略与此同时,波斯的卡贾尔王朝也采取同样的政策,而印度的莫卧儿帝国则彻底沦为大英帝国的殖民地。如此,伊斯兰世界体系自有的"国际"法规范体系至19世纪已完全被扬弃⑩。

## 四、原理的转换

加入欧洲国家体系与放弃伊斯兰世界体系,不仅涉及奥斯曼土耳其帝国对政治单位的定义与制度安排,涉及帝国的对外关系,更涉及帝国境内成员的区辨、认同基础,以及整个帝国的支配正当性。

在英法等国的要求与建议之下,第三十二代苏丹阿布德·麦奇特(Abd Mecit,1839—1861年在位)执政期间,以1839年10月3日发布的苏丹敕令为起点,导入了总称为"重组"(1839—1876年)的全面欧化改革,包括了宣布放弃苏丹专制,整备议会制度,治下诸民一律平等,裁判与课税公正及其他,谋求建立现代化的奥斯曼土耳其帝国㊶。

1839年的苏丹敕令规定"经朕恩准,作为崇高苏丹政府的臣

## 第五章 原理的转换

民的'伊斯兰民'与'其他宗教共同体诸民',得无例外地永受本敕令之保护"[42]。这一纸敕令彻底扬弃了奥斯曼土耳其帝国作为伊斯兰帝国的支配原理——穆斯林与非穆斯林的区别,扬弃了伊斯兰共同体与"启典之民"宗教共同体的差别待遇,转而创造出帝国臣民的概念,不分宗教信仰,赋予帝国所有臣民平等的权利与义务,据此打造"奥斯曼人"的意识来建构"奥斯曼主义"。换言之,奥斯曼土耳其帝国之臣民一律平等,背后的意义是将传统的"伊斯兰帝国"转换成欧洲国家体系类型的"多民族帝国",借此克服帝国治下诸民族独立运动的挑战。

奥斯曼主义的本质是官方民族主义(official nationalism)[43],即"企图同时结合归化与保存王朝的权力,特别是他们从中世纪开始累积起来的,广大的、多语的领土之统治权手段","一种把民族那既短又紧的皮肤撑大到足以覆盖整个帝国庞大身躯的手段"[44]。作为维持帝国生存的政治方案,这个奥斯曼土耳其帝国版的官方民族主义在吸收欧洲国家体系概念的同时,并未能一并接收民族主义背后所蕴涵的民主、共和主义。帝国境内所有住民都是奥斯曼土耳其帝国臣民的新观念已经被引进,但对这些住民来说,他们作为帝国支配的臣民并未因此有本质上的改变。要在奥斯曼土耳其帝国内部导入带有民主、共和动能的民族原理,与帝国本身的苏丹—哈里发体制之间存在着本质上的矛盾,因为苏丹—哈里发的存在已经预设着统治者与其臣民之间的不平等性。因此,帝国统治原理的大转换,将伊斯兰帝国改造成多民族帝国的政治计划,从一开始就遭遇到难以突破的障碍。

苏丹敕令公布后,立刻引来帝国内部的剧烈反弹。将穆斯林与非穆斯林平等关系予以法制化的企图遭遇到乌拉玛集团与领导阶层的反对,他们为确保帝国体制长期赋予穆斯林的特权,诉诸伊斯兰的论理,攻击苏丹当局的政策是冒渎阿拉,并争取到许多地方的诸侯与穆斯林的支持，导致"重组"的改革进度遭受阻碍，大都停留在纸上作业的层面，苏丹的改革意愿也因此渐次冷却。

但持续变化的欧洲体系列强并未因此停止促使奥斯曼土耳其帝国改变的要求与压力。随着英国工业革命在19世纪上半叶的快速发展与其他欧洲列强的跟进，世界贸易总量在1780—1850年间增长了四倍，使英国对海外市场的开拓更形迫切。1830年代以降的全球交通革命（铁道与汽船），则更进一步为英法等殖民强权打开海外市场提供了有力的工具⑥。于是，自1830年代起，大英帝国即转换对外经贸政策，代之以"自由主义"，积极谋求打开海外市场。作为外国市场征服战略的自由贸易成为大英帝国的信条，亚当·斯密那只"看不见的手"则成为推动此一战略的正当化理论。

欧洲工业革命的跃进深化着经济社会结构的变迁，但政治架构仍旧在维持反革命的维也纳体制，因而导引出1848年的革命浪潮。为了缓和内部要求体制变革的压力，法兰西与俄罗斯再度采取"外征以克服内治"的策略，积极对外殖民扩张，并将矛头指向奥斯曼土耳其帝国的领土。如此，进入1850年代，欧洲工业资本主义对奥斯曼土耳其帝国的渗透、帝国内部的分裂，以及法俄外部的包围，使得问题更为激烈。俄罗斯对奥斯曼土耳其帝国的要求与控制黑海两海峡的企图，导致英法的军事介入，引发1853—1856年的克里米亚战争。

克里米亚战争以俄罗斯帝国的战败告终，参战诸国在1856年签署《巴黎和约》，要点如下：

奥斯曼土耳其帝国正式加入"欧洲国际社会"，参与国际公法（万国公法），列强尊重并保障奥斯曼土耳其帝国的独立与领土完整。奥斯曼土耳其帝国保证其治下臣民不分宗教与人种，一律享有平等待遇，欧洲列强则自行否认一切干涉奥斯曼土耳

## 第五章　原理的转换

其帝国内政的权利。黑海中立化,其海面与港湾对各国商船完全开放,但永远禁止军舰出入。多瑙河完全开放,设置国际委员会管理之。比萨拉比亚州南部由俄罗斯割让给摩达维亚公国(Moldavia),后者与瓦拉琪亚公国(Wallachia)合组为罗马尼亚自治国,其宗主权隶属奥斯曼土耳其帝国[46]。

克里米亚战争及《巴黎和约》让奥斯曼土耳其帝国正式成为欧洲国家体系成员,欧洲国家体系首次扩张至非基督教地区。俄罗斯的战败则使得其百年来在黑海与地中海区域的扩张遭受到最严重的挫折,促发了其后的农奴解放(1861年)与外交上的转进,开始集中精力将殖民扩张的矛头对准中亚与东亚,从而打开中亚渐次沦为俄罗斯帝国殖民地的道路,并因此激化英俄在亚洲内奥(波斯、中亚、阿富汗、印度北部、中国西藏、中国新疆)的地缘政治"大竞赛",从而导致其后对波斯与阿富汗导入欧洲版的主权国家体制。

此外,克里米亚战争也改变了奥斯曼土耳其帝国与欧洲列强的关系。在这场战争中,奥斯曼土耳其帝国与英、法、奥、撒(丁尼亚)等国结盟,因而战胜俄罗斯帝国,暂缓了北方的威胁。但庞大的战费支出迫使帝国当局大量引进以英法为主的外国借款[47],致使奥斯曼土耳其帝国自此不仅在政治军事上依赖欧洲国家体系列强,并因此在伦敦与巴黎的要求下重开改革,重申1839年的敕令,并在1858年导入土地所有权法。

土地产权法系列改革是一组重构政治经济支配理论的计划。这套计划的核心是继承法、私有产权法、土地产权登录等系列法令改革。其论理是据此打破地方的闭锁共同体,创造一个由自耕农组成的地产阶级,让他们的经济活动逻辑不再是为了供养生活的自给自足,而是转变成为市场(尤其是对欧洲的出口)而生产,借此政府对人民(臣民)的支配不必再经由地方强侯与拥有大笔宗教捐赠地的乌拉玛集团（通过伊斯兰学院）等中介势力。这样一来，地方诸侯与乌拉玛集团的力量就会被削弱，他们对人民的社会控制或影响力将渐次丧失。相对的，中央政府的权威与权力将可获得强化，帝国当局对地方与人民的社会控制将逐步增长，从而可以阻止帝国分裂的趋势。换言之，这是企图透过经济生活的（世界）市场化，以达到中央政府社会控制力量的总合战略。

透过这个战略，原本尚未被卷入世界资本主义体系、抗拒权力的商品化，并对欧洲保有贸易顺差的地方诸侯来说，确实渐次地丧失其控制土地与农民的力量，并被编入世界资本主义的边陲。但伴随着地方诸侯力量的削弱，中央政府的权威也并未相对地增长，而事先想象的庞大自耕农阶级也并未出现。相反的，在耕地登录、私有产权法导入与经济活动（尤其是农耕活动）市场化的过程中，一股新的社会势力兴起。他们大都属于都会商人阶层，长期从事国际贸易的活动，熟悉金融与私产法的操作，借由苏丹当局土地所有权法的系列改革，居中以极低微的现金购得（交易或贿赂）大片土地，成为这波产权分割与交易大赛的最大赢家，并在即将到来的民族主义运动中扮演要角㊳。

与此相对，在新的产权分割大赛与经济规模市场化的过程中，农村闭锁共同体已被打碎，广大的农民丧失了旧有的社会秩序与安全网络，而且由于大多数的农民都未取得小额的耕地产权，因此未能走向自立的道路并成为伊斯坦布尔当局想象中的政权新基础。结果，作为帝国最终社会基础的广大农民并未离开农村，他们所处的物理空间并未转移，身份却突然从农村共同体的成员被迫变身成为无地的个体；既有的社会脐带已被割裂，只身投入到茫茫市场大海中的结局已无可避免，于是他们只能选择留在农村中沦为廉价半奴隶状态的佃农，或前往都市栖身在社会的底层，以出卖廉价的劳动力，勉强在社会的边缘中喘息。

## 第五章　原理的转换

正如俄罗斯帝国于1861年的农奴解放并未达到预期目标，反而摧毁了旧有的社会结构与生产关系，激怒所有的社会阶级一样，奥斯曼土耳其帝国当局的欧化改革也未达预期效果，反而造成社会结构的全面解体，地方诸侯与乌拉玛集团的社会力量被严重削弱，中央政府的权力与权威也并未增长，反而更为削弱，而以都会商人／金融阶层为主的势力，虽然在产权分割大赛中获利，但他们的力量尚未成长到足以建构新权力与新体制的程度。欧化改革造成的奥斯曼土耳其帝国经济社会结构与社会力的零碎化，使整个帝国在面对欧洲国家体系的压力时更显脆弱。这反过来又牵动着欧洲列强之间，及它们和奥斯曼土耳其帝国的互动关系。

具有社会革命效果的土地产权法系列改革，深刻地改变了奥斯曼土耳其帝国与欧洲列强（尤其是大英帝国）的关系。整部改革计划的幕后推动者是以大英帝国为首的欧洲列强，而奥斯曼土耳其帝国宫廷的欧化改革派与地方的中介商则扮演着伦敦那些帝国主义设计师的战略同盟角色，共同推对奥斯曼土耳其帝国依照大英帝国经济支配逻辑而被纳入世界资本主义体系与欧洲国家体系的工程。土地产权法系列改革的变动，标志着大英帝国"自由主义"经济战略的一大胜利。通过这个战略，大英帝国毋须对奥斯曼土耳其帝国导入像在印度半岛那样的直接殖民与支配，英国的资本家可以合法地经由市场交易成为奥斯曼土耳其帝国广大土地的"不在场地主"。而且以此为前提，借由交通革命所象征的科技进步，大英帝国不必透过直接的殖民与支配，而是透过市场交易，即可将奥斯曼土耳其帝国境内的资源源源不绝地汲取回英伦三岛，协助大英帝国的经济发展与整体国力向上，并借此稳固地维持乃至扩大对奥斯曼土耳其帝国当局的政治影响力。

自由主义经济战略在奥斯曼土耳其帝国境内的胜利，标志着世界经济与社会史的新转折。大英帝国的产业资本主义发展，从空间的角度来看，是以促进工业都市的发达与成长，即中心地带的繁荣为重心。此一发展需要能够提供劳动力与其他资源的腹地。在自由主义经济战略发动之前，扮演腹地角色的地区，在英国国内是农村地区，在国外则是殖民地，尤其是印度。现在，在自由主义经济战略发动并获得奥斯曼土耳其帝国的执行后，一个毋须占领土地与直接政治支配，即可实现经济剥削与政治控制的非正式帝国（informal empire）就此在当时的世界出现，大英帝国的帝国主义扩张与经济发展，与奥斯曼土耳其帝国的经济社会解体与政治衰弱形成了结构性的连结。这个连结愈持续且深化，大英帝国的资本便愈能顺利地在奥斯曼土耳其帝国境内扩张，其工业制品也愈能以市场的力量击溃奥斯曼土耳其帝国固有的手工业制品，于是中心、半边陲、边陲的世界结构就此完全确立。作为资本主义的先进国，大英帝国的经济发展必须以后进国的低度发展为前提，一切经济发展在本质上必然是低度发展的世界，就这样在自由主义经济战略的发动下被巩固起来。

然而，大英帝国自由主义经济战略的挺进，却对欧洲国家体系其他列强造成更大的竞争压力。由于其他列强在自由型经贸竞赛中不像大英帝国那样有优势，为了回应竞争的压力，它们加速对全球各地的殖民征服，并将箭头指向了奥斯曼土耳其帝国。欧洲列强在"东方问题"（与"大竞赛"）上的竞争更为白热化，并因此使"东方问题"的本质彻底沦为欧洲列强对奥斯曼土耳其帝国领土的血腥斗争。

面对这场斗争，奥斯曼土耳其帝国很快便发现自己无能为力。作为在15、16世纪震撼欧洲的"火药帝国"，奥斯曼土耳其帝国支配广土众民的基础最先是建立在军事征服之上，其后则是以伊斯兰作为统合治下诸民的意识形态武器。在伊斯兰的论理

## 第五章　原理的转换

下,奥斯曼土耳其帝国采行着远较欧洲基督教诸国来得宽容的共存政策,据此保持着治下诸民的相对和平、融合与由此而来的安定,并在16、17世纪成为欧洲诸国艳羡与模仿的对象。但随着原理的转换,伊斯兰的论理为民族的论理所取代,从而打开了帝国自我崩解的道路。民族论理的导入,直接冲击着帝国统治的正当性基础,当伊斯兰的论理被实质扬弃后,伊斯坦布尔便丧失超越性的意识形态统合工具。作为新型统合原理的民族主义,相较于伊斯兰更具排他性,因而更具渲染性,因为被排除的"他者"势必将被刺激着去找寻自己的对抗性理论,要求自己的民族。很快的,所有被支配、被压迫或遭受到差别待遇的帝国治下诸民族,将积极找寻、发现或尝试创造自己的民族,以作为挑战帝国支配与抗拒其他以民族为名而来的新压迫集团的武器。共存的原理已经被互斥的原理所取代,互斥与对抗的潘多拉之盒已经打开,最后一个伊斯兰帝国——奥斯曼土耳其帝国,已无法挽回分裂的命运。

## 注释

① 此一原则后由法国学者瓦特尔(Emmerich de Vattel)在1758年的著书《国际法》(*Le Droit des Gens*)中予以理论化。参见田畑茂二郎:《国际法》(东京:岩波书店,1966年),页63。

② Philip Mason, *The Men Who Ruled India* (Calcutta: Rupa & Co., 1989), pp.35-35;浅田实:《东インド会社》(东京:讲谈社,1993年),页168-172。

③ Industrial Revolution,作者原文用"产业革命"一词。

④ 英国殖民主义政策下,在美洲发现、挖掘与运用的金银矿产,协助了英国母国的工业革命,并造成了奥斯曼土耳其帝国货币的急剧贬值,使帝

国自欧洲列强导入新式武器与机械的能力大为降低。换言之，欧洲列强用它们在美洲掠夺阿兹特克（Aztec）、马雅（Maya）与印加（Inca）等古帝国积累数世纪之久的财富，逆转了欧洲国家体系与穆斯林世界的权力关系。参见 Jack Weatherford, *India Givers* (New York: Gawcett Columbine, 1988), p.16.

⑤ 能源（energy）的概念首次出现在工业革命的1840年代。

⑥ 谢世辉：《世界史の変革：ヨーロッパ中心史観への挑戦》（东京：吉川弘文馆，1988年），页231-232。

⑦ 角山荣：《イギリス产业革命》，岩波讲座，《世界史·十八》（东京：岩波书店，1983年），页159-161。

⑧ 武者小路公秀：《国际政治を见る眼》（东京：岩波书店，1983年），页55-59。

⑨ Lawrence James, *The Rise and Fall of the British Empire* (London: Abacus, 1997), pp.122-135；许介鳞：《英国史纲》（台北：三民书局，2008年），页146-147。

⑩ Simon Bromley, *Rethinking Middle East Politics: State Formation and Development* (Cambridge: Polity Press, 1994), p.58.

⑪ 杉原泰雄：《国民主权の研究》（东京：岩波书店，1971年），第二篇第三章。

⑫ 值得注意的是，nation 概念在法兰西的推行，并不意味着这种集合性概念已被各地的人民所普遍接受。实情是，在革命的过程中大约有200万人被杀害，显示了强行打造 nation 的悲剧性代价。

⑬ 英国社会学家 Anthony Giddens 将民族主义界定为心理现象，参见 *The Nation-State and Violence* (Cambridge: Polity Press, 1985), p.116，中文版《民族国家与暴力》由胡宗泽、赵力涛译，目前已绝版（台北：左岸文化事业有限公司，2002年）。

⑭ 本书强调的是法国大革命打造出的"民族国家"此一政治模型，而非主张民族问题、民族意识或民族主义的起源来自法国大革命。从历史发展的角度来说，在近代欧洲史上，民族问题起源在权力政治的国际关系中倍觉危机感而形成民族意识的（西欧周边的）东欧。换言之，东欧国家是西欧国家体系的第一个牺牲品。

## 第五章　原理的转换

　　1756—1763 年的七年战争，以及 1768—1774 年的俄土战争之后，西欧主权国家不断强化与发展，东欧则开始出现复杂的民族问题，如俄普奥三国瓜分波兰，使波兰民族问题复杂化：16 世纪以来，波兰"共和国"内，部分地主与贵族阶级开始萌芽起一种爱国心，但农民并不被认为是民族的一员，然而一般人民的归属意识，第一是家与村，其次是教会。三国第一次瓜分波兰后，贵族出身的知识分子却因此产生了"民族乃是在一个法体系下，以语言和风俗习惯为基础的人群集合体"的意识。

　　在巴尔干半岛上，在衰退的奥斯曼土耳其帝国中享有较优惠待遇的希腊人之间也出现了民族意识。帝国内东正教与希腊商人的特权地位、船主精英层的活跃，以及国外离散希腊人的成长等因素，促使希腊人语言与自觉的抬头。而在巴尔干半岛上的其他区域也出现类似的潮流，如 1762 年即有第一部"斯拉夫保加利亚史"问世。此一潮流的特色是少数精英阶层基于敏锐的危机意识所形成的民族意识。这种意识和西欧的意识不同。作为法国革命时期民族意识之出发点而倍受重视的卢梭，他的爱国情感并非产生于法兰西的土壤，而是来自于小国瑞士，只是其后被法国人所借用。参见江口朴郎编：《现代世界の民族》（东京：山川出版社，1987 年），页 8–10。

⑮ 安德森因此将民族主义定义为"想象的共同体"（imagined community）。但他对民族主义的讨论并未对民族主义、领土国家所有权观念，以及主权国家体系蕴涵的结构性竞争关系这三者间的关连性作出系统性的厘清。参见 Perry Anderson 著，吴叡人译，《想像的共同体》（台北：时报文化出版企业有限公司，2010 年）。

⑯ Carol Guluck，《近代の文法》，《思想月刊》1994 年 11 月号，页 2–5。

⑰ 丸山真男：《现代政治の思想と行动》（东京：未来社，1961 年），页 154。汉译本见林明德译，《现代政治的行动与思想》（台北：联经出版事业公司，1984 年，已绝版）。

⑱ 拿破仑于 1804 年称帝，打破欧洲政治史的神圣传统。若借用韦伯惯用的术语，则言其称帝之举，打破了欧洲政治的传统主义（traditionalism）。

⑲ Peter Horkirk, *The Great Game: The Struggle for Empire in Central Asia* (New York, Tokyo & London: Kodansha International, 1994), pp.2–3.

⑳ 以英法这两个帝国主义为代表，国家机关加速打造民族的过程，引来剧

烈的反抗。在这个内部反抗的过程中，伴随着法兰西与大不列颠的帝国主义扩张，两国的统治者巧妙地以外征的手法压抑了内治不安的问题，因而在 19 世纪塑造出"民族和解"的（假性）形象。因此，当马克思在 19 世纪中期以降在伦敦考察英格兰经验，构思其人民解放的新理论时，之所以会令人意外地在理论面前忽视民族问题而专注于经济／资本主义的剥削，而未有英法经验的德意志经济理论家李斯特，在构思被压迫人民解放之道，会以民族解放为第一要义，绝非偶然。福田欢一：《现代における国家の民族》，收录于福田欢一：《激动の世纪と人间の条件》（东京：岩波书店，1988 年），页 219–226。

㉑ "百年和平"其实是欧洲中心主义式的幻觉。维也纳会议之后的欧洲仍爆发着许多战争与革命，19 世纪的欧洲大陆大体维持和平的观感，乃是相对于第一次世界大战惊人的总体杀戮而来。"百年和平"的看法只是一次大战后人们对于现实的惊愕而产生的后向投射心理；对现实的恐惧和无力导致人们将过去予以美化，相对于现在和将来丧失信心的情绪导致人们惯于缅怀过去。对此，尼采曾指出："老年人专门向后看，缅怀过去，在过去的回忆中，在历史文化里找寻安慰。"引自 E. H. Carr, *What is History?* (London: Penguin Books, 1987)，p. 25；汉译本，王任光译，《历史论集》（台北：幼狮文化事业有限公司，已绝版）。

㉒ Jonathan Fletcher, *Violence and Civilization: An Introduction to the Work of Norbert Elias* (Cambridge: Polity Press, 1987)，p.25。

㉓ 俄罗斯于 1917 年社会主义革命的成功，前提是沙皇军队在第一次世界大战东欧战线上因战败而崩溃，沙皇政府不是为革命党人的武装力量所击溃。

㉔ John Agnew, *Geopolitics*：*Revisioning World Politics* (London and New York: Routledge, 1998)，p.89。

㉕ 权力政治（realpolitik）一词在 1850 年代出现。

㉖ 与 1783 年遭俄罗斯帝国兼并的克里米亚汗国不同，埃及属于奥斯曼土耳其帝国的直辖领土，尽管苏丹对埃及总督的控制已大不如前，但欧洲列强在拿破仑战争期间入侵埃及却正式引爆了帝国的解体与被殖民的危机感。

㉗ Malcolm Yapp, *The Making of The Modern New Near East 1792–1923*

## 第五章 原理的转换

(London: Longman, 1987), p.16.

㉘ 俄罗斯经济对欧洲依赖的发展模式,可参见托洛茨基在《俄罗斯革命史》中的分析:L. D. Trotsky, *Istoriya Reusskoy Revolyutsii* (Moscow: Respblika, 1997), Vol.1, "Osobennosti Razvitiya Rossii", pp.33–44.

㉙ Jacques Roupnik, *The Other Europe* (New York: Pantheon Books, 1989), p.9.

㉚ Orest Subtenly, *Ukraine: A History* (Toronto, Buffalo and London: University of Toronto Press, 1994), p.201.

㉛ V. P. Puzyrev, Zolotoy Vek Parusnogo Flota, I. M. Kapitants eds., *Rossyskomu Flotu 200 Let* (Moscow: Znaniye, 1996), pp.47–48.

㉜ 版垣雄三:《"东方问题"の激化》,收录于前嶋信次编:《西アラビア史》(东京:山川出版社,1978年),页458。

㉝ 塞尔维亚民族主义于18世纪末发展,主要由留欧的知识分子阶层推广展开理念。1788年由欧布拉维奇(Dositej Obradovic)率先提出"南斯拉夫人"的概念,而拉伊奇(Yovan Rayich)则在1796年出版第一部从民族角度进行论述的"塞尔维亚民族"史,形成不同的主张,但其分歧只停留在理念层次。武装斗争最先由奥地利军官出身,绰号黑乔治的彼得若维奇(George Petrovich)在1804年举兵,初始只为了反抗当地奥斯曼土耳其帝国新军的暴虐,不久即演变成要求塞尔维亚自治,因军事失败而未果。

1815年由俄罗斯支持的奥布连诺维奇(Milos Obrenovic)通过政治手段取得塞尔维亚有限的自治(1817年),并在希腊独立战争期间获得俄罗斯的支持,迫使奥斯曼土耳其帝国承认塞尔维亚为自治公国。但此后塞尔维亚即陷入黑乔治系与奥布连诺维奇系相互倾轧的王朝斗争中,斗争延续数代,渐次形成以对外追求"大塞尔维亚"的领土扩张政策来凝聚内部团结的政策基调。1817年塞尔维亚独立后,此一基调维持不变,成为巴尔干半岛火药库的重火药之一。有关塞尔维亚独立史的过程,参见李迈先:《东欧诸国史》(台北:三民书局,2002年),页183—191;有关塞尔维亚民族主义的病理,详见Branimir Anuzulovic, *Heavenly Serbia: From Myth to Genocide* (New York and London: New York University Press, 1999)。

㉞ John P. LeDonne, *Russian Empire and the World 1700–1917: The Geopolitics of Expansion and Containment* (New York and Oxford: Oxford University

Press, 1997), p.120.

㉟ 前嶋信次编:《西アラビア史》(东京:山川出版社,1978年),页377–378。

㊱ George Lenczowski, *The Middle East in World Affairs* (Ithacca and London: Cornell University Press, 1980), pp.35–36；李迈先:《东欧诸国史》,页119。

㊲ 有关巴尔干诸民族国家的形成过程,详见 C. Jelavich and B. Jelavich, *The Establishment of the Balkan National States 1804–1920* (Seatle: University of Washington Press, 1977)。

㊳ 坂本勉:《トルコ民族主义》(东京:讲谈社,1996年),页180–181。

㊴ 大英帝国是推动奥斯曼土耳其帝国进行欧化的主导国,但并非只有英国而已。奥斯曼土耳其帝国的欧化改革几乎是当时欧洲列强政府官员,及驻伊斯坦布尔的外交使节敦促苏丹当局的共同主题。参见 Bernard Lewis, *The Emergence of Modern Turkey* (London, Oxford and New York: Oxford University Press, 1968), p.124; Thomas Naff, The Ottoman Empire and the European States System, Hedley Bull and Adam Watson eds., *The Expansion of International Society* (Oxford: Clarendon Press, 1984), p.169。

㊵ Naff, op cit., pp.156-161; 铃木重:《イスラム国际体系》,收录于有贺贞、宇野重昭、木户蓊、山本吉宣、渡边昭夫合编:《国际政治の理论》(东京:东京大学出版会,1989年),页101。Bernard Lewis, *The Emergence of Modern Turkey*, pp.88–89。值得注意的是,1856年克里米亚战争结束后,欧洲列强方始正式承认奥斯曼土耳其帝国为欧洲国家体系的一员,但欧洲列强在奥斯曼土耳其帝国的各种特权并未废除。

㊶ C. Bayly, *Imperial Meridian* (London: Longman, 1989), pp.255 ff；前嶋信次编:《西アラビア史》,页378–379。

㊷ 转录自石碌:《真主阿拉的民族定义,伊斯兰世界的民族与国家》,《中央日报》1999年3月9日,版23。

㊸ 此处借用 Benedict Anderson 习自 Seton-Watson 的用语。参见安德森,前揭书,页97。

㊹ 同上。

㊺ Bromley, op cit., p.59.

## 第五章 原理的转换

㊻ A. J. P. Taylor, *The Struggle for Mastery in Europe 1848–1918* (Oxford: Oxford University Press, 1982), pp.81–82.

㊼ 奥斯曼土耳其帝国在克里米亚战争期间向英法为主的欧洲列强大幅举债，而其后的欧化改革并未改善帝国的财政，反而更加深帝国财政的危机，最终导致帝国财政在1875年宣布债务不履行，其财政管理由英法等国组成的国际管理委员会接管，而同类的欧化改革与债务危机也在阿里家族统治下的埃及出现。

㊽ Joel S. Migal, *Strong Societies and Weak States: State-society Relationship and State Capabilities in the Third World* (Princeton, N. J.: Princeton University Press, 1988), p.57.

## 第六章　伊斯兰与世界政治

拿破仑战争的冲击，不仅改变了奥斯曼土耳其帝国与欧洲国家体系的互动，也改变了世界政治的格局。拿破仑战争之后，大英帝国确立了全球海洋霸权，促使伦敦当局开始摸索与塑造全球规模的世界政策——自由贸易政策的全球化，即根据经贸自由主义的原则，加速将世界上其他地区整合到以英国为顶点的世界资本主义体系中，整合的向量不仅涵盖先前的欧亚非与北美洲沿海地区，更直接指向阿拉伯半岛、奥斯曼土耳其帝国、波斯、印度内陆、中亚、东亚，乃至俄罗斯[①]。

与此同时，为了确保大英帝国的全球霸权，防止（法国战败后）唯一的欧亚大陆强权俄罗斯的可能挑战，便成为大英帝国统治阶层的核心战略，尤其防止俄罗斯帝国威胁到英国的帝国通路。在地理上，黑海两海峡与阿富汗的开伯隘口（Khyber Pass，被称为地峡）这两个战略上的扼制点成为斗争的焦点。在鸦片战争（1839—1842年）后，清帝国被迫"门户开放"，俄罗斯趁势加速在东北亚的扩张，位于朝鲜半岛与日本列岛间的对马海峡于是成为第三个战略扼制点。黑海两海峡、开伯隘口与对马海峡三点连成一线，构成了19世纪大英帝国对俄罗斯帝国围堵（containment）战略的前沿。如此一来，英俄两大帝国的全球争霸使得伊斯兰世界，尤其是亚洲内奥，成为地缘政治角力的心脏地

第六章 伊斯兰与世界政治

带,并因此改变了高加索、印度、波斯和阿富汗的命运。

## 一、高加索俘囚

自 18 世纪中期的普莱西之役后,印度次大陆中南部的莫索尔(Musore)便成为大英帝国在印度扩张所遭遇的最强劲对手。在法国退出印度次大陆前,莫索尔和法国联军共同抗击大英帝国。法国因七年战争退出印度后,莫索尔的苏丹提普仍与法国维持良好关系,并由法国与荷兰引进军火抗英。1793 年英法开战后,法国派遣秘密使节前往莫索尔与提普协商联合抗英。1798 年拿破仑远征埃及之举,伦敦与加尔各答都认为这是法国将从陆路入侵印度的先声。于是英国东印度公司总督卫莱斯理(Richard [Marquess] Wellesley,1798—1805 年在任)立即运用这个机会,以武力威胁展开强制外交,迫使海德拉巴地方统治者保持中立。翌年,卫莱斯理派兵入侵并征服莫索尔,提普战死。大英帝国前进中部印度的殖民之路因此被打开,并开始与德干高原的马拉提势力直接对峙;而提普则被穆斯林视为伊斯兰的殉教英雄,他的名字在 30 年后被用来激励印度穆斯林抵抗大英帝国的侵略②。

拿破仑与英国的斗争也将波斯直接卷入。在 1747 年纳迪夏战死后,波斯便陷入长期的混战,直到北波斯卡贾尔部族领袖阿加·穆罕默德汗(Aga Momammed Khan)崛起。1794 年 8 月,阿加·穆罕默德击溃他在波斯的最后一个对手——南部的克尔曼(Kerman)之后,迁都德黑兰,波斯从此进入了百余年的卡贾尔王朝时代(1794—1925 年)。卡贾尔王朝的支配逻辑仍依循萨法维王朝,中央权威的树立意味着对边疆地带的扩张。1795 年的春天,阿加·穆罕默德重建波斯对锡尔温(Shirvan)、德尔班(Derbent)、巴库(Baku)等汗国的支配权,稳控里海南岸,并将

185

扩张矛头指向扼住高加索战略要塞的格鲁吉亚东部,该地自 1747 年之后即趁着波斯内乱而独立,并以亚美尼亚汗国(位于库拉 [Kura] 与阿拉克斯 [Araks] 两河之间)的宗主国自居。1795 年 9 月,阿加·穆罕默德派兵攻入提弗里斯(Tiflis,今格鲁吉亚共和国的首都第比提斯 [Tbilisi]),引起俄罗斯叶卡捷琳娜女皇在翌年 3 月对波斯宣战,5 月攻入德尔班,7 月克巴库,将兵力推至阿拉克斯河一线。不过在波斯采取焦土战略回应,及俄军后勤补给不足的状况下,于叶卡捷琳娜女皇去世后接任沙皇的保罗一世(Paul Ⅰ)不得不下令召回俄军③。

俄罗斯在外高加索的南进政策,用意有三:在外高加索建立起军事据点,然后连同北高加索线的俄军对北高加索的部族(车臣、达吉斯坦等)构筑包夹之势;在外高加索设置前进据点,以便南进波斯北部与争夺里海控制权;从格鲁吉亚西部向小亚细亚和黑海投射兵力,直接压迫奥斯曼土耳其帝国的心脏地带。尽管在 1795 年的军事冒险并未成功,但拿破仑很快给了俄罗斯机会。

1800 年,拿破仑与沙皇保罗一世计划共同远征印度以扼制大英帝国的战略心脏。翌年,保罗一世命令哥萨克准备进军印度。尽管此一攻印计划不久即因保罗一世突然在三月被暗杀而中断,但圣彼得堡仍趁机于同年 5 月出兵兼并格鲁吉亚。法俄合作进军印度的暂时受挫,促使巴黎决定利用波斯作为前进印度的基地,而波斯则考虑以防俄作为联法的条件。与此同时,警戒法波动向的英国,则由印度总督卫莱斯理派遣年轻军官麦尔肯(John Malcom)急访德黑兰,以协助波斯防御俄罗斯和阿富汗及提供援助为条件,谋求阻止波斯与法国合作,并趁机扩大英国、印度与波斯的通商关系。结果此举奏效,其后波斯即拒绝法国有关联合攻击印度的提案,并卷入英法俄三大强权的权力斗争中。

1804 年,法国改而提议波斯与俄罗斯缔结同盟,谋求调和波

## 第六章　伊斯兰与世界政治

俄关系以阻断英国利用俄罗斯威胁来争取波斯,但未获德黑兰回应。1805年,法俄关系趋于紧张。翌年,巴黎派遣使节团前往德黑兰,以协助波斯向俄夺回格鲁吉亚与提供经济援助为条件,换取波法共击印度的合作。其后法国使节团又增加条件,即波斯遭受俄攻击时法国将提供援助,终于征得德黑兰同意共同攻击印度的提案。1807年5月,法波签署协定,法国军事代表团旋即抵达波斯,着手研拟共同攻击印度的作战方案。7月,法俄关系和解,拿破仑与沙皇亚历山大一世在普鲁士签订《提尔希特条约》,对联合远征印度一事又达成和议。为了牵制法俄动向,英属东印度公司总督明托(Lord Minto,1807—1813年在任)分派三路使节:派麦尔肯前往波斯,艾尔芬史东(Mountstuart Elphinstone)前往阿富汗,梅尔加尔菲(Charles Metcalfe)前往锡克教政权所在位置拉合尔④——这三地正是陆上进攻印度的必经之路——争取三地领袖与英合作,以抗拒法俄来自北方的威胁。

结果,麦尔肯并未说服德黑兰取消法波协定,而艾尔芬史东则在阿富汗达成任务。1809年6月7日,大英帝国与阿富汗缔结友好条约,这是阿富汗首度与欧洲国家体系成员国签订条约,并意味着阿富汗自此正式被卷入欧洲国家体系的权力斗争之中。1810年,麦尔肯再度前往德黑兰,提议若波斯对俄开战,英国将提供一年12万英镑协助波斯,并派遣军事代表团协助训练波斯军队,于是德黑兰又倒向英国。1812年,拿破仑征俄,英国急于争取俄罗斯,于是运用俄罗斯威胁论来争取波斯合作的计划又告停顿,而圣彼得堡则趁英国改变策略之际重启对波斯的侵略,于1813年签署俄波之间的《古立斯坦(Gulistan)条约》,波斯除正式放弃格鲁吉亚之外,又丧失对达吉斯坦(Dagestan)、明格瑞利亚(Mingrelia)与阿布哈吉亚(Abkhazia)、巴库、德尔班、夏基(Shaki)、锡尔温、卡拉巴赫(Karabakh)、塔里布(Talish)的部分，而俄军拿到了里海的支配权。

拿破仑征俄的失败，对伦敦来说意味着法国的威胁将很快消除，而俄罗斯来自北方的威胁则更具现实性。《古立斯坦条约》将俄罗斯的势力推至阿拉克斯河，并使里海成为俄罗斯的内陆湖。此后，俄罗斯即可从提孚里斯（Tiflis）与奥伦堡（Orenburg）两大战略据点向南与向东进行扩张。

俄罗斯的前进使大英帝国立刻在波斯进行反击，利用德黑兰当局对俄的敌意正浓，在1814年缔结《英波条约》，英国承诺每年提供15万英镑的援助，而波斯则同意不与英国的任何敌对国缔结条约和采取共同军事行动，且不允许英国的敌对国军队通过波斯领土⑤。翌年，法国退出印度与波斯的权力竞赛后，英国基于防卫印度与围堵俄罗斯的现实利益，而俄罗斯则基于传统的南进政策与扼住大英帝国要害等考虑，于是两大强权在亚洲内奥展开了激烈的权力斗争，名为"大竞赛"。

英俄在亚洲内奥的"大竞赛"以1850年代的克里米亚战争为转折点，略分为两个阶段。在克里米亚战争之前，俄罗斯对亚洲内奥的扩张政策是其黑海政策的延长。为了彻底控制黑海，圣彼得堡当局决意控制黑海沿岸各地，包括黑海右岸的北高加索与外高加索地区。在克里米亚战争之后，俄罗斯向黑海海峡的扩张政策遭受史无前例的挫折，加上清帝国在鸦片战争中暴露出弱点，于是圣彼得堡当局遂将侵略的方向转向中亚与东亚。

在19世纪上半叶俄罗斯的扩张过程中，征服北高加索时，遭遇来自当地原住诸民族自主性的激烈抵抗，是俄罗斯帝国史上最为惨痛的一页。而对外高加索的征服则遭遇到奥斯曼土耳其帝国与波斯卡贾尔王朝的抵抗。

作为"欧洲第一山"的高加索山，自西北向东南横贯黑海与里海间的广阔地峡。最高峰厄尔布鲁士山，海拔5462公尺，高

## 第六章　伊斯兰与世界政治

度为全欧之冠。传统上,将高加索山脉的分水岭作为南欧与西亚间的分界线。高加所一词不仅指山脉本身,也包含了山脉两侧的广大地区。北侧称为高加索或北高加索,南侧则称为外高加索。整个地区面积44万平方公里。

峻拔的高度加上陡峭直立的坡度,使高加索山自古以来即成为欧洲文学想象的重要对象。早在公元前700年,擅长航海经商的古希腊人便已在黑海沿岸建立商站与小型殖民地,逐渐获知高加索山的存在。这是希腊人世界观中的世界第一高山,因而留下了许多关于高加索山的文学创作与神话传说。其中最重要的是古希腊三大悲剧作家之一的埃斯库罗斯(Aeshylus,公元前525/524—前456/455年)笔下的"被缚的普罗米修斯"——普罗米修斯被拘困的地方,正是高加索山。在象征意义上,高加索山是希腊诸神的聚会地场,更是人类文化与苦难的原乡。

雄伟、峻拔、地势复杂与难以穿透的自然造型,加上山脉、高原、山麓、平原、河流、湖泊、草地、森林、沼泽及大草原参差交错,使高加索山地区的住民彼此不易沟通,形成了部落分立与语族千奇百怪的特色。对近代西欧精神文明的发展的贡献并不亚于西塞罗、贺拉斯与维吉尔的古罗马作家老普林尼(Pliny The Elder),在公元77年写成33卷的大著《博物志》,其中记载:罗马人至高加索各部落间经商,雇用的翻译多达134名。中世纪阿拉伯伟大史学家阿济里(al-Azizi)曾亲自游历过高加索,仅在达吉斯坦一地就发现了多达300多种彼此难以沟通的语言,因而称高加索为"诸语言之山"⑥。

11、12世纪,苏非派教团纳克许邦迪(Naqshbandiya)与卡迪尔(Qadiriya)将伊斯兰教传入北高加索,此后北高加索地区的住民即逐渐改宗伊斯兰,伊斯兰信仰与阿拉伯文成为统合诸语族住民的凝结器——在教育上具有独占性的阿拉伯文成为部族与部族之间互通的语言⑦。

1723年，俄罗斯彼得大帝曾派兵远征里海西岸，企图夺取亚历山大大帝远征中亚与印度时行经的军事要冲，被当地穆斯林称为"天下第一关"的德尔班。1774年与1784年的两纸《俄土条约》，使得俄罗斯取得克里米亚半岛与格鲁吉亚的支配权，顺势对北高加索加强攻势，在1785年激起了穆斯林领袖曼苏尔（Shaaykh Mansour）领导的圣战反抗。1815年的维也纳会议，确立了反革命的欧洲诸专制王权联盟体制，俄罗斯的西部前疆暂告安定，开始将精力放在高加索征服的帝国事业上⑧。然而，帝俄的征服极不顺利，遭遇到高加索山民的激烈反抗。

北高加索征服的挫折使圣彼得堡决意加快对外高加索的侵略。这有三重战略意义在：第一是作为黑海政策的延长，控制濒临黑海的外高加索地区。第二是控制外高加索，连同在北高加索北部沿着捷列克河一线展开的俄军，可对北高加索山岳地带进行抵抗的原住民构成战略包围。第三，控制外高加索，就可控制该地区的卡拉（Kara）河与姆拉特（Murat）河，这两条河川构成幼发拉底河的源流，即控制两河后可将影响力推至叙利亚乃至波斯湾，对奥斯曼土耳其帝国、波斯与大英帝国构成战略上的压力⑨。

1816—1827年间，叶尔莫洛夫（Alexey Ermolov，1772—1863年）出任高加索远征军司令，为了向沙皇亚历山大一世表现战功，决定对高加索采取最暴力的镇压手段，并在1818年建立战略要塞"雷威"（Groznaya），代表帝俄军队"杀无赦"的威吓与恐怖政策。这个战略要塞就是今日车臣共和国首府格洛兹尼（Grozny）的起源。之后俄军便以格洛兹尼为据点，自1819年起将兵力增至5万，并利用俄罗斯边疆屯垦农民组成的哥萨克骑兵团作为前导，对北高加索地区展开猛烈的侵略攻势，并陆续在车臣与达吉斯坦等地建立要塞并向前推进，因而引起山民们

## 第六章　伊斯兰与世界政治

的抵抗，为了惩罚这些原住民"过剩的独立之爱"，叶尔莫洛夫下令展开今日被称为"种族灭绝"的屠烧村落与屠杀一般平民的大虐杀⑩。

然而这些恐怖的杀戮政策并未使北高加索地区的穆斯林屈服，在车臣出身的夏米尔（Imam Shamil，1797—1871年）的领导下果敢反抗，展开了长达40年的血战，直到1859年夏米尔被捕后，该地才被帝俄强行并吞⑪。

尽管遭受激烈抵抗与高昂代价，帝俄政府仍执意推动侵略政策。整个1830年代到40年代，俄罗斯帝国的国内外情势处于相对安定与和平的时期，使帝俄有余裕派遣更多部队前往高加索。数万名以上的贵族军官被派到最前线去历经他们生平最重要的战争训练。一如印度征服对大不列颠的军官养成一样，高加索成为帝俄军官升迁的最重要途径。不只如此，正如印度征服刺激出英格兰作家的帝国主义想象与论述（如1907年诺贝尔文学奖得主吉卜龄［Joseph Rudyard Kipling］，1865—1936年）一样，高加索经验也催生出19世纪俄罗斯桂冠作家群。在外高加索原住民中不过是杀人狂的叶尔莫洛夫，在俄罗斯国内却受到知识阶层的普遍推崇，其中包含了诗人普希金（Alexander Sergeyevich Pushkin，1799—1837年）⑫。

普希金被广泛誉为俄罗斯文学史上第一诗人，生于莫斯科的贵族之家，年轻时为帝国军官，由于受到西欧浪漫主义与法国大革命自由主义的影响⑬，普希金与他同时代的许多青年军官类似，热烈拥抱君主立宪制，因而在1802年遭沙皇流放至高加索，并于两年后出版《高加索囚俘》（*Kavkazky Plennik*，1820—1821年），自此开启了俄罗斯文学与思想史上的"高加索时代"。在普希金之后，莱尔蒙托夫（Mikhail Lermtov，1814—1841年）的《我们时代的英雄》（*Geroy Nashego Vremeni*），以及托尔斯泰的《哈吉·拉慕特》(*Hadji Murat*)系列以高加索为主题的作品，在俄罗斯文学史上的地位正如吉卜龄在英格兰文学上的地位一样。对此，19世纪末、20世纪初的俄罗斯作家索洛古博（Fedor Kuz'mich Sollogub, 1863—1927年）曾有这样的描述："那里（高加索）进行着令人难以想象的激烈战斗，那里产生了整个世代的俄罗斯英雄，那里流传下来年轻战士功业彪炳的不朽事迹，留下了整部俄罗斯的《伊利亚特》。"⑭

高加索征服与相关文学活动的最重要意义，是塑造了俄罗斯版的东方主义。普希金、莱尔蒙托夫等人自由主义式的政治诉求，遭到作为维也纳体制重要支柱的俄罗斯沙皇政府的镇压，高加索遂成为俄罗斯自由主义派寻求自由的另类出路。两代文学家的如椽之笔为俄罗斯人的高加索意象留下了烙印。对政治上遭到压抑、欠缺精神动力，沉浸在帝京颓靡生活中的俄罗斯青年贵族军官而言，高加索成为浪漫主义式的自由之地，是他们逃离帝俄的乌托邦⑮。

经由此一系列文学的想象、作品中的异国情调以及优美俄文的操作，高加索乃"俄罗斯的土地与前疆"这个印象，深深刻在俄罗斯人的心版上。高加索一词对俄罗斯人而言，已不再只是纯粹的地理概念，而是俄罗斯史上的一个时代，一个极富浪漫主义的政治计划。以莱尔蒙托夫为例，他在为高加索人的原始自由生活宣告结束而感叹之际，也与普希金一样认为俄罗斯文化对高加索各民族的最后胜利是历史发展不可避免的必然趋势，并据此向高加索原住民提出劝告，要他们对俄罗斯的胜利抱持乐天安命的态度。普希金曾说："低下你的头吧，高加索人！因为叶尔莫洛夫到了。"莱尔蒙托夫则曾经对北高加索原住民预言道："总有一天你们会骄傲地说，诚然我们是奴隶，但至少我们是世界统治者的奴隶。"⑯

## 第六章 伊斯兰与世界政治

如此,前进边疆(帝国扩张)与追求"自由"两者合一。在国内遭受挫折的自由主义成为帝国扩张的尖兵,并通过多布罗琉多夫(N. A. Dobrolyubov,1863—1861年)等同代通俗作家的渲染,俄罗斯版的东方主义宣告成立,其核心内容是,"先进的"俄罗斯为"落后的"高加索穆斯林带来"文明"与"进步"[17]。

## 二、部落共同体的危机

与在北高加索遭遇的长期抵抗相较,俄罗斯在外高加索的扩张显得较为快速。1813年《古斯坦条约》后,大英帝国加强了对波斯的影响力,并在1824年将驻德黑兰代表团的指挥权从伦敦移至加尔各答,这意味着波斯的"防卫"被纳入大印度(Greater India)的"防卫圈"之内。同年,英国与普鲁士达成协议,计划在(波斯的)阿塞拜疆建立起英普共同殖民地,借此防堵俄罗斯的南进[18]。俄罗斯对此的回应是1826年的波俄战争(1826—1828年),并在战后于1828年迫使波斯卡贾尔王朝签署《土库曼查伊条约》,在外高加索取得完全支配性地位,在波斯享有最惠国与优势地位,并得以在德黑兰建立永久性外交/军事代表团——在此之前,仅英国享有常驻代表团的权利[19]。

俄罗斯的前进,促使英国东印度公司总部在1830年元月命令印度总督拟定围堵俄罗斯南进的"大计划"(Master Plan),并开始调整对印度及其周边区域的整体战略。整个新战略的基本考虑是,担心俄罗斯的南进使大英帝国无法将其自由贸易政策推展至中亚而丧失利益,并且担心圣彼得堡惯用的"制造动乱"战略将随着俄罗斯的南进波及印度次大陆,进而影响到大英帝国在印度的殖民统治。由于大英帝国并未控制印度河以北的地区(信德、旁遮普,以及其他),围堵俄罗斯南进的顾虑使加尔各答当局开始转向直接征服这些地区,而地理上的前疆就是阿富汗。

阿富汗现在正渐次成为英俄帝国竞赛的焦点,而波斯的政策转向,使阿富汗的局势更为复杂。一方面,在1813年与1828年两纸条约使波斯彻底丧失在高加索的领土后,德黑兰当局认为与英国合作的效用不大,并警觉到在丧失西向通往欧洲的战略要道之后,因而有意在东方(呼罗珊)取回补偿。另一方面,基于转移波斯注意力以防止德黑兰在高加索地区寻求报复,同时又可借此弱化英国在印度的地位等考虑,俄罗斯鼓励波斯东进并提供实质援助,包括武器与军事顾问团。1833年,波斯出兵夺取呼罗珊,兼并该地区的大部分领土,进而挥军赫拉特,但围城未果,于1837年又再度兵临赫拉特城下。

遭受攻击的阿富汗正处于非常衰弱的状态。在1773年6月阿赫玛德汗逝世之前,是新兴的阿富汗国势巅峰期,新帝国的版图西至呼罗珊,东至克什米尔与旁遮普,南抵印度洋滨,北达阿姆河,并经由条约与联姻等政策,确保了对这些地区的间接统治。一如其他创建帝国的君王一样,阿赫玛德汗也建立了新都坎大哈,但并未因此使这个新首都拥有独立的经济基础。尽管新帝国已经建立,但既有的社会结构却纹风不动,建立在血缘原理上的生产方式依旧压倒性地存在,尤其在阿富汗的西部更具支配性地位。大多数住民,在山岳地型自然切割,形成各村落之间相对孤立,各村落享有高度的地缘性、自立性与自足性等条件下,认同与效忠成同心圆排列:家族、村落共同体、村落之上的部族、部族联合,最后才是国家。

阿赫玛德汗采取游牧帝国典型的贡赋制度来作为帝国财政基础,亦以村落共同体而非个人作为缴纳贡赋的基本单位,从而维系并巩固着原有社会结构与认同排序。因此,阿赫玛德汗帝国的性格,与其说是一个中央集权的王国,不如说是普希图人与非普

## 第六章　伊斯兰与世界政治

希图人诸部族共同组成的部族联合体——汗国（Khanate）或是"掠夺帝国"。这种支配体制很快就因阿赫玛德汗这位带有英主型人格魅力的领导人逝世而陷入危机。毕竟阿赫玛德汗用来超越血缘脐带之限制的策略，是战争的果实与伊斯兰的统合论理，但战利品分配的策略只具有短暂的效果，而伊斯兰的统合也经常在世俗冲突（土地、财产、女性）时，难以超越家族、村落共同体，部族等纽带。发现或开发可依赖与可再生之资源问题始终存在，并构成帝国政治经济的核心问题，使阿赫玛德汗的后继者都不能不面对[29]。

阿赫玛德汗之子提穆尔夏（Timur Shah，1773—1793年在位）继承王位后便立刻面临到这个问题，而且也立即遭遇到王位继承战争。在这场战争中，许多阿布达利系普希图部族投入反对阵营，他们的军队一度逼近首都坎大哈（普希图语城市），迫使提穆尔夏在1775年迁都至东部的达利语（以波斯语为源的混合语）城市喀布尔，并大量晋用非普希图族人，借以让统治机关更加独立于普希图部族的影响。进一步，实质上等于普希图内战的王位继承战争，也摇撼着帝国当局对其他非普希图住地的支配，旁遮普、信德、克什米尔等遥远的省份起兵反叛，致使帝国财政最重要的基础——贡赋体制因而大受动摇。在这个双重挑战的局面下，提穆尔夏只能集中全力处理普希图内战，无暇派兵镇压边疆省份，导致边省贡赋大为减少，帝国财政因而陷入危机。和许多前代帝国陷入财政危机时便加重对农民的赋税一样，提穆尔夏也采用了同样的方法——增加对非普希图人的课税，因而又引起非普希图人的反抗，进一步弱化了中央政府的权威。此外，提穆尔夏重用非普希图人的政策，反而强化了普希图诸部族的怨念，使得中央权威更加弱化。提穆尔夏于1793年过世时，并未指定王位继承人，最后导致他与来自不同部族10位妻子所生下的23名王子再度陷入了王位争夺战[21]。

最后，新王拉曼夏（Zaman Shah，1793—1802年在位）在内战中勉强登基，导入强化中央集权的政策，并增加对东部各省的课税以充实政府的财政。而拉曼夏与兄弟间的王位争夺战，则再次演成普希图诸部族之间的混战，激化了各部族之间的不信任与怀疑，导致拉曼夏在1800年放逐自己的宰相，普希图巴拉克赛系（Barakzai）穆罕默德氏族（Muhammadzai）领袖帕延达汗（Sardar Payinda Khan Barakzai），结果反拉曼夏的势力便趁势以帕延达汗为中心，展开推翻国王的策划。拉曼夏发现了此一构想后，便亲手挖出了帕延达汗的双眼，于是，帕延达汗的21个儿子便起兵为父亲复仇；这也给了拉曼夏那些有意争夺王位的兄弟们绝佳的良机，复仇剧目最后演变成为萨多赛诸氏族间为争夺王位而展开的全面内战。1801年，帕延达汗的长子法提汗（Wazir Fateh Khan）与拉曼夏的王弟马赫慕德夏（Shah Mahmud）联军攻入喀布尔，也挖出拉曼夏的双眼作为报复，并改推马赫慕德夏为新王（第一次在位时间为1801—1803年），并以法提汗为宰相。但马赫慕德夏恐惧法提汗控制大权，也挖了其双眼，同样引起法提汗诸子举兵复仇，内战又起，拉曼夏之弟修贾夏（Shah Shujah）在其旧都坎大哈称王。1809年，修贾夏前往白夏瓦与英国缔结盟约，企图运用英国的力量来协助自己在内战中赢得胜利。但此时英国关切的是拿破仑战争与印度防卫，无意介入阿富汗内战。不久之后，法提汗之弟杜斯特汗（Dost Mohammad Khan，1819—1863年在位）崛起而控制政权（1818年），却因此再度引爆争夺王位的内战（1818—1834年）。在内战中，杜斯特于1826年在喀布尔称王（Amir，正确的意义为穆斯林的司令官），修贾夏流亡，逃至旁遮普[22]。

在拉曼夏时代，旁遮普的锡克教领袖兰吉特·辛赫（Ranjeet

## 第六章　伊斯兰与世界政治

Singh）仍维持着对阿富汗缴纳贡赋的被支配关系，但当修贾夏忙于内战时，兰吉特在拉合尔自立为王，自称大君（Maharaja），不再缴纳贡赋。当修贾夏出亡至拉合尔后还一度获得兰吉特的庇护，但不久又被迫离开，前往鲁迪安纳（Ludhiana，今印度旁遮普境内），接受英国东印度公司的保护[23]。此后阿富汗政权便由巴拉克系穆罕默德氏族控制，但内战仍延宕不绝。不久，丧失对旁遮普控制权的阿富汗即面临来自俄罗斯的威胁。

俄罗斯控制外高加索并在波斯取得巨大利权的行动，以及由俄罗斯在幕后鼓动的波斯进军阿富汗之举，引起大英帝国的警戒，并因此改变对印度西北部与阿富汗的政策。

在拿破仑战争后，大英帝国积极推动印度的全面殖民化政策。1815年开始，伦敦改变对印度的殖民政策，从先前专事征服与掠夺但不干预被殖民者社群内部运作的"不干涉"政策（noninterference policy），转变为以文明开化为名的"内部改革"（internal reforms）与英语化政策[24]。此一政策是英国东印度公司强化其权威的一环，另一环则是扩大对印度次大陆的征服。1818年，马拉提人被迫臣服；1824年的一场战争，英国兼并了缅甸的部分独立王国，借以确保孟加拉殖民地的前疆安全。

在这段印度征服期间，英国的政策是维持边疆的安定，亦即运用阿富汗、俾路支与信德三地作为遏止俄罗斯侵入印度的前方防卫圈，因而企图促成三地的统治者结成联盟以增强防俄实力。但这个结盟政策目标却一直无法实现；随着阿富汗的内乱与整个地区的纷乱不休，旁遮普的锡克政权崛起，并且很快地成为印度西北部的重要势力，并在1828年攻占印度富庶西北部的战略要塞白夏瓦。

正是在这段期间，尤其是在1828年俄罗斯与波斯的《土库曼查伊条约》签署后，大英帝国转变了先前的政策。自1830年代起，改采更具侵略性的"前方战略"——在印度西北更前方寻找可防御的天险作为阻俄防线，并着手控制印度与此一防线间的领土，将矛头指向印度的北方边界，对象包括在旁遮普崛起的强大锡克政权、阿富汗与波斯。此时出现的核心问题是：防线如何界定？印度的边疆是否应以印度河为限，抑或再往前推到阿富汗境内的喜马拉雅山麓，乃至中亚的阿姆河？在历经数度争论之后，加尔各答当局获致基本共识：印度的安全需要一个以阿富汗作为顶点的"防疫线"（cordon solitaire）[25]。

为了遂行这个前方战略，印度总督再度运用"分化而征之"的策略，鼓励锡克政权攻击阿富汗东南的富庶区域普希图斯坦（Pushtunistan）；阿富汗的杜斯特汗转而要求印度总督制止锡克政权的劫掠，并以愿意协助英国防御俄罗斯作为回报。对此，俄罗斯的回应是鼓动与支持波斯政权再度进攻赫拉特。1837年11月，波斯大军包围赫拉特，而大英帝国的印度总督奥克兰（Lord Auckland）则在翌年派遣500名精英部队侵入波斯湾岸，占领哈尔格（Kharg，Karrack）岛，并派遣大军进入阿富汗，协助喀布尔当局防御赫拉特。

如此，赫拉特围城暂解，但此役使阿富汗的杜斯特汗警觉到西北威胁的严重性并认识到俄罗斯的角色，因而开始与俄罗斯接触。1838年10月，俄罗斯使节维克托维奇（Viktovich）密访喀布尔，提议在俄罗斯的仲介下，促成波斯与阿富汗缔结带有抗英性质的同盟条约。此一举动很快地为大英帝国的情报单位获知，同时激起伦敦与加尔各答的危机感。为防止战略上被称为"通往印度之门户"与"通往中亚之门户"的赫拉特落入俄罗斯的控制范围内，以及稳控"防疫线"所在地的阿富汗与波斯，大英帝国一方面迫使德黑兰当局签署商业条约，打开波斯市场，公开表现出封锁俄罗斯前进印度洋的政治立场；另一方面由印度总督奥克

## 第六章 伊斯兰与世界政治

兰与锡克政权的兰吉特、流亡在印度的修贾夏缔结三边"友好条约",前两方承诺出兵协助修贾夏夺回喀布尔政权,修贾夏则承诺对英国效忠,并允诺将阿富汗东南部分的领土给予兰吉特作为回报[26]。于是,大英帝国在阿富汗建构扈从国(client state)的战略便自此开始。

1839年春,奥克兰发动9万大军,以修贾夏为名义领袖,英国军官为总司令,开始对阿富汗发动攻击,取道俾路支和信德(兰吉特未同意英军取道旁遮普),于4月下旬攻入坎大哈,8月攻入喀布尔,修贾夏再度称王,而杜斯特汗则逃离首都,一度对英军展开游击战,但不久即放弃而投降,被遣送至印度拘留。但驻屯的英军很快便又遭到吉尔赛系普希图的游击反抗,后者视英军为占领军,视修贾夏为傀儡政权而拒不接受,并着手运用山区与乡村地区对控制主要大城与主要交通干道的英军／修贾夏军进行游击战。而杜斯特汗诸子,阿克巴汗(Wazir Akbar Khan)、罗加里(Amin Logari)与马斯吉(Mir Masjidi)等人则在喀布尔郊区举兵呼应,并成为领导阿富汗全国抗英的领袖[27]。

与大英帝国在阿富汗的军事侵略相对,俄罗斯帝国的奥伦堡总督彼洛夫斯基(Perovsky)也趁机在同年12月派远征军攻击基发(Khiva)汗国,借以作为对英国入侵阿富汗的回应。此次的远征并未成功,但首次表现出俄罗斯准备用武力侵略中亚的新动向。

英国扶植傀儡政权以建立扈从国的战略,在阿富汗游击战中也遭遇严重挫败。修贾夏政权被推翻,英国则在1814年被迫撤军,但在撤退的过程中遭遇到毁灭性的打击,单是在撤离开伯隘口的过程中,即因遭受攻击而造成4500名英军及连同在印度的雇佣兵,一共1.6万人被杀[28]。翌年,杜斯特汗回到阿富汗,为了巩固政权而着手迫害吉尔赛系普希图部族的游击战领袖,借以重建英国人入侵前的内部政治结构。此后，普希图巴拉克赛系穆罕默德氏即长期控制着阿富汗的政权，历代国王皆出身此一氏族，直至1973年末代国王札希尔夏（Mohammad Zahir Shah）被推翻为止。

在这一场被称为第一次英阿战争（1839—1842年）的血腥斗争中，面对阿富汗游击军（以吉尔赛系普希图为主力）的激烈反抗，大英帝国遭受了史无前例的挫败。对此，当时的卡尔·马克思在他的《印度史笔记》中这样记录道："奥克兰羞愧地回到了英格兰，（他的职务）改由大嘴象艾仁伯（Lord Ellenborough）接掌。艾仁伯誓言采取和平政策，但在他的两年任期内，剑从未被放下。"㉙

第一次英阿战争的失败，说明了英国虽可以轻易用武器更换喀布尔的统治者，但要维持不受欢迎的傀儡政权却非常困难。战后，新任印度总督艾仁伯决定以武力征服控制信德地区的俾路支诸王与控制旁遮普的锡克政权，因而导致了三场大战：1843年对信德的战争，1845—1846年，以及1848—1849年对锡克政权的战争。透过这些战争，英国控制了阿富汗先前被锡克政权占领的地区，并取得了白夏瓦与许卡尔朴尔（Shikarpur）两处战略要地——前者是控制印度通往开伯隘口与喀布尔的要道，后者则控制着印度通往伯兰隘口（Bolan Pass）与坎大哈的要道。这两条路线正是连结阿富汗与印度的必经之路。

就在英国发动第一次英阿战争之际，欧洲与东亚也出现重大转变。在欧洲，1830年7月的法国革命导出了王权复辟，新登基的路易·菲利普为了移转国内焦点，改采积极对外扩张路线而侵入北非的阿尔及利亚，并开始改善与俄罗斯之间的关系，谋求联俄制英。法俄在欧洲的接近被大英帝国视为噩梦，为了维持欧洲的权力平衡，伦敦转而扶植普鲁士以牵制法国，为后来的德意志

## 第六章　伊斯兰与世界政治

统一与德意志的崛起铺设道路。

在东亚，源自孟加拉鸦片出口清帝国的贸易纠纷，导引出1839—1842年的鸦片战争。鸦片战争打开了以清帝国为顶点的另类国际体制——东亚华夷秩序（朝贡贸易与册封体制）崩解的道路。战败的清帝国暴露出弱点，并因此给予1689年《尼布楚条约》之后即慑于清帝国威望的俄罗斯帝国新的刺激，开始转变对东北亚的策略，改行积极的侵略扩张路线。1847年穆拉维约夫（Nikolay Nikolayevich Muravyov，1809—1881年）出任掌管东进的伊尔库茨克总督，标志着俄罗斯开始展开东北亚侵略的新动向。面对这样的态势，大英帝国的回应是采取维持清帝国生存的策略，将长江一线以南视为其利益范围，并在后来积极地支持明治维新（1868年开始），协助日本的崛起，借以构筑在鄂霍次克海、日本海、对马海峡围堵俄罗斯海军（海参崴为基地）南下的战略支柱。

如此，英俄两大帝国的权力斗争，便从黑海海峡与开伯隘口两处扼制点，渐次演变成涵盖整个世界岛（欧亚非大陆），从北欧的斯堪的那维亚半岛到对马海峡的全球性斗争。

### 三、缓冲国的扶植

英俄的斗争以争夺黑海海峡与开伯隘口的控制权为焦点。第一次阿富汗战争（及其后的第二次阿富汗战争）最根本的目的是控制开伯隘口。1853年引爆的克里米亚战争，其焦点则是在黑海海峡的控制权，这场战争使英俄两大帝国的"大竞赛"进入新的阶段。

在血腥地征服印度次大陆西北部的信德、旁遮普等地区后，大英帝国凭借着优势的武力使阿富汗的国土规模急剧缩小。广袤领土的丧失，对阿富汗产生了极为深远的影响。自此之后，中央政府永久地丧失了富裕的东北部诸省，包括旁遮普、信德、克什米尔等地，前后被新崛起的锡克王国、地方军阀与大英帝国所占有。俾路支斯坦则是先由当地新兴的汗王们宣布独立，其后又被英国所吞。北部与中亚接壤的阿富汗土耳其斯坦、东北部的巴达赫湘（Badakhshan）与哈札拉贾特（Hazarajat）则独立于中央政府的控制长达数十年，直到 19 世纪末被俄罗斯所吞并。这些曾经获得独立的地区，在自立后都陷入部族内部（乌兹别克、哈札拉、泰马米、艾玛克、贾姆许等族）间的混战。

长达数十年的战乱，并未造成既定社会经济结构的解体与重组，反而是强化了既存部族政治、经济与社会架构——部族脐带成为政治动员的主要武器，从而深化了部族间的分裂㉚。在此一分裂中，遇有外部威胁时，即诉诸伊斯兰大义来凝聚内部团结。从杜斯特汗时代开始，在面对西部的波斯、东部的锡克，以及来自东南方的大英帝国时，都是以伊斯兰圣战作为击退外敌的主要号召。1836 年，杜斯特汗宣告自己是"所有穆斯林的司令官"（Amir al-muminin）——哈里发的头衔之一㉛，即明显表现出这种运用伊斯兰大义来凝聚内部、击退外敌，借以超越"官方伊斯兰"的策略。

正如阿富汗的建国君主阿赫玛德汗在 19 世纪下半叶运用伊斯兰作为凝聚内部团结的政治策略，并以回应印度瓦里乌拉赫的伊斯兰圣战呼吁作为具体实践一样，19 世纪的阿富汗圣战不仅凝结了阿富汗诸部族而击退大英帝国的侵略，并且获得印度境内（主要集中在北部与西北部）许多穆斯林的回应。瓦里乌拉赫过世后，其子阿济兹夏（Shah Abdul Azai, 1746—1824 年）与阿济兹夏的门徒巴列威（Sayyid Ahmad Barelwi, 1786—1831 年）继续宣扬伊斯兰复兴与社会改造，并渐次发展为政治社会运

## 第六章 伊斯兰与世界政治

动,在阿富汗杜斯特汗呼吁圣战的过程中,巴列威率领500名跟随者展开"圣战士运动",在旁遮普北方(后来的西北边省)建立根据地,宣布对锡克政权展开圣战。这就是近代"圣战士"的起源。

值得注意的是,巴列威号召圣战的根本目的,与其说是介入阿富汗的政治过程,毋宁说是预先设定自己的政治议程:先从异教徒锡克政权手中夺取旁遮普,据此建立对大英帝国发动圣战的根据地,以待有朝一日能够将大英帝国驱逐出印度次大陆。换言之,巴列威的圣战士运动与他的师门瓦里乌拉赫的伊斯兰复兴主义有着明显的歧异。对巴列威而言,诉诸伊斯兰大义的根本目的是在进行反殖民运动,谋求扫除大英帝国的殖民支配。在这一层的意义上,巴列威的圣战与杜斯特汗的圣战相同,他们追求的目标,本质上都是"一国主义",即谋求伊斯兰大义来保卫自己的家园,而非追求伊斯兰版的"世界革命"。巴列威与杜斯特汗的差异仅在于,前者是民间动员的武装反抗——大众伊斯兰,而后者则是由政府主导的官方伊斯兰。事实上正是"一国主义"的根本内涵,使得巴列威与杜斯特汗的圣战虽然能够短期结合,但却很快就宣告分道扬镳,面对当时拥有全球最强大军事力量的大英帝国,各自寻求不同的对应之道。

相较于阿富汗在第一次英阿战争中以惨烈代价击退大英帝国,巴列威的圣战与反异教徒殖民的诉求,获得了印度西北山岳部族诸民族的协助,一度成为该地区(西北边省)最强大的势力,但随着力量的成长,部族民之间的传统矛盾也开始暴露出来,致使圣战根据地陷入不稳定状态。1831年,巴列威及600名圣战士战死后,圣战士集团在印度西北部的政治力量便随即消退,但残余的圣战士集团仍持续反抗大英帝国的殖民支配,直至1860年代被完全镇压为止。再者,除了军事上的镇压之外,大英帝国也展开意识形态上的扭曲与抹黑作战。在这场长达数十年的反殖民支配圣战中，大英帝国一贯称呼圣战士为"瓦哈比之徒"，将他们描绘为企图重新建立早期伊斯兰共同体的复古守旧派与宗教狂热分子，将焦点转移至宗教对立之上，据此模糊圣战士运动背后的根本精神——反对大英帝国的殖民支配[32]。尽管如此，巴列威的圣战士运动依旧在印度次大陆的穆斯林间留下深刻的烙印，白夏瓦成为圣战与反抗精神的圣地。

1830年代至1850年代达到高峰的印度西北部圣战士运动随着大英帝国更强力的绥靖政策而渐次消退，在信德、旁遮普等地区相继陷落后，大英帝国已经稳控印度西北部。这意味着喀布尔的普希图政权想要依循阿赫玛德汗建国时所创立的支配模式，通过外征，将战利品分予诸部族以团结部落而形成国家的历史机会已经永不再来[33]。事实上，大英帝国在印度的殖民征服与向北推进，意味着普希图人将在历史上首度遭遇到工业帝国的武装力量，这是阿富汗这块土地上从未曾有过的经验。

此一现实迫使重返王位的杜斯特汗和英国妥协，在1855年与加尔各答当局签署《白夏瓦条约》，确认阿富汗与大英帝国间"相互的和平与友谊：相互尊重彼此领土的完整，一方之友敌即为另一方之友敌"[34]。这纸条约承认了英国对印度西北部广大区域的占有，并成为日后普希图斯坦问题的起源（至1900年为止，英国占领的普希图住区，被划为旁遮普的一部分）。1901年，大英帝国印度总督柯松（Lord Curzon）重订行政区划，将其改称为西北边省[35]。

《白夏瓦条约》也重建了喀布尔与加尔各答的政治关系，并使阿富汗成为大英帝国防卫印度的缓冲国（buffer state）。这是近代世界史上第一个缓冲国。缓冲国的意义是指介于两个或是两个以上之强权间的小国，该小国的功能及其疆界乃由这些外部强权

## 第六章　伊斯兰与世界政治

界定，小国的存在本身即属更大范围之国际竞赛的一环，其主要功能在于隔离两大强权，避免双方因直接接壤而导致军事冲突。由于避免大国的冲突是缓冲国最重要的功能，因而该小国的利益常会因强权的不同考虑而被忽视或牺牲。因此，成为缓冲国就是小国国家主权的削弱，亦即承认缓冲国的国家命运交由外部决定，其领土完整性既未被完整地尊重，在法律上也得不到应该有的保障㊱。

在根本意义上，缓冲国的成立是欧洲国家体系权力平衡概念与政策的延长，目的在于维持英俄两大强权在亚洲内奥的权力平衡。因而缓冲国的存续由军事、政治条件决定，不受道德或法律程序保障。要维持缓冲国的存续，必须仰赖几个机制：英俄两大外部强权对缓冲国阿富汗的战略兴趣持续且不变（增或减），英俄两大外部强权间的权力对称，没有第三个强权积极介入，缓冲国阿富汗内部社会势力（部族）间的权力对称，以及缓冲国阿富汗与英俄两大强权之权力差距的持续，即强权对于缓冲国的控制持续。

简言之，这是一套以对称与控制为基础元素的复杂方程式。但这套方程式本身即预设着冲突的火种。

1885 年的《白夏瓦条约》以及 1856 年克里米亚战争的胜利，意味着大英帝国在黑海海峡与开伯隘口斗争上的两大胜利。相对的，俄罗斯帝国在克里米亚战争中的挫败，使其对黑海的扩张政策遭遇史上最严重的打击和遏止，因而战后将扩张方向移转至其东方与南方，着手展开积极的中亚征服（与对清帝国、朝鲜半岛与日本列岛的扩张）。中亚征服的展开，直接影响到阿富汗的地位。俄罗斯的中亚征服起自 16 世纪中叶，至 18 世纪中叶已直接兼并了北哈萨克草原，至 19 世纪上半叶则转趋积极㊲。

俄罗斯扩张的主要动力来自经贸利益，即企图控制伏尔加河—里海贸易通路，借此控制印度—中亚—东欧的经贸往来[38]。18 世纪彼得大帝统治期间（1699—1725 年），判定前进东亚与南亚的战略前提是控制中亚，尤其是控制伏尔加河—里海一线，因而两度派遣远征军企图兼并里海沿岸，且为了遂行其军事征服计划，特地在 1719 年派遣调查团研究里海地理，并于翌年由作为官方意识形态统治中枢的俄罗斯科学研究院（圣彼得堡）出版了第一张里海地图，但彼得大帝的里海征服之梦并未持续太久。彼得大帝逝世过后，圣彼得堡便将侵略焦点转向哈萨克草原，先后在 1731、1740、1742 年迫使小帐、中帐、大帐三个游牧部族政权承认俄罗斯的宗主权，并建立奥伦堡要塞与奥伦堡州，以此作为中亚征服的基地与俄罗斯对中亚、印度的通商中心。

1740 年代，波斯的纳迪尔夏崛起，并与中亚的基发汗国、布哈拉汗国等展开里海势力圈争夺战，在此一过程中，自 16 世纪形成独立部族，其后名义上臣属基发汗国与布哈拉汗国，被视为"草原上的海盗"之土库曼游牧部族渐次崛起，并成为与波斯争夺里海东部与南部的主要势力[39]。因而在 1804—1813 年间的俄罗斯—波斯战争期间，土库曼部族领袖基亚汗（Kiyat Khan）采取亲俄政策，企图借由俄罗斯的力量压制竞争对手波斯，并据此强化个人在部族中的领导地位[40]。波俄战争后的《古立斯坦条约》，俄罗斯取得里海航行的独占权。1825 年尼古拉一世继任为沙皇（1825—1855 年在位）时，俄罗斯的势力范围仍在乌拉尔河流域与奥伦堡一带，但对中亚与里海的征服已转趋积极。1826—1828 年的波俄战争期间，俄罗斯策动土库曼部族领袖基亚汗出兵助俄，这支游牧军团几乎攻打到德黑兰，最终迫使波斯在 1828 年签署《土库曼查伊条约》，并引发其后东侵阿富汗的系列事件。《土库曼查伊条约》使俄罗斯得以完全控制里海，余下的问题是巩固其里海霸权与"绥靖"里海东岸的政治势力——除了土库曼

## 第六章　伊斯兰与世界政治

游牧部族之外，主要对手为中亚三汗国：东部的基发汗国（占有东起阿姆河西岸，西至里海，南迄波斯与阿富汗的地区）、西部的布哈拉汗国（锡尔河与阿姆河两河流域间，及中亚精华地区，史上著名的河间地），以及西亚中部的浩罕汗国（东起巴尔喀什湖，西至锡尔河东岸）。

1839年起，俄罗斯便趁大英帝国专注于对阿富汗战争之际，自奥伦堡发兵，运用哥萨克军团为先锋，着手远征基发汗国，但此一远征终因严冬气候与游牧兵团的游击奇袭大尝败绩，进而影响了俄国南进战术的转换。在奥伦堡与中亚（土耳其斯坦）之间，横亘着广袤的草原与沙漠，以奥伦堡作为前进基地不利于远征的事实已经此役而明朗化，因此使得俄罗斯改采从咸海以达锡尔河、阿姆河口，再溯河向中亚中心部进发的征服计划。为此，俄罗斯一方面将在欧俄分解的瑞典制蒸汽机送到前线组装，另一方面在前线地区建立要塞城市。与此同时，俄罗斯又于1840年在里海南岸建立永久海军基地阿苏尔亚达（Ashur-Ada），打通伏尔加河—里海的运兵通道，进一步整备侵略中亚的军事条件[㊶]。

1848年，在大英帝国忙于展开对锡克政权的战争之际，俄军（西路军）向南推进，势力抵达咸海东部，并在锡尔河注入咸海的河口东方建立阿拉尔斯克要塞（Aralsk），成为新的前进基地，并在竣工之后建立小型舰队，开始溯锡尔河流域往前推进，至1853年攻占锡尔河上游的阿克·麦契特要塞（Ak-Mechet），并改称为彼洛夫斯克（依据奥伦堡总督及俄军前进中亚的指挥官Perovsky而命名），另派遣西伯利亚部的东路军南下，穿越巴尔喀什湖盆地，先征服当地的吉尔吉斯游牧部族，再以浩罕汗国骚扰吉尔吉斯部族为由，开始进击浩罕。1856年，俄军夺取锡尔河中游诸要塞，自此之后，浩罕、布哈拉、基发、撒马尔罕等中亚中心城市即暴露在俄军的直接威胁之下，而经营着部族经济与政治生活的中亚诸邦权势阶层，基于个体利益考量而造成彼此间的长期对立，更给了俄罗斯各个击破的外交操控空间㊷。

在进攻中亚的同时，为了动摇大英帝国对亚洲内奥的影响力与排除障碍，俄罗斯再度诱使波斯出兵夺取阿富汗西部。1856年，波斯军队包围赫拉特，英国为确保阿富汗的缓冲国功能，旋即向波斯宣战，自波斯湾登陆，攻取布谢尔、莫哈米拉与阿瓦兹等要地，迫使波斯谈和，于翌年签订《英波巴黎条约》，波斯承认阿富汗独立，放弃对阿富汗的领土主张，而英国则为培植波斯作为第二个防俄的缓冲国，培养德黑兰当局对大英帝国的好感，不要求割地或赔款。如此，波斯遂成为英俄"大竞赛"之下的第二个缓冲国。

1857年，印度爆发大规模的雇佣兵反抗（后来印度史学家称为"第一次独立战争"），震撼伦敦当局。为了巩固对印度的支配，伦敦对印度采取加紧控制的新政策，1858年废除了名目上的莫卧儿帝国，加速对印度次大陆的铁道建设以深化对印度的军事控制与经济剥削，并系统性地对印度次大陆的印度教徒与穆斯林采取差别待遇，赋予印度教徒较多的特权，殖民地行政组织也系统性地偏向印度教徒，借此强化分而治之的格局，并削减穆斯林团结整个印度次大陆被殖民者对英国进行反抗的空间。这一系列政策改变了印度次大陆的经济社会结构，并在一代人之后，培养出接受欧式教育的中上层精英，成为19世纪末以来印度次大陆民族主义运动的主力，但也因此深化了印度教徒与穆斯林间的分裂，为日后的巴基斯坦脱离印度种下远因。

巩固印度支配与设定阿富汗、波斯为英俄间的缓冲国政策是一体两面，核心的考虑是降低印度周边的冲突，全力巩固大英帝国在印度内部的殖民支配，此一战略的转换使中亚在英俄"大竞赛"中的定位出现重大转折。大英帝国以阿富汗、波斯为缓冲

## 第六章 伊斯兰与世界政治

国,背后的战略意义是不反对俄罗斯兼并中亚,唯一的问题是阿富汗北部疆界的划定问题。而这个问题成为19世纪下半叶英俄在中亚进行帝国主义"大竞赛"的核心焦点。

中亚诸汗国的相互斗争与大英帝国的战略变化为俄罗斯帝国的南进预备了外部条件,而克里米亚战争与美国南北战争则激化着俄罗斯内部对侵略中亚的迫切感。克里米亚战争的结果阻断了俄罗斯的黑海南进策略,在波斯的斗争又暂告段落,造成控制波斯以将势力推进到波斯湾与印度洋的帝国计划受阻。1861年美国南北战争爆发,欧洲的棉花进口大受影响,对俄罗斯的棉花需求倍增。如此,俄罗斯征服中亚的目的在并吞领土、控制经贸通路、帝国想象、对英国的斗争之外,更增加了世界资本主义体系下的新因素——棉花单一农作与出口[43]。

凭借着优势的军事力量与权谋术数的外交操纵,俄罗斯帝国对中亚的征服快速地推动。1863年,吉尔吉斯与哈萨克草原尽皆纳入俄罗斯帝国的铁腕支配之下。1868年,俄罗斯夺取撒马尔罕,将布哈拉汗国置于保护国的臣属地位。1873年,征服塔什干,将基发汗国纳为保护国。1857年,俄军征服浩罕,翌年吞并浩罕汗国。1881年,土库曼部族反抗军在基欧克(Geok-Tepe)要塞攻防战中与俄军血战失败后,至1884年由部族领袖向俄罗斯称臣[44]。

俄罗斯在中亚的迅速扩张直接压迫到阿富汗,并因此动摇到大英帝国的缓冲国战略与全盘的围堵战略。当俄罗斯尽数兼并中亚的穆斯林诸汗国时,大英帝国正将焦点置于加强对印度的控制与支配。1865年,俄军彻底镇压北高加索诸民族的反抗,使其有军事余裕将大军他调,再度压迫黑海海峡与奥斯曼土耳其帝国。1869年11月,苏伊士运河开通,大幅缩短了英伦三岛至印度次大陆的航程(绕非洲好望角的航程共需五个月,经苏伊士运河只需要两个多月),并使埃及、阿拉伯半岛的战略地位急速浮现。

大英帝国对俄罗斯的疑虑加深，而俄罗斯帝国则在东北亚扩张与高加索征服得逞后逐渐恢复再向黑海、地中海南进的自信。

两大帝国以怀疑不信任的眼光看待彼此。为了防卫印度，大英帝国将防堵其他欧洲国家体系列强支配或控制亚洲内奥广袤的穆斯林住地视为基本纲领，后来出任印度总督的柯松将英俄这场"大竞赛"的地理区域标定为土耳其斯坦（今中亚与中国新疆）、阿富汗、外高加索与波斯，并界定此一在"棋盘"（chessboard）上帝国主义的竞赛是"一场对世界之支配的赛局"（a game of the domination of the world）⑤。大英帝国的维多利亚女皇说得更简洁："一个关于俄罗斯或英国在世界上的至高权（supremacy）问题。"⑥

为了争夺这个"世界的至高权"，大英帝国在亚洲内奥推行围堵战略来阻遏俄罗斯帝国的南向扩张，企图将俄罗斯的影响力阻绝在阿姆河一线以北，因而设想着在阿富汗驻军，并将阿富汗的政府置于自己的控制之下。第一次英阿战争的挫败，使大英帝国了解到直接兼并阿富汗的困难度太高且风险过大，因为大英帝国在印度的兵力有限，直接兼并又势将在阿富汗面临长期战争且消耗过巨，且战事的延宕将弱化而不是强化大英帝国在印度的支配，因而决定采行新的策略，着手将阿富汗打造成一个英国可以掌控的缓冲国。然而随着俄罗斯的中亚征服，英国的缓冲国策略出现破绽，因为俄罗斯的南进看来似乎没有终点，用19世纪下半叶主导俄罗斯外交的高尔察可夫的话来说，俄罗斯"最大的困难在于不知道应该在哪里停住"⑰。

的确，俄罗斯并未停留在阿姆河一线以北，而是越河继续前进。大英帝国内部出现激烈的政策争论，"前方（战略）派"与"缓冲（国）派"争论甚剧。1874年，大英帝国再度改变策略，将阿富汗视为"前方战略"的一环，谋求增强对阿富汗的控制。

## 第六章 伊斯兰与世界政治

如此，通过英俄两大强权的互动，缓冲国策略的外在不安定性立即暴露无遗。

缓冲国策略尚隐含着内在不安定性，即作为缓冲国的小国不甘接受被宰制的事实。在杜斯特汗逝世后，锡尔阿里汗（Amir Shir Ali Khan，1868—1879年）接掌阿富汗王位，对英俄两国实质上联合支配阿富汗的现实强烈不满，并意识到大英帝国着手加强对阿富汗控制的动向，转而拉拢俄罗斯，借以维持"权力平衡"。1867年11月，锡尔阿里汗接见由史朵列托夫将军（General Stoletoff）率领的俄罗斯代表团，协商签署双边友好合作协定事宜，并告诉史朵列托夫"回家磨利你们的刀与矛，备好马鞍，以便准备和我们的敌人（英国）作战"[48]。

然而，喀布尔当局所追求的"权力平衡"，在大英帝国眼中却是破坏平衡之举。为了牵制俄罗斯，英国立即派遣代表团前往喀布尔，但遭拒而无法入城，因而导致大英帝国于年底再度对阿富汗发动第二次英阿战争（1878—1880年），占领喀布尔，废锡尔阿里汗，改立其子雅古柏汗（Yaqub Khan），并于1879年5月20日签署《冈德玛克条约》，让渡苏里曼山脉（阿富汗与印度之间）的许多战略要塞，允许英国修筑印度北部至阿富汗的公路与搭设电报线，更重要的是，英国取得管控阿富汗外交事务的权利。此一条约引起阿富汗内部激烈反弹，游击战持续不断，并在1880年7月20日阿富汗南部的玛伊万战役中击灭2734名英军，其后并导致王权转移[49]。

新王拉赫曼就任后，为免重蹈锡尔阿里汗覆辙，决定对英国让步，承认英国对阿富汗的外交管理权，避免破坏英俄间的权力平衡而危及阿富汗的安全；对内则引进绝对王权的改革，对普希图反对派进行血腥镇压，迫使权贵部族精英大量被杀或流亡，并对哈札拉部族发动大规模攻击，强迫非穆斯林改宗，压制乌拉玛集团的独立自主性，谋求确立世俗王权的绝对优势。

中立外交与树立绝对王权的配套措施，再度凸显出了缓冲国理论的根本矛盾。为了在外部维持英俄两大强权的权力对称，拉赫曼采行所谓"不偏袒英俄任何一国"的中立外交，因而拒绝英俄的铁道铺设计划，使阿富汗成为今日世界上少数境内没有铁道的稀有国家，据此避免阿富汗的经济社会结构受到世界资本主义的影响，使英俄有干涉阿富汗内政的机会而破坏平衡。换言之，为了维持对外的权力平衡，阿富汗经济社会的变化被人为有意识地予以拖延，形成经济社会上的半锁国状态[50]。

然而在丧失大片领土之后，阿富汗先前的"掠夺国家"体制已难以为继，中央政府并无足够资源来控制阿富汗内部诸部族与地方政府，而基于对外考虑所采行的半锁国政策，又意味着不导入有意义的经济社会改革，因而无法透过改革改变社会经济结构与社会控制模式，为中央政府创造有效控制诸部族与地方的条件。半锁国状态意味着王权无法获得新的巩固基础，而"掠夺国家"体制的崩溃，又意味着王权的旧基础已经腐蚀。这个矛盾加深了拉赫曼王室的危机感，遂积极导入特务政治屠杀异己与内部镇压，借此巩固与强化专制王权，结果却是引爆了更多的社会反抗：自1880年代起，诸部族与地方兴兵反抗的事件便持续不断，在1892年更演变成哈札拉部族的大规模武装斗争，迫使喀布尔当局转而向英国求援，而英国基于维持缓冲国安定与强化控制考虑，便提供喀布尔政府巨额援助，使拉赫曼得以运用这些资源来抚平诸部族与地方的不满，并据此强化王权。

如此，大英帝国的军事与财政援助，成为阿富汗王权赖以维系的基础。缓冲国论理的结构性矛盾，促使阿富汗渐次转变为扈从国与依靠外部资源存活的国家（rentier state）。但扈从国的本质是依赖外国力量以维持王权支配，这种政权缺乏内部正当性，一

## 第六章　伊斯兰与世界政治

旦内外条件稍有变化，其体制或政策取向便会出现裂变，而此一裂变又将反过来冲击中立外交，进而造成缓冲国的崩坏。

从缓冲国向扈从国转化的阿富汗正酝酿着新的危机，而俄罗斯则趁机再向南方推进，1884年占领梅尔夫（Merve，今土库曼共和国的马力 [Mary]），直接压迫赫拉特，结果引发英国反弹，警告任何进犯赫拉特的举动便意味着战争。但俄罗斯仍继续南进，于翌年占领阿富汗北部的朱菲嘉尔（Zulfiqar）、阿克巴特（Aqobat）与潘吉德（Panjdeh），迫使伦敦改变政策，承认俄罗斯对其占领区域的支配权，并提议共同为阿富汗划定边界。1887年，大英帝国与俄罗斯帝国达成划界协议，以阿姆河作为俄罗斯帝国与阿富汗的国界，为波斯与阿富汗划定国界，并将南部帕米尔地区划归阿富汗。至于将东北角的瓦汗走廊（Wakhan Coridor）划归阿富汗，则是因为大英帝国不希望俄罗斯帝国直接与英属印度接壤。

英俄在阿富汗的妥协，部分原因是双方近百年斗争的疲惫，但更重要的原因是世界资本主义体系与欧洲国家体系的双重变化。在南北战争之后，美国资本主义快速发展。而德意志的统一（1871年），也加速德意志帝国经济力量的成长。大英帝国很快地丧失了在世界资本主义体系中的主导优势，因而在1875年扬弃先前的自由贸易政策，改行区域化的保护主义政策。扩张市场的动能暂时解消，取而代之的是保护既有市场的战略关切，使得扩张大英帝国在中亚之经济利益的兴趣大为降低。而德意志帝国的崛起，既挑战着大英帝国在欧洲国家体系中的地位，并促使列强开始走向军事集团化，牵动着英俄的和解。

1893年，拉赫曼与大英帝国的印度总督府达成协议，接受英俄为阿富汗划定的北部边界线，并由英国划定阿富汗东部与南部的国界线，这就是著名的都兰线（Durand Line）。但是，无论阿富汗北部的疆界线或是都兰线，都是根据英俄帝国的利益而考量，完全未考虑到该地区的部族线与宗教线，从而埋伏了日后纠纷的导火线。

与阿富汗相较，第二个缓冲国波斯遭遇来自俄罗斯与英国更多的压迫。在1857年的《英波条约》之后，波斯北部实质由俄罗斯控制，南部则处于英国的间接支配之下，尤其在波斯湾一带，更是被英国海军直接纳入管辖，德黑兰当局实质上仅控制着中部地区。站在英俄的角度，这种安排是基于缓冲国的论理，但是站在波斯的角度，其实质却是半殖民地。于是，推翻这种半殖民地状态的要求便构成波斯必然寻求打破缓冲国地位的动力。从19世纪下半叶起，这种动力凝聚成波斯民族主义运动，并在19世纪晚期进一步拉拢新兴的德意志，借以打破英俄在波斯的共同霸权。这两股动力在1906年促成了波斯宪政革命。结果镇压革命浪潮以及新兴的德意志因素与欧洲列强权力关系的变化，促使英俄在1907年签署条约，将波斯切割成三部分，北部属于俄罗斯帝国的势力范围，南部属于大英帝国的势力范围，中部则为"中立区"，于是延宕百年的"大竞赛"就此暂告一段落。

但波斯与阿富汗的缓冲国地位并未从此安定下来。阿富汗对外关系形同锁国，加以内部社会经济结构的冻结政策，很快便遭遇到内部的反弹，并在20世纪初演变为内战与新一波的反英斗争。而在波斯，英俄于1907年的协定则完全抹杀了1906年达成的宪政革命结果，由俄罗斯支持的波斯哥萨克军团（1883年在俄罗斯指导下成立）司令阿里（Mohammed Ali Shah）运用武力破坏新宪法而恢复王权，使俄罗斯在波斯的影响力不断扩大，直到1914年第一次世界大战爆发与1917年俄罗斯革命为止。如此，作为欧洲国家体系结构性冲突机制之产物的缓冲国，从一开始就陷入结构性的不安状态。当小国作为缓冲国的地位被外部强权尊

## 第六章 伊斯兰与世界政治

重时,其不稳定的存在或许可以在短期内勉强维持,但缓冲国所意味的半锁国状态与内部停滞,最终将促生缓冲国内部要求改变的力量,并因此牵动外部强权加强控制的反应,使缓冲国渐次走向扈从国或直接沦为殖民地。再者,如果环境改变,区域关系的模式发生重大变迁,缓冲国也经常成为第一个牺牲者。缓冲国为欧洲国家体系列强暂时性的权力平衡支付代价,这个成本经常摆荡在丧失国家尊严与国家消灭之间。

## 四、民族国家的变形

当英俄在亚洲内奥"大竞赛"而对波斯与阿富汗导入缓冲国的混乱性实验之际,奥斯曼土耳其帝国境内的民族国家实验则日渐增强,激化着奥斯曼土耳其帝国境内各种民族主义的发展与由此而来的冲突,并给予列强进一步瓜分帝国领土的机会。

希腊革命是奥斯曼土耳其帝国境内第一起通过民族主义诉求而建立民族国家的成功案例,在巴尔干半岛政治上带来鲜明的示范效果,并因此刺激奥斯曼土耳其帝国当局在1839年转换统治原理,扬弃伊斯兰帝国制度,企图打造"奥斯曼人"的奥斯曼主义来促使帝国转型为多民族帝国以维持生存。但希腊的民族主义既未成功,而奥斯曼主义也出现严重破绽,接着就演变成遍及整个帝国的全面传染。

希腊民族主义问题的核心是有关"希腊民族"/"希腊人"的定义论争。问题的根本在于,民族是主权国家体系下特有的政治意志/效忠共同体,主张某一民族的存在,必须论证该民族的"出生时代"、"出生地"与传承系谱,亦即整部"民族史"的论述。正如主权国家体系在关于世界与政治方面的论理终结了基督教世界观一样,在主权国家体系下发展出来的民族论,也无法再继承一神论特有的时间观——普遍史与终末观。论民族史，意味着必须界定民族的"时空坐标轴"，既必须论证民族在"世界史"之中的起源——所谓的"黄金岁月"（golden age），也必须论证某块土地——所谓的"母土"（motherland）或"父土"（fatherland）——属于某个民族所固有，据此作为共同性的基础。换言之，民族主义的发展必然涉及对领土的认定㉛。但希腊独特的"历史经验"即住民分布与宗教信仰，却使整套民族论——母父之土的选择、民族同胞的定义、黄金岁月的标示㉜，以及据此而来的共同基础的判定产生分歧。

古代城邦时代后，希腊由亚历山大帝国所统治，公元前146年被罗马征服，罗马帝国分裂后，臣属东罗马帝国，住民至此大都改宗东正教。15世纪，奥斯曼土耳其帝国攻灭东罗马帝国，1460年兼并希腊之后，导入伊斯兰特有的宗教宽容制度，希腊地区住民的东正教信仰因而被有力地保存下来。

希腊的民族独立运动起自18世纪下半叶，当时西欧正流行"希腊古典学"，直接阅读希腊古典名著的风气很盛，受教育阶层共有的浪漫主义语言激荡着民族主义理念的传播。前往法国学医的希腊人柯莱士（Adamantios Korais，1748—1833年）受到此一时代氛围的影响，提出了独特的希腊民族论，反驳当时流行的希腊东正教徒认同观，主张当代的希腊人正是古希腊城邦时代诸民的子孙，并着手从事古希腊经典的复刻与注释，兴建学校与图书馆，大力鼓吹希腊国语净化运动㉝。

柯莱士的理论，将"黄金岁月"界定为古希腊，但因从语言文字的再认识出发，本质上属于"文化型民族主义"，由于强调当代希腊人与古希腊人的联系，以语言作为希腊的主要定义，在现实上切断希腊人与巴尔干半岛其他奥斯曼土耳其帝国被支配人民的连带感，因而无法促成联合所有被压迫人民共同奋斗的政治

## 第六章 伊斯兰与世界政治

诉求与力量,使得在实践上陷入困境。

为了解决实践上的困境,李嘉士(K. Rhigan Velestinlis, 1757—1798年)的理论代之而起,他将希腊的黄金岁月界定为拜占庭时代,主张散居各地,包括小亚细亚半岛的希腊人应该团结起来,与巴尔干半岛其他被压迫人民共同奋斗,推翻奥斯曼土耳其帝国的统治,重建拜占庭荣光。李嘉士的理论成为19世纪希腊民族主义的主流[54]。在实践上,这套具有高度政治动员能量的理论,成功地推动了希腊的国家独立。对此,英国史学家霍布斯鲍姆这样叙述:"在19世纪初的希腊民族主义运动中,知识分子与运动家无疑是想利用古希腊光荣历史作为建国号召,这种诉求立即获得在海外受过古典希腊教育的古希腊学者一致拥戴。日后的希腊国语,即凯撒芮佛塞语(Katharevousa),即是由他们所制定……不过,真正执起武器创建独立民族国家的希腊人,却甚少以古希腊语交谈……他们不认为那些古人的话与建国运动有何关联。此外,吊诡的是,他们反而比较拥护罗马而不是希腊(即他们自认是罗马子裔),也就是说,他们自视为'接受基督信仰的罗马之子'(即拜占庭帝国之子)。他们是以基督之名和穆斯林奋力一搏,就像罗马人对抗土耳其狗那般。"[55]

但重建拜占庭荣光的民族论述与目标,不可避免地提起了"收复失土"的政治任务,包括收复"第二罗马"伊斯坦布尔与小亚细亚。在希腊独立时,伊斯坦布尔是奥斯曼土耳其帝国的首都,小亚细亚是帝国的心脏与起源地,希腊要收复这些"失土"或"固有领土",就不可避免地必须发动对奥斯曼土耳其帝国的战争,而且必须取得对巴尔干半岛其他住民的支配。换言之,李嘉士的政治型民族主义理论将柯莱士那种"文化民族主义"的"小希腊主义"转变为"大希腊主义",导致了独立后希腊与奥斯曼土耳其帝国及巴尔干半岛其他住民间的冲突,并激起其他住民

*217*

更强的对抗意识。

作为效法法国大革命，反抗奥斯曼土耳其帝国统治，排斥希腊系东正教会特权阶层、斥击"大希腊主义"，以及追求自我统治权利等多重回应，巴尔干半岛斯拉夫语系诸民族也开始发动他们自己的民族主义风潮。

这又反过来刺激了奥斯曼主义的成长，以作为防卫的手段。1860年代，以伊伯拉辛·希纳西（Ibrashim Sinasi，1826—1871年）与纳米克·凯莫尔·贝（Mamk Kemal Bey，1840—1888年）等留欧知识人为中心，在奥斯曼土耳其帝国境内兴起了一股奥斯曼主义风潮，透过新闻、文学、文化、政治评论等多重途径，鼓吹"新奥斯曼人"观念，推动宪政主义运动，据此打造以西欧民族国家为范型的奥斯曼版民族国家㊿。简言之，"新奥斯曼人"运动计划的核心是企图透过立宪工作，在宪法上赋予奥斯曼土耳其帝国境内臣民基本的权利保障，使他们的地位从臣民转化为国民，据此打造新奥斯曼人，建立奥斯曼民族国家，并在此一基础上凝聚国民认同，促进政治团结，克服内外危机，巩固奥斯曼土耳其帝国在国家体系中生存。

"新奥斯曼人"运动理念的本质是企图导入君主立宪这个新机制来实现1839年苏丹敕令所无法实现的奥斯曼主义。通过宪法与立宪政治的导入，赋予帝国臣民部分的参政权，使他们多少能从帝国臣民转变为不充分的公民。这个计划已较苏丹敕令前进了一大步，但终究未能解决民族主义国家原理与苏丹—哈里发体制之间的根本矛盾。即令如此，这个企图削弱苏丹权力的政治方案，从一开始便遭到苏丹阿布杜尔·阿济兹（Abdul Aziz，1861—1876年在位）的漠视，并引起两股社会力量的反对。第一是乌拉玛集团的反对，他们认为这种"基督教"欧式政治自由主义是对伊斯兰的背离（ibda），第二是帝国治下的非突厥语系诸民，尤其

## 第六章　伊斯兰与世界政治

是巴尔干半岛斯拉夫语系东正教徒的反对,他们偏好自己的民族主义而非奥斯曼主义。

事实上,正是在奥斯曼土耳其帝国导入自由经济改革而导致经济社会结构巨变的1860年代,巴尔干半岛的民族主义渐趋高涨。由于土地利用从自给自足变成资本主义商品生产的农耕,以及对欧贸易的增加,使得东正教会地主贵族与新兴的商人阶层要求政治权力。与希腊民族主义运动的发展模式类似,巴尔干诸民的民族主义运动也在这个时期,从19世纪上半叶的文化型民族主义转化为政治型民族主义,要求建立自己的民族国家。此外,在奥斯曼土耳其帝国境内阿拉伯语诸地,也在这段期间内兴起了以黎巴嫩马龙教派基督徒商人为中心的语言民族主义运动。

然而随着奥斯曼土耳其帝国破产危机的引爆,新奥斯曼人运动所诉求的立宪改革获得以宰相米德哈得·帕夏为中心的帝国政府高层支持。他们认为宪法与立宪政治是拯救帝国,促使帝国重生的唯一途径,因而在1876年5月29日发动无流血政变,撤换不支持立宪主义的阿布杜尔·阿济兹,历经一阵混乱后,改立阿布杜尔·哈米德二世(Abdul Hamid II,1876—1909年在位)为新任苏丹。1876年12月23日,公布新宪法(称为《米德哈得宪法》),明文保障人民言论、出版、集会与信仰等自由权,约束居住与财产的不可侵犯,所有奥斯曼人都有被任用为官吏的权利,并制定比例代表选举制、两院议会制与责任内阁制。

奥斯曼土耳其帝国一变而为立宪国家,激起乌拉玛集团的反对,而巴尔干半岛的各种民族主义也未见消退,苏丹政府正遭遇着各种非奥斯曼民族主义与乌拉玛集团等伊斯兰势力的抵制,奥斯曼土耳其帝国经济社会结构巨变过程中所带动的社会分解,逐渐转移到政治领域而演变成为帝国内部巨大的意识形态与政治分裂。这场多重的分裂也很快地被欧洲列强所运用。

## 圣战与文明

1877年，当法国陷入普法战争与德意志帝国成立（德国统一）之后的混乱（1871年巴黎公社运动）与衰退时，俄罗斯开始公然破坏黑海两海峡非军事化的立场，并以支持东正教为名，毁弃在克里米亚战后《巴黎和约》所作的约束，公然介入巴尔干半岛，与奥斯曼土耳其帝国再度冲突，引爆新的"东方危机"，导致新一场俄土战争（1877—1878年）。在整场危机中，英国内阁在对俄政策上的问题陷入分裂，最终未采取任何行动，仅对俄提出警告，任何侵犯英国利益（黑海海峡与帝国通路）的行动都将引发战争。

俄罗斯因而赢得这场战争，并于1878年3月和奥斯曼土耳其帝国签署《圣斯提凡诺和约》，扶植"大保加利亚公国"（领土北至多瑙河，南至爱琴海，东至黑海，西至欧赫瑞德），由俄军驻屯保护并由俄国官员治理。这不但意味着俄罗斯帝国势力直接延伸至爱琴海与黑海，引起了视保卫帝国通路为关键利益的大英帝国反弹，大保加利亚的出现也引起奥匈帝国、塞尔维亚与希腊的反弹，因此由在欧洲政坛担任新要角的德意志帝国宰相俾斯麦协调，另召开柏林会议，并于1878年7月签署《柏林和约》，规定塞尔维亚、蒙特内哥罗独立，保加利亚成立自治公国，但原来的南保加利亚成立名为东罗马尼亚的新国，允诺该国未来可获独立，波斯尼亚与黑塞哥维那交由奥匈帝国"暂时"占领与管理，奥斯曼土耳其帝国因此丧失了在巴尔干半岛的大片领土。英国占领东地中海要岛塞浦路斯，希腊则获得列强承诺，日后将可扩增领土[57]。

俄土战争和《柏林和约》重挫了新奥斯曼人运动与奥斯曼主义，在危机的过程中，苏丹阿布杜尔·哈米德二世趁机罢免宰相米德哈得·帕夏（1878年2月），并以对俄开战为名，停止立宪政治（同年6月），转而诉诸伊斯兰主义，宣布对俄罗斯发动圣战，招徕伊斯兰思想家阿富汗尼（Jaml al-Din al-Afghani, 1838—

## 第六章　伊斯兰与世界政治

1897年），企图运用伊斯兰思想来强化苏丹的专制权力，并挽回帝国的倾颓之势。

然而帝国的倾颓之势已无可逆转，柏林条约带来了新局势。罗马尼亚独立与保加利亚自治公国的建立，使俄罗斯西部国境线不再与奥斯曼土耳其帝国接壤。为掠夺奥斯曼土耳其帝国领土，俄罗斯转而从东部国境下手，开始积极鼓动外高加索的亚美尼亚民族主义运动。除此之外，俄罗斯只能加强对黑海两海峡的军事与政治控制。换言之，俄罗斯侵略奥斯曼土耳其帝国的口实，过去是巴尔干的斯拉夫系诸民与东正教徒，现在除了亚美尼亚民族主义之外，不易找到借口。若还要强进，便会完全扯出一个拖延已久的基本问题：是否仍需要维持奥斯曼土耳其帝国的生存？柏林条约成为俄土关系的里程碑，圣彼得堡已彻底转向肢解奥斯曼土耳其帝国的新政策。欧洲列强则采取模糊化的政策，并开始着手实际的分割计划：1878年英国兼并塞浦路斯；同年奥匈帝国占领波斯尼亚与黑塞哥维那（1908年正式并吞）；1881年法国兼并突尼西亚；1882年英国再吞并埃及。

1856年与1878年两纸柏林条约承诺的"保持奥斯曼土耳其帝国领土完整"已形同具文，奥斯曼土耳其帝国的解体道路已经彻底地被打开。至于德国介入的新因素则使这幅帝国主义殖民斗争的构图更形复杂。德国的金融帝国主义集中在柏林—巴格达铁道计划（1888年）上，这引起英俄的警戒：俄罗斯担心德国与奥斯曼土耳其帝国的合作将危及其在外高加索的地位，而英国则担心德国的铁道计划将直接威胁到英国在埃及、伊拉克与波斯湾的地位，也就是威胁到大英帝国帝国通路与印度殖民地的安全。这个渐增的资本主义式对立使延宕近百年的"东方问题"进入新的阶段：欧洲国家体系的总危机——权力平衡体系的瓦解——与奥斯曼土耳其帝国的解体危机合流。

## 圣战与文明

巴尔干半岛新兴诸国的民族主义动向更激化着这个合流的危机。最先获得独立地位的希腊在欧洲列强的安排之下采行王制,连希腊国王奥托(Otto,1833—1862年在位)都是经由欧洲列强安排,因而政权正当性不足。虽有欧洲列强支持,又推动君主立宪制,但奥托依旧在1862年的希腊革命中丧失政权,改由欧洲列强安排的丹麦王子继任,称为乔治一世(George Ⅰ,1863—1913年在位)。与前任国王一样,乔治一世就任后仍旧面对政权正当性不足的问题。他的政权依然仰赖欧洲列强的支持,而代价则是开放外资,允许列强主导下的自由主义型经济发展,结果激化了经济社会结构矛盾,再加上独立之时被迫接受"小希腊"的领土规模而产生的怨怼,遂采行"大希腊主义"的外交方针,谋求对外扩张领土来解决内部矛盾,并在1878年柏林会议中得到列强的允诺,使希腊开始着手追求兼并(名为"收复"和"统一")色雷斯、马其顿及附近海岛等奥斯曼土耳其帝国领土,甚至希望兼并小亚细亚半岛的西部沿海地区。

同样的发展模式,也出现在保加利亚自治公国:首任大公也是在欧洲列强安排下出线的德国巴登公国王子亚历山大,为了克服政权正当性不足的内部矛盾,同样采取"大保加利亚主义"式的对外扩张路线,对外要求直接与奥斯曼土耳其帝国、希腊及新独立的塞尔维亚对立,而塞尔维亚王朝政府追求的"大塞尔维亚主义"则伺机兼并塞尔维亚人居住的波斯尼亚与黑塞哥维那。此外,1878年以降,沦为奥匈帝国支配地的波斯尼亚地区的穆斯林也开始推动"穆斯林人"的民族主义。

这些民族主义间的冲突,集约地表现在巴尔干诸国对阿尔巴尼亚人住地(巴尔干半岛西部)的领土主张之上。第一个表现出向巴尔干半岛与西部阿尔巴尼亚诸住民进行领土扩张的是黑山公国(黑山人[Montenegrins]是为了逃避奥斯曼土耳其帝国征

## 第六章　伊斯兰与世界政治

服而躲入巴尔干半岛西部山区的塞尔维亚部族民），而新崛起的塞尔维亚则表现出最大的领土要求，在大（泛）塞尔维亚主义兴起（1844年）后，塞尔维亚运用所谓的"塞尔维亚理念"来从事对外的扩张，将所有塞尔维亚人居住的土地兼并成单一的主权国家，而其"固有民族领土"便包含着中世纪塞尔维亚王国的领土，以及阿尔巴尼亚西北部的大部分地区[38]。在扩张所得的领土内，塞尔维亚当局积极导入移民政策与对阿尔巴尼亚人采行差别待遇与强制同化政策[39]。

希腊方面则运用其"大理念"，不仅主张有权统治希腊系住民的土地，更有权兼并受到希腊文化影响的所有邻近地区，包括阿尔巴尼亚南部，因为该地居住着一些东正教徒，而居住在希腊本土的大量阿尔巴尼亚人的存在则被忽略。尽管独立时的领土划定是"小希腊"，但自1830年以来，希腊政府一直在等待与寻找兼并这些领土的机会。至于保加利亚，也有自己的大理念，即要求"收回"中古世纪保加利亚王国所支配的领土，包括整个马其顿与其他区域。其兼并马其顿西部与南部塞尔维亚领土的企图，必然直接和塞尔维亚与希腊冲突。

1878年的柏林条约使黑山公国与塞尔维亚得以扩张领土，两国的扩张都以阿尔巴尼亚人的住所为代价。这些阿尔巴尼亚人的土地与财产被没收，许多人被迫迁离，另有甚多阿尔巴尼亚人逃至科索沃，从而加强了该地区阿尔巴尼亚人的集中度。与此相对，希腊因其"大理念"的领土主张未获满足，而保加利亚则丧失先前取得的马其顿西部，因而条约之后，两国的统治集团仍将"收回"固有领土视为国家目标。如此，在1878年之后，整个阿尔巴尼亚人住地成为各新兴国家相互竞逐的边疆地带，主要的竞争国是黑山公国、塞尔维亚、希腊与保加利亚。这些国家都在已获得的领土内导入强制同化的政策，包括语言强制与宗教强制。

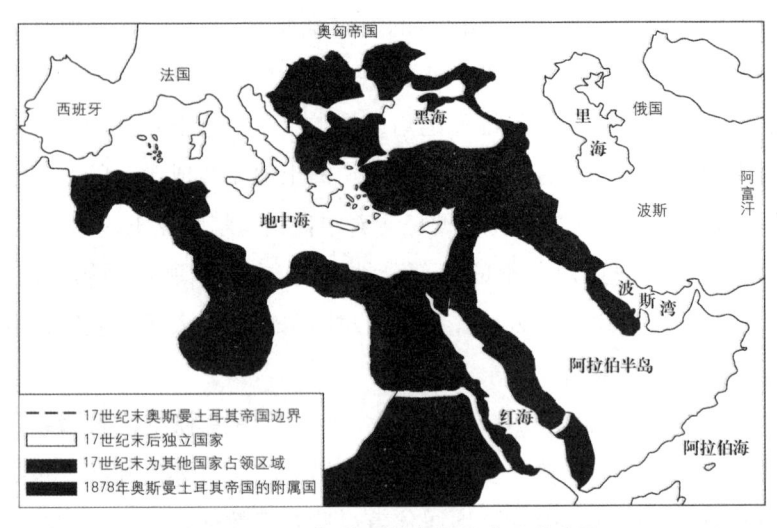

图11　1878年前后的奥斯曼土耳其帝国

　　奥斯曼主义虽被迫接受《柏林和约》中的领土重划安排，但察觉到巴尔干新兴诸国的领土冲突与同部内化政策所造成的动荡火种，遂有意识地对这些分歧与冲突因子加以利用，使冲突情势更为复杂。再者，欧洲列强基于安定考量，又压制希腊、塞尔维亚等国的领土主张，如此反而激化这些国家的"大"字首的民族主义，使统治集团将自己的领土扩张计划宣传为反抗列强的压迫。巴尔干半岛变成了奥斯曼土耳其帝国、奥匈帝国、俄罗斯帝国、塞尔维亚、希腊、黑山公国与保加利亚的竞逐区域，他们各自有自己的领土计划，并利用着巴尔干半岛内复杂的宗教、族群、语言生态。为了维持帝国通路与欧洲权力平衡的大英帝国，虽在巴尔干半岛并无领土计划，却被迫卷入这场复杂的斗争。最后整个局势刺激着阿尔巴尼亚人的危机感与阿尔巴尼亚民族主义的快速发展。

　　与在亚洲内奥的缓冲国论理及其矛盾相同，巴尔干诸新兴国的成立，原是欧洲主要列强为了维持欧洲国家体系权力平衡的产

## 第六章 伊斯兰与世界政治

物,但这个政策不仅未能带来平衡与安定,反而预埋了各种必然导致的冲突与流血的火种。半岛内的冲突与流血又必然将列强卷入。平衡与安定的意图,带来不安定、战争与体系总崩坏的非意图性结果[60]。

巴尔干半岛成为"欧洲的火药库",巴尔干诸国及各种势力间的武装冲突不断。这些冲突全数以民族为名,展开侵略与杀戮。其本质与其说是追求民族主义理念在西欧诞生时所蕴涵的人民解放与民主共和,毋宁说只是为了追求重划国界以进行领土兼并。尽管这些冲突表现为各种民族主义主张者之间围绕着国界线重划与领土归属而展开的斗争,但"国界线的不安定,其实是各国内部团结不足与脆弱的结果"[61]。

这也暴露出欧洲国家体系列强政治,对巴尔干地区民族主义所造成的扭曲。源自欧洲的民族主义风潮,在巴尔干半岛出现了新的分水岭。民族国家的模型源自于革命时期的法兰西,法国大革命先有了主权／领域国家,再创造出民族概念来作为领土产权之集体拥有者,并通过(代议)民主共和主义来具现民族作为产权所有者的运作机制,据此填补因废除王政而产生的法理鸿沟。与此相对,在1878年《柏林和约》签订后的巴尔干半岛,各种民族主义的主张与运动,虽然继承了民族作为领土产权之集体拥有人的(产权共同体)的概念,却排除了具现民族所必须具备的民主、共和理念与制度安排。这种"片面习承"固然受到巴尔干半岛特殊历史的影响,但最核心的原因是欧洲列强的介入——它们依据维持欧洲国家体系权力平衡、维持王政与反对民主共和的基本思虑,在巴尔干半岛制造出一系列主权国家,从外部决定其领土划分,却又同时在这些新兴国家中强行导入王政支配,扼杀民主共和主义的呼吸空间。结果造成法国大革命所揭示的民族(产权共同体)—民主(行使产权的机制)—主权国家(产权行使的对象）三位一体的政治模型，被以不经由民主共和机制作为必要中介的民族—国家模型所取代，新的民族国家模型就此诞生。

新的民族—国家模型是一种必然带来政治断裂与冲突的模型。这个模型排除了民主共和机制这个必要的中介，使民族的具现——政治认识／意志／效忠共同体的创出难以产生共识。民族的形成不可避免地带有强制性格，而强制必然引来各种不同形式与目标的反抗，因而形成强制与反抗，反抗与压制的循环，民族的再定义也将无法避免受到连带的影响。其结果，民族定义的分歧、民族区划界线的游移不定，也成为必然的趋势。

与此同时，尽管新的民族—国家模型排除了民主共和机制的必要中介，但这个模型毕竟继承了民族与国家之间的产权关系，民族（产权所有者）的界定与国家领土民族（产权）的大小产生直接的联系；民族定义的分歧不仅会直接导致领土主权的纷争，而且对特定领土的野心也会造成民族定义的变迁。简言之，在巴尔干半岛被打造出来的新民族—国家模型，一开始便预埋着内部强制认同、政治斗争与对外冲突的因子，而国内斗争与国际冲突间更预埋着结构性的连带。国内冲突既会衍生为国际冲突，国际冲突也会改变国内的政治景观。如此，当统治集团遭遇内部危机时，运用民族的界定权来引爆国际冲突，以资作为模糊正当性不足、凝聚内部团结，以及掩饰内部社会经济尖锐矛盾的政治策略，便成为悲剧性，但却有力的诱惑。

民族区划界线的游移不定、内部的冲突与对外的领土纠纷，必然成为巴尔干半岛的政治景观，并造成民族的定义与领土范围的主张等，愈来愈带有强制性与恣意性。恣意性与强制性必然引发反抗，这又反过来激发强制，于是民族主义退化为种族主义，借由诉诸种族的"自然"血缘脐带来遮掩恣意性并合理化强制。如此，通过民主／共和机制这个必要中介的排除，从希腊主义到

## 第六章　伊斯兰与世界政治

大希腊主义，从保加利亚主义到大保加利亚主义，从塞尔维亚主义到大塞尔维亚主义，各式各样被冠上"大"字首的民族主义，纷纷随着局势的演变而被提上巴尔干半岛的政治议程，致使奉民族之名的抗争、侵略与杀戮，成为1878年《柏林和约》签订后巴尔干半岛的政治史主轴。

这个悲剧性的发展历程尖锐地暴露出：欠缺民主共和机制作为必要中介的巴尔干民族—国家模型及其运作原理注定要失败。新的原理并未胜过先前伊斯兰世界体系的运作原理。与"大"字首型的民族主义被巴尔干半岛诸国统治者用来当作克服内部矛盾的手段相较，1761年的阿富汗创国君主阿玛德汗，以及1778年的奥斯曼土耳其苏丹阿布杜尔·哈米德二世，也都企图以伊斯兰圣战的理念来促进治下子民团结以遮掩内部矛盾与克服统治困境。外观上，民族主义与伊斯兰主义都是凝聚政治团结与进行政治动员的策略，但伊斯兰主义与民族主义毕竟是不同的论理。两者的差异在于伊斯兰主义诉诸的对象是依据个人信仰而皈依伊斯兰的穆斯林，巴尔干半岛"大"字首型的民族主义虽然诉诸于民族，但民族的身份却经常是统治者或是社会集团强加于（或不加于）治下诸民族之上的，民族成员的身份界定取决于统治集团恣意的强制界定，而非伊斯兰所取决的个人信仰。

无论如何，伊斯兰主义的实践，毕竟已在奥斯曼土耳其帝国境内败北，帝国政府的路线已经错乱，官方版的奥斯曼主义与伊斯兰主义都在实践中遭到致命的挫折，帝国权威荡然无存，帝国被瓜分与解体的危机已变得如此迫切与真实，但帝国的舵手却陷入惊慌与漂流，不知何处是方向。

帝国境内的政治活动家都敏锐地观察到帝国肢解的新动向，他们努力地找寻克服矛盾与危机，团结人民奋起的路径。在奥斯曼人与伊斯兰主义的穆斯林区划线失败后，土耳其民族主义开始跃进，他们扬弃了奥斯曼主义与伊斯兰主义，转而寻找建立土耳其民族国家的道路。

1880年，土耳其语言民族主义出现，接着出身前克里米亚鞑靼汗国的改革家嘉思丕若（Ismail Gaspiral，1851—1914年）所创的《土耳其人》报纸登场，着手宣扬文化型土耳其民族主义。1894年，青年土耳其党组成。1901年，由聂吉博·阿斯姆（Nezil Azm）所撰写，以西欧的民族史为典范的史上第一本《土耳其民族史》问世。土耳其民族主义很快地便成为19世纪末奥斯曼土耳其帝国内部的主流意识形态。但土耳其民族主义也遭遇着希腊民族主义所经历过的同样困境："土耳其民族"如何界定，其"固有领土"又如何划定？在土耳其语言民族主义出现后，语言（突厥语）成为界定土耳其人的主要内涵；但突厥语系涵盖的区域并不限于奥斯曼土耳其帝国境内，而是包涵了中亚、中国新疆、乃至北亚部分地区。如此造成土耳其民族主义很快地走上了大（泛）突厥主义（大都兰②主义）的道路，并获得新遭俄罗斯殖民支配的中亚知识分子阶层的支持——在中亚被俄罗斯征服的历程中，尽管曾经诉诸伊斯兰圣战来动员抵抗力量，但伊斯兰主义并未能超越中亚三汗国彼此间的部族对立，部族的认同压过穆斯林认同，这迫使部分知识分子阶层放弃伊斯兰路线，转而寻求泛突厥主义的诉求。

在这个转换过程中，土耳其民族主义开始从抵抗／防御型民族主义，转变为侵略型的民族主义。1907年7月青年土耳其党在安佛尔·帕夏的领导下进行武装政变，恢复立宪制（第二次立宪），翌年掌握政权，但却因土耳其民族主义（主张尊重非突厥民族权利的地方分权派）与大突厥主义（接橥土耳其人至上的中央集权派）的对立，导致1909年两派武装火并的"三三一事件"。事件发生后，大突厥主义狂走，对非突厥诸民族导入差别待遇、

## 第六章　伊斯兰与世界政治

血腥镇压与强制同化政策[63]。

巴尔干各种民族主义、土耳其民族主义的崛起等一系列冲击，激化着奥斯曼土耳其帝国境内其他区域被支配诸民族的民族主义与分离运动。从黎巴嫩到叙利亚的阿拉伯民族（语言）运动开始，阿尔及利亚的柏柏人（Berber）、库尔德斯坦的库尔德族、外高加索的亚美尼亚等各式各样的民族主义，也开始急速发展。至此，奥斯曼土耳其帝国的伊斯兰论理已彻底为民族国家的论理所取代，帝国的瓦解无可避免，而欧洲国家体系的体系危机，更直接导引奥斯曼土耳其帝国的崩溃与中东的大分割。

自 1815 年以来欧洲国家体系列强政治与权力平衡政策，在亚洲内奥与巴尔干半岛等地区进行失败的缓冲国与民族国家实验，已经暴露出欧洲国家体系的内在矛盾。1873—1895 年间的大萧条，促使欧洲列强的保护主义崛起。大英帝国的自由贸易体制已经自行崩溃，而欧洲列强经济上的资本集中与中央化趋势，不但带着金融资本的崛起，更迫使欧洲列强迫切地寻找边陲经济体的市场与原物料，因而导引出 1895—1914 年欧洲列强的"新帝国主义"——这可说是更赤裸的全球殖民地争夺与分割的戏剧，并激化着被殖民地区经济社会结构的解体，以及由此而来的革命浪潮。1905 年的俄罗斯革命就是 20 世纪革命浪潮的第一波。

1880 年以降，成为欧洲列强竞争分割殖民地的年代，德意志帝国的形成（1864—1871 年）进一步挑战着 1815 年维也纳体制以来欧洲权力体系与大英帝国的支配性地位，并因此促成法国与俄罗斯、法国与英国、俄罗斯与英国的和解。俄罗斯的弱点在 1905 年日俄战争败北与革命浪潮中完全被暴露出来后，英法开始在摩洛哥与埃及问题上相互支持对方。1907 年英俄在波斯、阿富汗与东亚问题上达成妥协（这构成了三国协约），确保了英国在波斯湾的利益。

## 圣战与文明

奥斯曼土耳其帝国权威的动摇与巴尔干半岛的冲突，提供了欧洲列强对决的火药引线：俄罗斯支持着巴尔干半岛诸国反对奥斯曼土耳其帝国，并与奥匈帝国竞逐。只有德国支持奥匈帝国，其介入强化了法俄联盟，英国则因德国的扩张而倍感威胁。德奥同盟与法英俄三国协约两大阵营对立的局面已成，而协约三国中，俄罗斯对奥斯曼土耳其帝国构成最大威胁的事实，促使奥斯曼土耳其帝国靠向德国与奥匈帝国，从而决定了奥斯曼土耳其帝国在一次世界大战后的解体，以及其旧有领土遭到分割与殖民的命运。

## 注释

① 1820 年末期，大英帝国已经成为俄罗斯帝国的最大贸易伙伴，占俄罗斯出口总额的 48%，进口总额的 40%。参见 John P. LeDonee, *Russian Empire and the World 1700–1917: The Geopolitics of Expansion and Containment* (New York and Oxford: Oxford University Press, 1997), p.308。

② Lawrence James, *The Rise and Fall of The British Empire* (London: Little Brown and Company, 1994), pp.132–133.

③ LeDonne, op cit., pp.112–113.

④ Philip Mason, *The Men Who Ruled India* (Calcutta: Rupa & Co., 1989), p.92.

⑤ George Lenczowski, *The Middle East in World Affairs* (Ithaca and London: Cornell University Press, 1980), pp.46–48.

⑥ 这种语族分立的情况，使得目前外高加索的达吉斯坦被视为是《圣经·创世记》"巴别塔"的起源地。不过自 19 世纪下半叶外高加索被俄罗斯帝国残酷征服后，该区穆斯林之间一直流传着一个传说，即北高加索复杂的语言人种现象，是东正教的异教徒和后来的布尔什维克得罪了真主阿拉，及书写《古兰经》的神圣文字阿拉伯文，才使得这些穆斯林之间无法

## 第六章　伊斯兰与世界政治

沟通。

⑦ Carlotta Gall and Thomas de Wall, *Chechnya: A Small Victorious War* (London: Pan Books, 1997), pp.231–232.

⑧ V. A. Potto, *Kavkazskaya Voyna* (Stavropol: Kavkasky Kray, 1994), Vol.1, pp.35–48.

⑨ LeDonne, op cit., p.116.

⑩ V. A. Potto, *Kavkazskaya Voyna*, Vol.1, pp.273–284.

⑪ 针对夏米尔这场浴血抗战的评价，帝俄时期的史家基本上将它说成是大英帝国颠覆俄罗斯的行动。1920年代的早期苏联，部分史家为了清算帝俄的大俄罗斯沙文主义，替夏米尔平反翻案，认为他是"民族解放的英雄"。到了斯大林时代，大俄罗斯主义复活，夏米尔又被诠释为"伊斯兰反动封建势力的领导者"。这种因莫斯科政坛内部转变而导致迥异的现象，在20世纪晚期也出现在俄罗斯政坛，形成"民族解放派"与"斯大林派"的对立。

⑫ Hugh Seton-Watson, *The Russian Empire 1807–1917* (Oxford: Oxford University Press, 1988), p.183.

⑬ Monika Greenleaf, Puskin's Byronic Apprenticeship: A Problem in Cultural Syncretism, *The Russian Review*, Jul. 1994, pp.382–398; Katya Hokanson, Literary Imperialism, Narodnost' and Puskin's Invention of the Caucasus, *The Russian Review*, Jul. 1994, pp.336–352.

⑭ Potto, op cit., p.267.

⑮ Seton-Watson, op cit., p.267.

⑯ 转引自 Walter Kolaz 著，许孝炎译，《苏俄及其殖民地》（香港：亚洲出版社，1955年），页208。

⑰ Susan Layton, *Russian Literature and Empire: Conquest of the Caucassus from Pushkin to Tolstoy* (Cambridge: Cambridge University Press, 1994).

⑱ LeDonne, op cit., p.313.

⑲ George Lenczowski, *Russia and the West in Iran 1918–1948: A Study in Big-Power Rivalry* (New York: Cornell University Press, 1949), p.2.

⑳ Eric R. Wolf, *Europe and the People Without History* (Berkeley: University of California Press, 1982), p.94.

㉑ 远藤义雄:《アフガン 25 年战争》(东京:平凡社,2002 年),页 25。
㉒ 岩村忍、胜藤猛、近藤治:《インドと中近东》(东京:河出书房新社,1997 年),页 2906。
㉓ Raja Anwar, translated by Khalid Hassn, *The tragedy of Afghanistan: A Dirst-hand Account* (New York: Verso, 1988), pp.8–9.
㉔ Lawrence James, *The Rise and Fall of thd British Empire* (London: Abacus, 1997), pp.220–222。
㉕ James, op cit., p.223.
㉖ Raja Anwar, op cit., pp.10–11.
㉗ 此次的冲突尚带有文化因素。英军随修贾夏进驻阿富汗后,雇用阿富汗女性作为管家,并以金钱诱使而进行性交易。尽管一夫多妻在阿富汗并不罕见,但卖春却是此一时期才由英军引入,岩村忍、胜藤猛、近藤治:《インドと中近东》,页 127。
㉘ Peter Hopkirk, *The Great Game: The Struggle for Empire in Central Asia* (New York, Tokyo and London: Kodansha International, 1994), pp.258–261.
㉙ Karl Marx, *Notes on Indian History* (Moscow: Foreign Languages Publishing House, 1960), p.139.
㉚ 在 19 世纪上半叶,除了波斯卡贾尔王朝夺取了阿富汗西部的呼罗珊省之外,中亚布哈拉汗国的乌兹别克王穆拉德·别克(Murad Beg)亦趁机夺取了俗称阿富汗土耳其斯坦(Afghan Tukestan)的北部地方。大片领土的丧失动摇了阿赫玛德汗立国以来所建构的战利品/贡赋分配体制,加速了赛多赛系部族丧失王位的进程。
㉛ Bernett R. Rubin, *The Search for Peace in Afghanistan: From Buffer State to Failed State* (New Haven and London: Yale University Press, 1995), p.308.
㉜ 小名康之:《ムジやーセデイーン运动》,《イスラム事典》(东京:平凡社,2002 年),页 364。
㉝ Bernett R. Rubin, *The Fragmentation of Afghanistan: State Formation and Collapse in the International Systems* (New Haven and London : Yale University Press, 1996 ), pp.46–47.

## 第六章 伊斯兰与世界政治

㉞ David B. Jenkins, The History of Afghanistan as a Buffer State, John Chay and Thomas E. Ross eds., *Buffer States in World Politics* (Boulder and London: Westview Press, 1986), p.177.

㉟ Raja Anwar, op cit., p.12.

㊱ 有关缓冲国定义的详尽讨论,参见 John Chay and Thomas E. Ross eds., *Buffer States in World Politics*, p.10。

㊲ 1552 年与 1556 年,莫斯科先后兼并喀山汗国与亚斯特拉罕汗国,可视为俄罗斯征服中亚的起点。

㊳ A.Yu.Yakubovsky, *Ochyorki Iz Istorii Turkmenskogo Naroda I Tur- kmenistana V VIII–XIX w* (Ashkhabad: Turkmenskoye Gosudarstvennoye Izdatel Stvo, 1954), p.7.

㊴ 岩村忍编:《世界の历史.5 西域とイスラム》(东京:中央公论社,1990 年),页 407–410。

㊵ A. Karruyev and A. Roslyakov, *Kratky Ochyork Istorii Turkmenistana: 1867–1917 gg* (Ashkhabad: Turkmenskoye Gosudarstvennoye Izdatel, Stvo, 1956), pp.10–11.

㊶ Karryyev and Roslyakov, op cit., p.31.

㊷ Mahrdad Haghayeghi, *Islam and Politics in Central Asia* (New York: St. Martin's Press, 1995), p.2.

㊸ Owen Lattimore, *Pivot of Asia* (Boston: Little, Brown and Co., 1950), p.28.

㊹ John Anderson, *The International Politics of Central Asia* (Manchester and New York: Manchester University Press, 1997), pp.8–12.

㊺ "赛局"、"棋盘"与"至高权"等帝国主义式隐喻修辞法迄今仍影响人们对世界政治的思维与理解。

㊻ 柯松与维多利亚女皇的引文皆出自于 David Fromkin, *A Peace to End All Peace: The Fall the Ottoman Empire and the Creation of The Modern Middle East* (New York: Avon Books, 1989), p.27。

㊼ David Fromkin, op cit., p.29.

㊽ 转引自 David B. Jenkins, op cit., p.179。

㊾ 现今喀布尔市区内最宽阔的街道即取名为玛伊万德大道,用以纪念此次战役。

(50) David Gillard, British and Russian Relations with Asian Governments in the Nineteenth Century，Hedley Bull and Adam Watson，*The Expansion of International Society*（Oxford: Clarendon Press，1984），pp.87–97.

(51) Hans Kohn，*Nationalism: Its Meaning and History*（Princeton: D. Van Nostrand Co.，Inc.，1955）.

(52) 在中国台湾，从中学历史教科书至大学的西洋史学术用书，向来根据19世纪德国史家兰克（Leopold von Ranke，1797—1886年）率先提出的公式——“古希腊、中古罗马、近代西欧”——来描写西方文明史的发展历程。这套史观遮蔽了整部希腊史的真实历程，容易让人误以为希腊一直是属于西洋文明。

(53) Stuart Woolf ed., *Nationalism in Europe: 1815 to the Present* (London & New York: Roultedge，1996)，p.11.

(54) 王武门:《追寻希腊睡美人的沉睡——希、土冲突的历史脉络》,《中央日报》1998年11月13日，版23。

(55) Eric Hobsbawm，*Nations and Nationalism since 1780*（Cambridge: Cambridge University Press, 1990）, pp.76–77。汉译文参照李金梅译，《民族与民族主义》（台北：麦田出版社，1997年，已绝版），页97–98。汉译文依照原文而略有变动。

(56) 前嶋信次编:《西アラビア史》（东京：山川出版社，1978年），页377–378。

(57) Rene Albrecht-Carrie，*A Diplomatic History of Europe: since Congress of Vienna*（New York: Harper & Row，1973），pp.173–177.

(58) Paul N. Helin，The Origins of Morden Pan-Serbrism: The 1844 Nacertanije of Liija Garasanin: An Analysis and Translation，*East European Quarterly*，No.9，Summer 1975，pp.153–171.

(59) Albert M. Tosches，The Albanian Lands: Continuity and Change in a Buffer Region，John Chay and Thomas E. Ross eds.，*Buffer States in World Politics*，p.118.

(60) Tosche，op cit.，p.119.

(61) Michael Foucher，The Geopolitics of Front Lines and Borderlines，Jacques Levy ed.，*From Geopolitics to Global Politics: A French Connection*（London:

## 第六章　伊斯兰与世界政治

Frank Cass, 2001), p.161.
⑫ 都兰（Duran）指阿姆河以东的沙漠、绿洲与草原地带，被视为突厥人的原乡。
⑬ 坂本勉:《トルコ民族主义》（东京：讲谈社，1996 年），页 182-198。

# 第七章　结论：权力与正义

19世纪伊斯兰三大帝国的同步危机，对"伊斯兰之家"的穆斯林而言，可谓史无前例。欧洲国家体系列强对伊斯兰世界的侵略与扩张，奥斯曼土耳其帝国、波斯与莫卧儿的军事败北、系统性解体（中央权威衰退与拥兵自重的地方诸侯渐次取得自治或半自治地位），欧洲资本主义对伊斯兰世界造成的经济恶化与社会解体，以及"伊斯兰之家"愈来愈多的地区沦为欧洲列强的殖民地等，否定了先前存立长达千余年的伊斯兰根本基础与政治理论最小公约数——统治穆斯林的政府，无论统治者的性格，其统治行为必须符合伊斯兰法。对穆斯林而言，欧洲国家体系列强的侵略与主权国家的论理，提起了完全迥异的世界观，其冲击可谓空前。毕竟即使是在13世纪蒙古帝国的征服过程中，征服者也未否定伊斯兰，但来自欧洲国家体系的冲击却意味着伊斯兰可能遭受从根本被否定的危机。

这个史无前例的危机激起了穆斯林对伊斯兰的重新追诘，危机的根源所在及克服危机的道路，构成了思想反省与实践再调适的核心课题。整场危机的根源或许可以轻易归咎给"欧洲列强殖民主义的邪恶"，但从伊斯兰的论理来说，这个简化的解释无法回答何以欧洲诸国力强而伊斯兰共同体力弱的问题。

力量强弱的问题在基督教的论理中并无必要，因为后者的基

## 第七章 结论：权力与正义

本教义并未将正义与权力直接联系起来。基督教是起自罗马帝国支配下的被压迫者，以宗教形式表现其呻吟与反抗。基督教成为罗马帝国国教后，奥古斯丁（Aurelius Augustinus，354—430年）首次提出体系性的基督教神学理论，展开"神国"（civitas der）与"地国"（civitas terrena）的双元论述，判定教会是"神国"在地上的代表，信徒只能"通过教会而进入神的国度"以及"教会之外无救赎"（extra ecclesia nulla）。其后，在中世纪欧洲世界政治秩序的概念亦属宗教型定义，即理念上存在着一整个基督教共同体（corpus christianum），教会为其象征。但这只是理念，在政治生活的实践中，林立着各种差异性颇大的世俗政权。这些世俗政权的存在并未在基督教的论理中遭到否定。基督教的论理并不认为世俗权力及必须以上帝作为理论根源的正义两者间必定要有直接关系，因而作为抽象共同体之尘世代表的天主教会，与各种世俗政权林立的理论与现实差距，并未被视为是理论上的重要课题。因此，7至8世纪穆斯林展开大征服，攻取地中海沿岸大部分基督教徒住区，并对基督教的东罗马帝国造成严重威胁时，基督徒的政治危机感并未转化为宗教意识上的危机感。权力与正义并无直接关系，构成了日后西欧国家体系能够成立的理论前提，通过西欧国家体系的成立与发展，基督教的论理几乎完全被排除在世俗的政治领域之外，事实上正如本书先前所论述的，基督教共同体论理的崩溃，与其说是因为伊斯兰世界体系等地理欧洲之外的力量所冲击，毋宁说是来自地理欧洲之内的西欧主权国家体系所造成的毁灭性打击。

然而，伊斯兰的论理与基督教不同。伊斯兰法来自阿拉的启示与先知穆罕默德的传信，其教诲不仅规范着人类的内在精神，也规范着穆斯林的外显行为。继承罗马法并加以发展的近代西欧法律体系，认为法律的根源来自社会契约，法律的任务只专注于规范人类外显的行为,并不管控人类的内在精神。与西欧法律观相对,在穆斯林的论理中,伊斯兰法不是来自人类,而是来自阿拉的启示与先知穆罕默德的传信,伊斯兰法既是内在精神的规范,也是外显行为的规范,两者无法泾渭判分,这个立场使得权力与正义直接相关。遵循伊斯兰法是穆斯林的基本义务,为了实施伊斯兰法所规范的社会秩序,保护伊斯兰共同体与穆斯林的生命财产安全,在在需要政治权力与政府,而政府的运作与政治权力的行使必须以维护伊斯兰法为前提。

因此面对欧洲国家体系的压迫与殖民扩张,使伊斯兰世界产生了深刻的问题:伊斯兰共同体力量的衰弱是否意味着伊斯兰本身的弱?但"阿拉是唯一真神"而"穆罕默德乃阿拉使徒"是伊斯兰信仰的根本内涵,质疑伊斯兰本身的弱并不能推翻这两大信仰支柱,因而面对问题根源的探索只能往穆斯林对伊斯兰的理解以及穆斯林对伊斯兰的实践这两大方向上前进。在这样的追诘轨道下,对伊斯兰的正确理解及建构实践伊斯兰社会,构成了19世纪以降穆斯林思想家与穆斯林社会因应危机的问题意识中心①。

早在意识到西欧国家体系的冲击之前,伊斯兰世界的内部即因伊斯兰世界体系的衰退而产生重新反省伊斯兰与要求社会改革的运动。这股思潮以阿拉伯半岛的瓦哈比运动和印度北部的瓦里乌拉赫为代表,其主要任务并非回应外部威胁,而是要克服伊斯兰共同体内在的社会与道德衰退,因而被统称为前现代的伊斯兰复兴主义。

在其后的历史发展中,这股思潮最终协助了新体制的诞生,包括沙特阿拉伯国家、苏丹国家与利比亚国家的成立。但在理论意义上,前现代的伊斯兰复兴主义并未处理伊斯兰世界如何因应欧洲国家体系挑战的核心课题。更何况,即使只是在伊斯兰本身的历史经验中进行反省,前现代的伊斯兰复兴主义诸理论也未从

## 第七章　结论：权力与正义

根本上解决早期伊斯兰史上的宗派分立——分离派与什叶派所揭露出来的课题：尊崇领导人原理与信徒平等的同胞原理这两者之间的差距与隐含的矛盾。换言之，在尚未接受欧洲思潮的影响之前，伊斯兰两大支柱之一的穆斯林平等原理，已提起了民主化的基本论理与实践课题。因此在理论发展的位置上，前现代的伊斯兰复兴主义注定只能是前导而非主流。

19世纪的历史过程揭示：回应欧洲国家体系的冲击已是伊斯兰世界最迫切与最深刻的课题。在19世纪中期，对伊斯兰世界内部不断虚弱化的关切，大量地渗入了被迫臣属于欧洲国家体系列强之威胁的忧虑。欧洲列强的殖民支配，为伊斯兰世界漫长的衰弱过程打下最后的句号。至于欧洲帝国主义军事、政治、经济、文化的威胁——以"文明开化"为名的侵略，则导致穆斯林相当多的回应。

理论与实践路线的分裂由此产生。为了克服外部的侵略，伊斯兰世界的政治、军事领导阶层与官僚体系的上层开始导入体制内的改革，企图通过来自上层的改革，学习西欧列强的政治、军事模型来强化本身的力量，并企图在伊斯兰的论理中寻求合理化这些欧化改革的解释。整个欧化改革的核心论理是企图让伊斯兰教退出政治场域，仅限于个人生活中的道德领域，变成像基督教那样，仅用来规范人们的内在精神而非外显行为。在19世纪中叶，体制内的"现代化"改革在埃及、奥斯曼土耳其帝国与印度等区域蔚为风潮。然而政府推动的欧化政策，其议程受到西欧列强的干预，再加上内部乌拉玛等势力的反对，致使在推进过程中丧失主导权与方向感而失败。一连串的失败加上欧洲民族主义浪潮的冲击，激发着乌拉玛集团对任何欧化事物皆抱持着反感态度的抗拒主义倾向与拥抱欧洲版民族主义的两种对立路线。但抗拒主义的排斥立场并无法让西欧列强的侵略自动消失，且他们站在守卫旧有体制既得利益的立场，并未碰触穆斯林皆平等的课题，因而无法争取广大穆斯林的认同与合作。而民族主义派路线所诉诸的已非伊斯兰的论理，而是改采欧洲国家体系发展出来的民族国家论理，即要求民族国家应成为最高位的效忠对象，穆斯林对伊斯兰的认同现在必须让位给对民族的认同，民族的身份是政治生活的主角，而穆斯林的身份则退居次要。简言之，在政治生活的安排上，伊斯兰的论理已不再具有主导性的效力。

在复兴传统与欧洲化两条道路之间，兴起了被称为伊斯兰现代主义的改革运动，其代表人物是阿富加尼（Jamal al-Din al-Afghain, 1838—1897年）和他的弟子阿布杜（Shaykh, Muhammad Abduh, 1849—1905年）与再传弟子李达（Rashid Rida, 1865—1935年）。阿富加尼被视为伊斯兰现代主义之父，他出身波斯，在大英帝国治下的印度受教育，足迹踏遍整个中东，并曾前往伦敦和巴黎，对伊斯兰与西欧文化有深刻的理解，并洞察到伊斯兰世界的内在虚弱与西欧的外部威胁，因而将伊斯兰世界所遭遇的危机定为伊斯兰共同体遭遇来自西欧的侵略危机，据此提出解决方针：为抵抗外部的侵略，一方面全体穆斯林应超越种族与文化的差异，依据泛伊斯兰的精神团结一致来共同防卫伊斯兰共同体，另一方面应该革除传统伊斯兰的旧弊端，容许个人诠释，采用西欧的现代科学与文明来自我强化，通过对外团结与对内改造的双重途径，重建伊斯兰共同体统一国家的荣光。

阿富加尼对日后伊斯兰思想与实践的发展影响颇巨，但他的理论与实践的困境，具现在他自己的经历与他的弟子与再传弟子的路线歧异之上。作为呼吁穆斯林团结以抵抗西欧列强侵略的旗手，阿富加尼一度被波斯卡贾尔王朝统治者纳希尔夏延揽为顾问，但阿富加尼在1891年号召穆斯林拒买英国商品而激发"烟草

## 第七章　结论：权力与正义

反乱"，使他遭到纳希尔夏放逐，后者担心穆斯林群众的排英情绪一旦被挑起，将危及自己的王权。翌年，阿富加尼应奥斯曼土耳其帝国苏丹哈米德之邀前往伊斯坦布尔，但1896年纳希尔夏先前的忧虑仍发生了，阿富加尼的追随者成功地暗杀他们认为对英国过于软弱的纳希尔夏，于是哈米德将阿富加尼驱逐出境，并在奥斯曼土耳其帝国境内禁止阿富加尼派的传播与活动[②]。

这就显露出阿富加尼路线的双面刃性格，在抵御外侮，呼吁穆斯林团结这一点上，阿富加尼的主张获得了执政当局的青睐，后者企图将此吸纳到"官方伊斯兰"之内以维护其专制政权并强化统治。但是在要求穆斯林社会进行改革这一点上，阿富加尼的主张又具有动员穆斯林平民要求改造体制的"大众伊斯兰"能量，这不可避免地会与专制政权相互冲突。

"官方伊斯兰"与"大众伊斯兰"的差距，再一次显现分离派与什叶派在伊斯兰早期历史中以尖锐方式所暴露的问题：领导人原理与信徒平等原理的潜在矛盾。在论理意义上，纳希尔夏被刺可说是早期分离派刺杀阿里的翻版。

同样的矛盾也显现在阿富加尼的弟子与再传弟子的行迹之上。阿布杜是伊斯兰现代主义改革运动"先祖（Salafiyya）运动"的灵魂人物，虽然复归先祖即早期伊斯兰的改革目标，但并非只是单纯的复古主义，而是积极谋求伊斯兰社会的改革，期使近代的（欧洲）文明与固有的伊斯兰相容。在1882年参与埃及反英法殖民的民族主义运动失败后，阿布杜流亡巴黎，1888年返国后，即将着力点置于宗教、教育与社会改革上，如利息的解禁、一夫一妻原则化、解除禁食异教徒屠宰之动物肉品的禁令，以及对伊斯兰法进行再诠释等。

与阿富加尼相较，阿布杜所侧重的，与其说是抵御西欧的侵略与号召穆斯林团结，毋宁说是伊斯兰社会的自我改造。这种倾向使阿布杜在埃及更容易获得欧化派与民族主义派等政权主流派的支持，但却引起乌拉玛集团等伊斯兰力量的反对。阿布杜的学生李达，因警戒其师倾向接受殖民政府体制并过度和欧化派与民族主义派接近的危机感，转而倾向13世纪的伊斯兰思想家泰米亚与瓦哈比派的思想立场，从而成为20世纪埃及穆斯林同胞团的先驱。

在印度次大陆的伊斯兰现代主义者之间，也出现了类似的发展。与西亚和北非相较，印度最早沦为大英帝国直接支配的殖民地，因而伊斯兰现代主义的发展更为蓬勃，代表人物如萨伊德·阿玛德汗、阿米尔·阿里、希柏里、阿萨德，以及伊克巴尔等人。在雇佣兵之乱之后，阿赫玛德汗为代表的印度伊斯兰现代主义派思想家渐次倾向在既存体制内推动伊斯兰改造，以提高穆斯林的地位，而非动员穆斯林的力量来推翻殖民体制。因而，阿赫玛德汗在思想上运用欧洲的理性主义，对《古兰经》进行大胆的再诠释，不但抨击一夫多妻制、女性隔离、奴隶制、禁止女子受教育、禁止利息等，并着力于鼓吹思想自由、自助精神、自由主义等价值。此外，他更在阿里加尔成立大学，直接着手培育新世代人才，形成"阿里加尔运动"[③]。但正如埃及的李达警戒到阿布杜接受殖民体制的思想倾向而转向泰米亚与瓦哈比派一样，阿赫玛德汗和阿里加尔运动以接受殖民体制为前提的穆斯林社会改造运动也引起反作用，导致原为盟友的希柏里转向诉诸古典伊斯兰论理来反对阿里加尔运动，并在政治上渐次与乌拉玛集团合流。如此，印度伊斯兰现代主义具有的双面刃性格，即接受支配体制的"官方伊斯兰"与要求变革体制的"大众伊斯兰"之间的矛盾再度被凸显出来。

伊斯兰现代主义的双面刃遗产，无论是强调穆斯林社会改造，或是强调团结穆斯林以抗击西欧的侵略与殖民，其最终的目

## 第七章 结论：权力与正义

标都是在提升穆斯林社会因应欧洲国家体系此一现实的能力，借以实现穆斯林社会的自我统治。当思想侧重于凝聚穆斯林团结，动员穆斯林力量来抵抗外敌侵略时，伊斯兰现代主义便成为20世纪现代伊斯兰主义的先驱。但当思想侧重于改造穆斯林社会而不侧重推翻殖民统治的课题时，伊斯兰现代主义便不可避免地让位给民族主义，并因此出现伊克巴尔那种企图将反殖民与改造穆斯林社会两者再结合的"穆斯林人"民族主义思想。

但民族主义与民族国家的实验若欠缺民主机制，或是欠缺建立伊斯兰两大支柱之一的信徒平等原理实践机制，借以实现人民的众意与凝聚人民的团结，最终仍像巴尔干半岛诸国那样遭遇失败并导致灾难性的后果。在灾难的灰烬上，现代伊斯兰主义将顺势崛起。20及21世纪初伊斯兰思想与运动的发展模式即是围绕着此一困境而来。

无论如何，困境绝非只是穆斯林的问题。最具灾难性的困境毋宁说是来自欧洲国家体系本身。

源自于西欧的主权国家体系，其思想动力来自于对人类本身的高度自觉，并据此打开了人类支配自然与人类的社会机制自觉化作业。此一自觉通过来自社会上层精英的文艺复兴与来自中下阶层呐喊的宗教改革等双向挑战，冲击着基督教对于世界运行的论理。在这个基础上，绝对主义王权利用要求个人内面自由之宗教改革运动而坐大，不仅企图整合外面（俗世）的政治权力，更企图独占精神上的内面权威（国教）。可以说在基督教共同体废墟上，兴起了绝对主义的主权国家体制，并据此打造出以主权国家作为基本政治单位的国家体系。政治生活由人类自行管理，而非仰赖神的论理，成为支撑国家体系运作的思想核心。但绝对主义王权的高度发展与同时要求独占世俗政治权力与人类精神的内面权威，却掀起了权力与自由的政治思想课题。

自由课题的根本内涵是抵抗绝对主义的王政权力，而绝对主义的思想支柱是布丹的主权（对内最高、对外独立）论。要清算绝对主义领域国家体制，就必须清算布丹的理论——"人类之自然"的自然法观念。这就构成了其后历代思想家展开作业的前提，而进行清算与再建构的手法便是：何谓人？人类的本质（人性）为何？人类的政治社会如何可能？人类如何建构出政治社会秩序？在建立政治社会秩序的过程中，权力是否不可或缺？权力是否应该加以限制？若不应该，则不啻承认绝对主义的正当性，因而权力必须加以控制。但应该如何限制？再者，若要限制权力（他律性），基本前提必须是人类具有自律性？但"人类的自律性"何在？与人类自律性密切相关的"自由"又是什么？

这些课题构成了其后数百年间的思想史发展内涵。新时代的思想工程，首先由英格兰的霍布斯展开破土作业，他的理论活动确立了"国家（政治共同体）乃人类之契约结社"此一思想在认识论上的基础，但得出的基本结论是"他律不可避免"。因而，洛克在他的认识论基础上，跨越了霍布斯的"他律不可避免"而导出"自律性"的结论。

洛克的理论总结了文艺复兴以来的理论大流：感性的人类在论理上可以自律。在这个基础上，亚当·斯密进一步提出了"（自律的）个人的自利有助于总体社会的利益"，从而创造出近代经济学与自由主义的基本论理。如此一来，政治共同体的问题便不再是总体体制（人类文明总体）的问题，而是如何设计一套政府机关以维持人类自律的问题。这就是权力分离与分立的课题，并由法兰西的孟德斯鸠作出了最著名的诠释。

至此，主权国家（领土国家）体制的正当性完全确立，并因此导出往后几个世纪的深刻问题：主权／领土国家体制，亦即西欧国家体系是否正当与可取？若这样的体系正当，那么在此一体

## 第七章 结论：权力与正义

系中处于弱势地位的弱国又当如何自处？针对这个问题的后半段，导出了黑格尔的历史哲学与国家崇拜的巨型理论，成为后进国的思想指导，并据此导出了向自由主义经济学进行正面攻击的李斯特民族经济理论学派。

更重要的是，亚当·斯密"（自律的）个人的自利有助于总体社会的利益"的命题真的成立吗？个人自由是否可以导出社会正义？与这个问题相连结的是"（自律的）个别主权（国家利益）的自利有助于国家体系总体的利益"？

真正对此作出反省的是法兰西的卢梭。洛克的政治思想有利于有产阶级的统治，但视线未及于广大的中下阶层，亦即在社会边缘喘息的人群。与洛克相反，卢梭听到了来自社会底层痛苦的哀号喘息声，从而开始反省人类自利的感性欲求获得全面解放后对其他人类所造成的不幸结果，转而要求社会全员的人性尊严，并据此提出文明总体批判论——也就是政治思想的核心课题："体制论"的问题，而非只是权力结构如何安排的"机关／权力组织论"问题。

卢梭将政治思想的反省提升到史无前例的高度，遗憾的是，卢梭所进行的文明体制批判并未及于主权／领土国家体系——也就是西欧国家体系是否正当与可取的反省高度。在卢梭的精神上，卡尔·马克思进行了更深刻的文明批判论述，但批判的方面被转化成为对资本主义体制的批判与人类异化的批判，反而未将反省的焦点集中在主权国家体制、国家体制，以及国家体系所造成的战争制度化此一最终手段（ulitma ratio）即人类暴力等最深刻的政治思想问题。如以一来，对这些问题的反省工程，遂由黑格尔国家哲学与李斯特经济学占据了主流地位。一国至上主义、国权主义，构成了20世纪世界政治思想与历史进程的基调。

简言之，西欧的政治思想虽有力地清算了绝对主义，建立了人民主权论的思想新工程,并在自由主义与民主思潮上对世界作出重要贡献,但却未能对绝对主义的遗产——领土国家的"主权观"与主权/领土国家体系的运行进行全面的反省。

与伊斯兰相对,源自西欧的主权国家体系在理论上并未将权力与正义联系起来,尽管在国内层次的运作上,权力的运行受到了自由主义及由此而来的相关机制的制衡,但在国家与国家之间的互动上,却出现权力高度发展的组织性暴力不受拘束的病征。尽管在实践上,国家体系中的列强企图以权力平衡对权力进行牵制,并在西欧国家体系的向外膨胀过程中,发展出将弱势地区如阿富汗、波斯、巴尔干半岛打造成缓冲国或缓冲区的论理。但正如本书所示,缓冲国或缓冲区的论理,其根本是试图降低敌对强权间爆发直接冲突的威胁,但缓冲国作为强权竞相角逐影响力的区域的事实,导致的却不是冲突的避免而是冲突的升高与引爆。不只如此,主权/领土国家体系的运作原理更直接带有促成体系崩溃的内在逻辑。通过第一次世界大战的引爆,彻底显现出主权/领土国家体系的运作,与其说是带来"文明"的进步,毋宁说是以文明为名的杀戮与毁灭。

在论理上排除了权力与正义之关连性的主权/领土国家体系,虽然使少数国家得以在短期内享有不受正义节制的权力,但无节制运作的权力终究为自己与整个体系带来了无可避免的毁灭。整个20世纪,凸显的不仅是伊斯兰本身的论理危机,更是整个主权/领土国家体系的体系性危机。

## 注释

① 小杉泰:《イスラーームとは何か》(东京:讲谈社,2001年),页262-

## 第七章　结论：权力与正义

266。

② John L. Esposito, *Islam and Politics* (New York: Syracuse, 1992), pp.47–48.

③ 中村广治郎：《イスラヲ教入门》（东京：岩波书店，1998年），页209-220。

# 附录  本书年表

| 年代 | 事件 | |
|---|---|---|
| 610 | 610 穆罕默德创立伊斯兰教 | 224BC.-651波斯萨珊王朝 |
| 620 | 622 圣迁 | |
| 630 | 632-661 四大哈里发 | |
| 640 | | |
| 650 | | |
| 660 | 660-750乌玛雅王朝 | |
| 670 | | |
| 680 | | |
| 690 | | |
| 700 | | |
| 710 | | |
| 720 | | |
| 730 | | |
| 740 | | |
| 750 | 750-1258 阿巴斯王朝 | |
| 760 | | 756-1031 后乌玛雅王朝 |
| 770 | | |
| 780 | | |
| 790 | | |

## 附录 本书年表

| 年代 | | | | | | |
|---|---|---|---|---|---|---|
| 800 | | | | | | |
| 810 | | | | | | |
| 820 | | | 820–872<br>塔希尔<br>王朝 | | | |
| 830 | | | | | | |
| 840 | | | | | | |
| 850 | | | | | | |
| 860 | | | | | | |
| 870 | | | | 868–905突伦王朝 | | |
| 880 | | | | | | |
| 890 | | | | | | |
| 900 | | | | | | |
| 910 | | 756–1031<br>后乌玛雅<br>王朝 | | | | |
| 920 | | | | | | |
| 930 | 750–1258<br>阿巴斯<br>王朝 | | | 935–969<br>伊贺许王朝 | | |
| 940 | | | | | | |
| 950 | | | | | | |
| 960 | | | | | | |
| 970 | | | | | | 962–1140<br>加斯尼<br>王朝 |
| 980 | | | 909–1171<br>埃及法蒂<br>玛王朝 | | 932–1055<br>布瓦伊赫<br>王朝 | |
| 990 | | | | | | |
| 1000 | | | | | | |
| 1010 | | | | | | |
| 1020 | | | | | | |
| 1030 | | | | | | |
| 1040 | | | 1037–1194<br>塞尔柱帝国 | | | |
| 1050 | | | | | | |
| 1060 | | | | | | |
| 1070 | | | | | | |

| 年代 | | | | | |
|---|---|---|---|---|---|
| 1080 | | | | | |
| 1090 | | | | 1096–1099 第一次十字军东征 | 962–1140 加斯尼王朝 |
| 1100 | | | | | |
| 1110 | | | 909–1171 埃及法蒂玛王朝 | | |
| 1120 | | | | | |
| 1130 | | | | | |
| 1140 | | | | 1037–1194 塞尔柱帝国 | 1147–1149 第二次十字军东征 |
| 1150 | | | | | |
| 1160 | | | | | 1161汉萨联盟成立 |
| 1170 | 750–1258 阿巴斯王朝 | 1077–1231 花剌子模 | | | |
| 1180 | | | | | |
| 1190 | | | | | 1187–1192 第三次十字军东征 |
| 1200 | | | 1202–1204第四次十字军东征 | | 1169–1250 埃及叙利亚亚优博王朝 |
| 1210 | | | 1215 英国《大宪章》颁布 | 1218–1221 第五次十字军东征 | |
| 1220 | | | 1228–1229第六次十字军东征 | | |
| 1230 | | | 1254莱茵联盟成立 | 1225–1309 窝阔台汗国 | |
| 1240 | | | 1248–1254 第七次十字军东征 | 1242–1502 钦察汗国 | |

## 附录 本书年表

| 年份 | | | | | | |
|---|---|---|---|---|---|---|
| 1250 | 750-1258 阿巴斯王朝 | | 1248-1254 第七次十字军东征 | | 1225-1309 窝阔台汗国 | |
| 1260 | | | | | | |
| 1270 | | | | | | |
| 1280 | | | | | | |
| 1290 | | | | | | |
| 1300 | | | | | | |
| 1310 | | | | | | |
| 1320 | | | 1256-1393 伊儿汗国 | | | |
| 1330 | | 1250-1571 埃及马穆鲁克王朝 | | | | |
| 1340 | | | | 1242-1502 钦察汗国 | | |
| 1350 | | | | | | |
| 1360 | | | | | | |
| 1370 | 1291-1922 奥斯曼土耳其帝国 | | | | | |
| 1380 | | | | | | |
| 1390 | | | | | 1369-1507 帖木儿帝国 | 1337-1453 英法百年战争 |
| 1400 | | | | | | |
| 1410 | | | 1405-1433 郑和下西洋 | | | |
| 1420 | | | | | | |
| 1430 | | | | | | |
| 1440 | | | | | | |
| 1450 | | | | | | |

| 年代 | | | | | | |
|---|---|---|---|---|---|---|
| 1460 | | | 1463–1479 第一次威尼斯-土耳其战争 | | | |
| 1470 | | | | 1242–1502 钦察汗国 | 1369–1507 帖木儿帝国 | |
| 1480 | | | | | | |
| 1490 | | | | | | 1499–1502 第二次威尼斯-土耳其战争 |
| 1500 | | | | | | |
| 1510 | 1291–1922 奥斯曼土耳其帝国 | 1250–1571 埃及马穆鲁克王朝 | | 1517 马丁·路德宗教改革 | | 1519–1522 麦哲伦船队环球航行 |
| 1520 | | | | | 1519–1559 第二次意大利战争 | |
| 1530 | | | | | | |
| 1540 | | | 1499–1736 波斯萨法维王朝 | | | 1538–1540 第三次威尼斯-土耳其战争 |
| 1550 | | | | 1526–1858 印度莫卧尔帝国 | | |
| 1560 | | | | | | |
| 1570 | | | | | 1562–1593 法国宗教战争 | 1570–1573 第四次威尼斯-土耳其战争 |

附录　本书年表

| | | | | | | |
|---|---|---|---|---|---|---|
| 1580 | | | | | 1562–1593 法国宗教战争 | 1588 英西战争：无敌舰队战败 |
| 1590 | | | | | | |
| 1600 | | | | | 1600 英属东印度公司成立 | |
| 1610 | | | | | | |
| 1620 | | 1618–1648 三十年宗教战争 | | | | |
| 1630 | | | | | | |
| 1640 | | | | | 1640–1649 英国清教徒战争 | 1645–1669 克里特战争 |
| 1650 | 1291–1922 奥斯曼土耳其帝国 | 1654–1667 波俄战争 | 1499–1736 波斯萨法维王朝 | 1526–1858 印度莫卧儿帝国 | | |
| 1660 | | | | | | |
| 1670 | | | | | | |
| 1680 | | 1683–1699 维也纳之战 | | | 1688 英国光荣革命 | |
| 1690 | | | | | 1695–1696 第一次俄土战争 | |
| 1700 | | 1700–1721 大北方战争 | | | 1701–1713 西班牙王位战争 | |
| 1710 | | | | | | 1710–1711 第二次俄土战争 |
| 1720 | | | | | | |
| 1730 | | | | | | |

253

# 圣战与文明

| 年代 | | | | | |
|---|---|---|---|---|---|
| 1740 | | | | | |
| 1750 | | | 1756–1763 英法七年战争 | | |
| 1760 | | | | 1768–1774 第一次俄土战争 | |
| 1770 | | | 1775–1483 美国独立战争 | | |
| 1780 | | 1747–1826 阿富汗杜兰尼王朝 | | | 1789–1795 法国大革命 |
| 1790 | | | | | |
| 1800 | | | | 1799–1815 拿破仑战争 | |
| 1810 | 1291–1922 奥斯曼土耳其帝国 | | | | |
| 1820 | | | | 1821–1829 希腊独立战争 | |
| 1830 | | | 1526–1858 印度莫卧儿帝国 | | 1813–1859 高加索战争 |
| 1840 | | 1839–1942 第一次鸦片战争 | 1794–1925 卡贾尔王朝 | 1839–1842 第一次英阿战争 | |
| 1850 | | 1856–1860 第二次鸦片战争 | | 1853–1856 克里米亚战争 | |
| 1860 | | 1866 普奥战争 | 1861–1864 美国南北战争 | | |

附录 本书年表

| | | | | | | |
|---|---|---|---|---|---|---|
| 1870 | 1291-1922 奥斯曼土耳其帝国 | 1870-1871 普法战争 | 1794-1925 卡贾尔王朝 | 1871 德意志统一 | 1877-1878 俄土战争 | 1878-1800 第二次英阿战争 |
| 1880 | | | | | | |
| 1890 | | | | 1894-1895中日甲午战争 | | |
| 1900 | | | | 1904-1905日俄战争 | | |
| 1910 | | 1911-1912 的黎波里战争 | | 1914-1918第一次世界大战 | | |
| 1920 | | | | | | |